KB201987

뒤틀린 운명의
메타모포시스
헝가리 현대사의 격동기

숭실대HK+ 메타모포시스 인문학총서 20

뒤틀린 운명의
메타모포시스
헝가리 현대사의 격동기

김지영 지음

보고사
BOGOSA

간행사

숭실대학교 한국기독교문화연구원은 1967년 설립된 한국기독교 문화연구소를 모태로 하고 1986년 설립된 〈기독교사회연구소〉와 통합하여 확대 개편함으로써 명실공히 숭실대학교를 대표하는 인문학 연구원으로 발전하여 오늘에 이르렀다. 반세기가 넘는 역사 동안 다양한 학술행사 개최, 학술지『기독문화연구』와 '불휘총서' 발간, 한국기독교박물관 소장 자료의 연구에 주력하면서, 인문학 연구원으로서의 내실을 다져왔다. 2018년 한국연구재단의 인문한국 플러스(HK+) 사업 수행기관으로 선정되며 또 다른 도약의 발판을 마련하였다.

본 HK+사업단은 "근대전환공간의 인문학 – 문화의 메타모포시스"라는 아젠다로 문·사·철을 아우르는 다양한 연구자들이 학제 간 연구를 진행하고 있다. 개항 이래 식민화와 분단이라는 역사적 격변 속에서 한국의 근대(성)가 형성되어온 과정을 문화의 층위에서 살펴보는 것이 본 사업단의 목표다. '문화의 메타모포시스'란 한국의 근대(성)가 외래문화의 일방적 수용으로도, 순수한 고유문화의 내재적 발현으로도 환원되지 않는, 이문화들의 접촉과 충돌, 융합과 절합, 굴절과 변용의 역동적 상호작용을 통해 형성되었음을 강조하려는 연구 시각이다.

본 HK+사업단은 아젠다 연구 성과를 집적하고 대외적 확산과 소통을 도모하기 위해 총 네 분야의 기획 총서를 발간하고 있다. 〈메타모포시스 인문학총서〉는 아젠다와 관련된 연구 성과를 종합한 저서나 단독 저서로 이뤄진다. 〈메타모포시스 번역총서〉는 아젠다와 관련하여 자료적 가치를 지닌 외국어 문헌이나 이론서들을 번역하여 소개한다. 〈메타모포시스 자료총서〉는 숭실대 한국기독교박물관에 소장된 한국 근대 관련 귀중 자료들을 영인하고, 해제나 현대어 번역을 덧붙여 출간한다. 〈메타모포시스 교양문고〉는 아젠다 연구 성과의 대중적 확산을 위해 기획한 것으로 대중 독자들을 위한 인문학 교양서이다.

동양과 서양, 전통과 근대, 아카데미즘 안팎의 장벽을 횡단하는 다채로운 자료와 연구 성과들을 집약한 메타모포시스 총서가 인문학의 지평을 넓히고 사유의 폭을 확장하는 데 기여할 수 있기를 바란다.

2025년 4월
숭실대학교 한국기독교문화연구원 HK+사업단장
장경남

머리말

1920년 6월 4일 헝가리는 트리아농 평화 조약에 서명함으로써 (크로아티아 지역을 제외한) 영토의 2/3 이상(67%)과 인구의 2/3 가까이(58%)를 잃게 되었다. 이 조약으로 헝가리가 가장 크게 빼앗긴 지역이 오늘날 트란실바니아 알프스 좌안 서부 루마니아 지역의 대부분을 구성하는 트란실바니아[1]이다. 헝가리에서는 소위 '역사적 영토'라고 불리는 곳으로서 바나트, 마러머로시(마라무레슈), 서트마르 지역과 쾨뢰시강(江) 주변 등 루마니아에 이양된 곳이다.

트란실바니아는 헝가리 민족에게 매우 특별한 지역으로서 헝가리인의 고향으로 인식되는 곳이다. 헝가리 민족은 기마 유목 민족으로 아시아 북부의 고대 시베리아 거주지에서 오랜 시간 동안 서쪽으로 이동하여 서기 9세기 말경 이곳에 도착하였다. 이곳에서 유럽인으로서 헝가리 민족의 역사가 시작되었다. 이후 헝가리 민족의 주 세력은 더 서쪽으로 이동하여 오늘날 부다페스트를 중심으로 하는 유럽의 중앙 지역에 터를 잡게 되었다. 따라서 트란실바니아는 헝가리 민족의 뿌리가 내려지고, 최초로 정착한 유서 깊은 지역인 것이다. 이런 점에서 헝가리인에게 트란실바니아는 단지 잃어버린 영토 이상의 의미가 있다. 트란실바니아는 헝가리의 풍부한 문학 작품, 예술 작품 창작의 주요 원천이 되었으며, 일세를 풍미한 헝가리의 주요 인물들은 멀게든 가깝게든 트란실바니아와 관련이 있다. 특히 헝가리가 정치적·경제적·사회적으로 황금기를 구가했던 오스트리아-헝가리 제국 시대에 헝가리 지역의 동부 영토를 차지하던 트란실바니아의 위상은 오늘날 루마니아의 영토로서 트란실바니아가 갖는 위상과 현격한 차이를 보이고 있다.

트란실바니아는 현재 헝가리의 영토보다 더 넓은 지역으로 1920년 당시 150만 명 이상의 헝가리인과 약 300만 명의 루마니아인이 거주하고 있었다. 또한 많은 수의 독일계 이주민(작센인과 슈바벤인)과 그들의 후손, 여러 소수 민족이 거주하며 삶의 터전을 이루었다. 이들이 삶의 터전으로 삼은 트란실바니아는 풍부한 천연자원의 보고로서 암염과 철강, 석유와 가스정(井), 넓은 숲과 목초지 등이 사방에 널려있어 경제적 가치가 매우 높은 곳이다.

중세 시대 헝가리 왕국에 속했던 트란실바니아는 헝가리가 오스만 제국의 침략으로 영토가 세 부분으로 나누어진 뒤 1542년부터 1687년까지 오스만 제국과 느슨한 관계를 맺은 자치 공국이었다. 이 시기 부다(Buda), 세게드(Szeged), 페츠(Pécs) 등 헝가리 중부와 남부의 주요 도시와 지역은 오스만 제국의 직접적인 통치를 받았기 때문에 오스만 제국의 유산이 남아 있기도 하다. 그러나 이 시기의 트란실바니아는 헝가리의 전통과 문화를 간직하고 수호하는 곳으로서 헝가리인의 전통적인 삶의 방식이 유지되었다.[2]

이러한 복잡한 역사를 거치면서 트란실바니아의 향방과 실제 소유권이 근대 헝가리와 루마니아의 정치 및 외교 정책에 매우 중요한 역할을 했다. 동시에 이 지역은 중동부 및 남동부 유럽의 분쟁 지역으로서 언제나 강대국 정치가와 외국인들의 관심 지역이 되어 왔다.

이 책에서는 제2차 세계 대전 전후의 트란실바니아 문제에 관한 강대국들의 계획과 실제 행동을 체계적으로 분석한다. 이러한 종류의 분석이 최초의 시도는 아니다. 최근 헝가리 역사학계와 국제 역사학계 일부에서 이 분야에 관한 성과가 있었다. 고전적인 연구로는 유하스 줄러(Juhász Gyula)의 업적이 있다. 그는 제2차 빈(Wien) 중재 판정(仲裁判定)에 관한 다수의 논문과 기고문을 발표했는데, 이 분야 연구의 선구적 업적이다. 프리츠 팔(Pritz Pál)은 제2차 세계 대전 중 독일의 계획에 관한 세밀하고 분석적인 글들을 썼다. 트란실바니아 문제에 대한 영국의 입장과 계획에 대해서는 반 D. 언드라시(Bán D. András)의 주목할 만한 연구가 있다. 소비에트의 입장과 전략에 대해서는 이슬라모프 토피크(Iszlamov Tofik)의 훌륭한 업적이 있다. 파리 평화 조약에 대한 전반적인 주제에 대해서는 벌로그 샨도르(Balogh Sándor)와 퓔뢰프 미하이(Fülöp Mihály)의 저작들이 훌륭하다. 이에 더하여 이 주제에 대한 가장 선도적인 연구는 롬시치 이그나츠(Romsics Ignác)와 차이들레르 미클로시(Zeidler Miklós)에 의해 이루어졌다. 특히 롬시치는 제2차 세계 대전 시기 가장 강력한 정책 결정자였던 미국의 전시 정책과 전후 구상, 평화 대비책에 대해 정밀하고 실증적인 연구를 수행하여 이 분야의 연구 수준을 세계적인 수준으로 올려놓았다. 차이들레르 미클로시는 전간기 헝가리의 영토 수정주의와 이에 따른 민족주의적 운동 및 경향을 연구하여 헝가리가 제2차 세계 대전에 참전하게 되는 이유를 논리적으로 설명하였다. 이러한 선학들의 연구에도 불구하고, 이 주제 전체를 체계적으로 다룬 연구는 아직 없었다. 이 책은 이러한 역사적 기록의 결함을 개선하려는 시도이다.

　이 책을 집필하면서 주로 헝가리, 영국, 독일, 프랑스의 일차 자료를 참고했다. 영국과 독일, 프랑스를 방문하여 원본 자료를 참고할 기회도 가졌지만, 대부분의 시간은 헝가리 도서관과 기록 보관소, 그중에서도 가장 중요한 국립 세체니 도서관과 국립 기록 보관소에서 보냈다. 외무부의 문서보관소에서도 소중한 자료를 찾을 수 있었다. 루마니아어 자료는 필자가 루마니아어를 이해하지 못하기 때문에 주로 영어나 독일어로 발행된 자료에 의존했다.

　나는 이 저서에서 헝가리와 강대국 사이의 외교 관계에 가장 큰 중점을 두었다. 이 책은 크게 3장으로 구성되어 있다. 제1장은 근대의 태동기부터 1940년까지 헝가리와 루마니아 간 대립의 역사적 배경을 다룬다. 제2장은 제2차 빈 중재 판정에서 헝가리와 루마니아의 태도, 그리고 이와 관련한 소비에트, 독일, 이탈리아, 영국, 프랑스, 미국의 자세에 관해 기술한다. 제3장은 파리 평화 조약을 다룬다. 헝가리와 루마니아의 관련 활동 외에 소위 "승전국들"의 관점도 제시된다. 그리고 필자의 논지가 포함된 결론으로 이 책을 마무리한다.

　이 책을 완성하는 데 많은 분의 도움이 있었다. 헝가리 명문 외트뵈시 로란드 대학교(Eötvös Loránd Tudományegyetem, ELTE) 현대사학과 교수인 푈뢰쉬케이 페렌츠(Pölöskei Ferenc), 우르반 얼러다르(Urbán Aladár), 게르게이 예뇌(Gergely Jenő), 프리츠 팔, 벌로그 샨도르, 렌젤 어틸러(Lengyel Attila), 루카치 티보르(Lukács Tibor), 차이들레르 미클로시(Zeidler Miklós)의 이름을 적어 감사를 표한다. 동생

김창석은 필자의 딱딱하고 고답적인 문장을 유려하고 맛깔스럽게 고쳐주었다. 그의 문학적 필치와 돈독한 형제애에 감사한다. 숭실대학교는 2018년부터 오늘까지 필자의 삶의 터전이자 학문적 성장의 발판이 된 곳이다. 학교 당국은 한국에서 하기 어려운 이와 같은 연구를 마음껏 할 수 있도록 지원해 주고, 학자들과 대화하고 공부할 수 있는 최적의 환경을 만들어 주었다. 숭실대학교에 감사한다.

마지막으로 스승 롬시치 이그나츠 교수님께 진심으로 감사의 말씀을 드려야겠다. 헝가리 현대사의 거장인 롬시치 교수를 부다페스트의 번화가에 자리 잡은 유서 깊은 외뜨베시 로란드대학교(ELTE) 교정에서 만난 것은 1992년 가을이었다. 지금은 고인이 되신 푈뢰시케이 페렌츠(Pölöskei Ferenc) 학과장님의 소개로 롬시치 교수님을 만나게 된 것은 내 인생의 최대 행운이었다. 당시 30대 후반의 나이로 촉망받는 역사학자였던 롬시치 교수님은 필자가 학위를 마칠 때까지 스승으로서 학자로서 그리고 동료로서 온갖 세심한 배려를 아끼지 않으셨다. 1999년 필자가 박사 학위를 받은 이후 오늘까지도 시도 때도 없는 필자의 질문에 성실하고 꼼꼼한 답변을 마다하지 않으시는, 필설로 다할 수 없는 은혜를 베푸시는 자상한 스승이다.

위에 적은 모든 분들께 감사의 뜻을 여기에 적어 남긴다. 그럼에도 이 책에서 발견되는 모든 오류는 필자의 책임이다.

2025년 4월
눈부신 봄 햇살 가득한 창신관 연구실에서

차례

간행사 / 5
머리말 / 7

1장 역사적 배경

1. 1918년 이전 근대 민족국가주의 발전 시기에 나타난
   헝가리-루마니아 관계 ·· 15
2. 트란실바니아 문제와 강대국들, 1918~1920년 ······················· 26
3. 양차 대전 사이 트란실바니아와 헝가리-루마니아 관계,
   1920~1938년 ··· 43

2장 강대국의 제1차 개입과 제2차 빈 중재 판정(1940년 8월 30일)

1. 루마니아의 관점 ··· 59
2. 헝가리의 주장 ··· 65
3. 프랑스의 자세 ··· 75
4. 미국의 자세 ·· 82
5. 영국의 자세 ·· 85
6. 소련의 자세 ·· 96
7. 이탈리아의 자세 ·· 104
8. 독일의 자세 ·· 112
9. 투르누 세베린(쇠레니바르) 협상 ··· 125
10. 제2차 빈 중재 판정과 그 결과 ··· 139

3장 강대국의 제2차 개입과 1947년 파리 평화 조약

1. 1941~1947년 헝가리의 태도 ································ 159

2. 1941~1947년 루마니아의 태도 ······················· 176

3. 미국의 계획 ··· 185

4. 영국의 계획 ··· 194

5. 소련의 계획 ··· 206

6. 파리 평화 조약 ··· 217

결론 ·· 238

참고문헌 / 242

미주 / 257

1장
역사적 배경

1. 1918년 이전 근대 민족국가주의 발전 시기에 나타난 헝가리-루마니아 관계

중동부 및 남동부 유럽에서 대체로 느슨한 관계로 연결되고 서로 다른 방언을 사용하던 민족(혈연으로 이루어진 집단)들이 자신들을 문화적으로 통합된 정치적 공동체로 자각하는 사회적 조직화 과정은 17~18세기에 시작되어 19~20세기에 끝났다. 역사적 배경 및 여러 다른 요소로 인해 이러한 과정은 민족마다 상이한 시기에 발생하여 제각각의 속도로 진행되었다. 그럼에도 거의 모든 경우에 적용할 수 있는 2개의 분명한 양상으로 이러한 과정을 구분할 수 있는데, 그것은 소위 문화적 국면과 정치적 국면이다.

일반적으로 문화적 국면은 언어와 종교를 통일하고, 공동체의 문화적 정체성의 근간으로서 공통의 역사적 과거를 창조하거나 표준화하는 것을 목표로 했다. 이 국면은 대체로 근대화의 시작과 일치하며 지역 지배층과 외세 또는 지역 지배층 간의 이해관계 충돌과 밀접하게 관련되어 있었다. 그런 의미에서 문화적 통일은 지역 지배

층이 자신들의 기반을 다지기 위한 활동이었다.

이러한 과정은 통일된 민족으로 나아가는 두 번째 단계에서 종종 정치적 투쟁을 야기했다. 자신들이 차별받고 있다고 느끼는 상이한 민족 공동체들이 국가 권력을 잡거나 경제적 자원을 손에 넣기 위해, 아니면 적어도 이를 통제하는 데 영향을 미치기 위해 노력하는 와중에 이러한 정치적 투쟁이 벌어지곤 했다.[3]

17세기 트란실바니아에서 시작된 민족 각성 또는 근대 국가 건설의 시기에 헝가리인은 상대적으로 루마니아인보다 유리한 위치에 있었다. 트란실바니아는 튀르크 축출 이후 합스부르크 제국의 영토가 되어 별도의 공국으로 빈의 통치를 받았지만, 헝가리인—귀족과 세케이 국경 수비대—은 그들이 보유한 토지 덕분에 이 지역에서 사회적·경제적 지배력뿐만 아니라 정치적·행정적 우위를 유지할 수 있었다. 이러한 상황에서 17세기 말 헝가리어를 부흥하려는 포괄적인 (동시에 과학적이며 인문학적인) 운동이 시작되었다.

17세기 중반 어파처이 체레 야노시(Apáczai Csere János, 1625~1659)와 베틀렌 미클로시(Bethlen Miklós, 1642~1716)에게는 헝가리어보다 라틴어를 사용하는 것이 훨씬 쉬웠을 것이다. 그럼에도 에네드의 교수였던 파퍼이 파리츠 페렌츠(Pápai Páriz Ferenc, 1649~1716)는 1690년대에 이미 라틴어—헝가리어 사전을 편찬했고, 이 사전은 헝가리어를 모든 사회 계층에 확산하는 데 필수불가결한 도구가 되었다. 미스토트펄루시 키시 미클로시(Misztótfalusi Kis Miklós, 1650~1702)는 1680년부터 1690년 사이에 헝가리어 철자를 단순화하고 통일하기 위한 원리를 고안했다. 18세기로 전환하던 무렵 헐레르 야노시(Haller János, 1626~1697)는 그리스 역사의 일부(세 사람 이야기)를 헝가리어로 번역했고, 헝가리어의 순수성을 지키기 위해 노력했다. 미케시 켈레멘(Mikes Kelemen, 1690~1761)은 트란실바니아 공국 마지막 50여 년간 발표된 문학 작품을 이 지방 토착어로 기록하여 후대에 교육적으로 보물과도 같은 유산을 남겼다. 1717년부터 1758년 사이에 쓰인 『튀르크에서 온 편지』에는 고향 이야기와 고향에 대한 애정 및 책임감 등 트란실바니아와 헝가리의 독립을 위해 투쟁해야 했던 당대 사회의 가치관이 반영되어 있다.[4]

루마니아인은 18세기부터 트란실바니아에서 다수 민족이 되었지만, 헝가리인이나 작센인에 비해 행정적·종교적 측면에서 열세에 놓여 있었다. 루마니아인은 '세 민족(헝가리인, 세케이인, 작센인)' 연합에서 배제되었을 뿐만 아니라, 그들의 전통 종교인 그리스 정교도 공인된 종교(가톨릭교, 칼뱅교, 루터교, 유니테리언교)에 포함되지 않았다. 그러나 트란실바니아 이외의 지역에 거주하는 루마니아인에 비하면 그나마 트란실바니아 지역에 거주하는 루마니아인의 상황이 나은 편이었다. 왈라키아나 몰다비아가 아니라 트란실바니아가 루마니아 민족 운동의 중심지가 된 것은 이런 이유 때문이었다.

벌라즈펄버(블라지) 주교였던 이노첸치우 미쿠-클레인(Inocenţiu Micu-Klein, 1692~1768)은 루마니아 민족 운동의 아버지로 여겨진다. 그는 18세기 중반에 최초로 트란실바니아 루마니아인의 사회적·민족적 요구, 즉 네 번째 민족으로 인정하라는 목소리를 내며 루마니아인의 기원은 로마인이라고 주장했다. 이러한 활동 때문에 그는 주교에서 물러날 수밖에 없었다.

그의 다음 세대인 게오르게 신카이(Gheorghe Șincai, 1754~1816), 사무일 미쿠-클레인(Samuil Micu-Klein, 1745~1806), 페트루 마이오르(Petru Maior, 1761~1821)는 트란실바니아 학파로 알려진 인물들이다. 그들은 루마니아어 체계를 일신하고, 루마니아어와 라틴어의 연관성을 강조하며 키릴 문자 대신 라틴 문자를 도입함으로써 철자법에 혁명적인 변화를 이끌었다. 신카이와 클레인이 편찬한 개정 루마니아어 문법은 헝가리어보다 100여 년 늦은 1790년에 발행되었다. 클레인은 곧 새롭게 정비된 언어로 기도서를 발간했다. 1838년 게오르게 바리치우(George Barițiu, 1812~1893)와 동료들은 루마니아어로 된 최초의 신문을 발행했다.

소위 트란실바니아 3인방으로 불리는 신카이, 클레인, 마이오르가 이룩한 또 다른 위대한 업적은 다코인-루마니아인 연속성 이론을 정교하게 완성하여 전파한 일이다. 이 이론은 고대 다키아 지방의 로마인과 현재 루마니아인의 연속성을 증명하기 위한 것이었다. 페트루 마이오르는 이 작업의 완결본으로 1812년 『다키아 지역 루마니아인의 기원에 관한 역사』라는 책을 발간했다. 이 책이 민족적·정치적으로 중요한 이유는 헝가리인이 이 지역(트란실바니아)에 이주한 것이 아니라고 주장함으로써 최초로 헝가리인을 토착민이 아닌 침입자로 묘사했다는 점이다.[5]

트란실바니아에 루마니아의 그리스 가톨릭교회가 잘 조직된 학교 네트워크를 운영했다는 점도 간과할 수 없다. 이 지역에 설립된 루마니아 학교는 루마니아인이 로마인의 후예이자 트란실바니아의 토착민이라는 두 가지 민족 정체성을 성공적으로 확산시켰다. 새로운 민족 정체성에 관한 첫 번째 정치적 목소리는 1791년 신성 로마 제국 황제 레오폴트 2세에게 보낸 청원서 '수플렉스 리벨루스 발라코룸(Supplex Libellus Valachorum)'이었다. 미쿠 주교의 주도로 작성된 청원서는 트란실바니아에 거주하는 독립적 다수 민족 루마니아인이 헝가리인, 세케이인, 작센인과 마찬가지로 자치권을 행사할 권리가 있다고 주장했다. 자치권의 가장 중요한 요소는 루마니아인이 다수 거주하는 지역과 자치 당국에서 루마니아어를 공식어로 사용하는 것이었다. 레오폴트 2세는 청원서를 트란실바니아 의회에 보냈고, 의회는 그것을 거부했다. 결국 헝가리인과 루마니아인 사이의 민족 갈등이 시작되었다.[6]

1848~1849년 루마니아 민족주의 운동과 헝가리 민족주의 운동은 동시에 존재했다. 1848년 헝가리는 트란실바니아와 헝가리의 통일을 선언하고, 루마니아인을 별개의 민족으로 인정하지 않았으며, 루마니아인 공동의 권리는 인정하지 않고 개인의 권리만을 보장했다. 이에 루마니아 민족주의 운동은 헝가리 혁명에 반대하여 빈의 황실과 동맹을 맺었다. 트란실바니아의 루마니아인 지도자들의 주요 목표는 정치적 자치권 획득이었다. 1849년 혁명이 실패로 끝나고 신(新)절대주의 중앙 집권 정부가 수립되면서 그 후 수십 년간 이러한 희망은 좌절되었지만, 자치권 개념은 루마니아 정치 집단의 결속력이자 주요 목표로 여전히 살아 있었다.[7]

1867년의 오스트리아-헝가리 '대타협' 이후 트란실바니아의 루마니아인은 다시 한번 자치권을 요구했지만, 헝가리는 그것을 거부했다. 1868년 12월 5일 통과된 소수 민족 법안은 개인과 문화 집단의 권리를 어느 정도 보장해 주었지만, 영토 자치권에 대한 요구는 거부했다. 트란실바니아의 루마니아인은 이 지역이 다시 헝가리의 영토로 통합되고, 이전에 누리던 공국 형태의 독립성이 더는 존재하지 않게 되자 심한 모욕감을 느꼈다. 이렇게 트란실바니아의 루마니아 자치권 문제는 루마니아 정치계의 중심 과제가 되었다.

1859년부터 몇 년간 왈라키아와 몰다비아가 통합하여 새로운 루마니아가 탄생하면서 트란실바니아 문제는 19세기 후반 수십 년간 특별한 관심의 대상이 되었고, 루마니아가 하나의 국가로 통일하는 것이 민족 최대의 지상 과제가 되었다. 1878년 베를린 회의에서 루마니아 대표는 "루마니아 법에 따르면, 루마니아인이 다수 거주하는 지역은 루마니아 영토에 속한다."고 선언했다.[8] 1883년 이후로 루마니아는 오스트리아-헝가리 제국과 군사 동맹국이었기 때문에 루마니아 정부가 공식적으로 실지 회복(失地回復)을 표방할 수는 없었다. 그럼에도 루마니아 야당과 여러 사회단체는 다른 나라에 살고 있는 루마니아인과 문화적 그리고 궁극적으로 정치적 통일을 해야 하는 당위성을 공표하고 선전했다. 이들 단체 중 가장 영향력 있는 단체가 1891년 설립된 문화 동맹 '리가 쿨투랄러(Liga Culturală)'이다.[9]

20세기로 전환할 무렵 트란실바니아 루마니아인의 요구는 1892년 삼백 명의 대표자가 작성하여 빈의 황제에게 보낸 유명한 정치 각서에 잘 요약되어 있다. 이 요구의 핵심 사항은 트란실바니아의 자치권 회복, 루마니아인이 거주하는 지역에서 루마니아인의 관리 채용 및 루마니아어의 공식어 채택, 다른 민족과 동등한 민족적 권리 보장, 그리고 교육 분야에서의 헝가리화 정책에 대한 비난 등이

1장 역사적 배경 21

었다. 황제가 이 각서를 전혀 고려하지 않고 헝가리 정부가 이 문서 작성자들을 "언론을 통한 민족주의 선동"이라는 죄목으로 기소한 사실은 잘 알려져 있다. 루마니아 지도층은 슬로바키아 및 세르비아와 동맹을 맺고 1895년 자신들의 요구를 다시 주장했다. 그러나 헝가리 정부는 이러한 "연방주의자의 헛된 꿈"은 헝가리 민족 국가 원칙과 양립할 수 없다며 한 발짝도 물러서지 않았다.[10]

헝가리와 루마니아의 입장 차이는 시간이 흐를수록 점점 더 커지기만 했다. 20세기로 전환한 뒤, 영토 자치권을 요구하던 루마니아 정치권은 소수 민족 문제에 대해 비교적 편견이 덜했던 헝가리의 민주적 야당 세력이 집권하는 것에 일말의 희망을 걸었다. 반(反)헝가리 정서로 유명한 프란츠 페르디난트(Franz Ferdinand, 1863~1914) 대공이 황제에 즉위하면 야당이 힘을 얻을 것으로 예상되었기 때문이다. 예를 들면, 대공 참모들의 조언에 고무된 아우렐 포포비치(Aurel Popovici, 1863~1917)는 제국의 연방화와 헝가리 국내에 적용할 민족주의 원칙에 관해 세부적인 계획을 세웠다. 이 계획에 따르면, 제국은 15개의 연방 단위로 구성되고 그중 현재보다 영토가 약간 더 커지는 헝가리와 세케이인 거주 지역 두 곳에서만 헝가리어가 공식 언어로 사용될 예정이었다.[11] 동시에 트란실바니아의 루마니아인이 루마니아 왕국에 거주하는 루마니아인에 대해 느끼는 정치적·문화적 애착심은 더욱 강해졌다. 분리주의자와 실지 회복주의자의 태도 역시 더욱 강경해졌는데, 이러한 운동은 부쿠레슈티의 은밀한 선전·선동으로 꾸준한 지지를 받고 있었다. 제1차 세계 대전이 발발하기 바로 직전, 헝가리 수상 티서 이슈트반(Tisza István, 1861~

1918)은 루마니아와 잠정 협정(modus vivendi)을 맺으려 노력했으나 그의 노력은 헛수고로 끝나고 말았다. 티서는 문화적 권리 확대를 제안했지만, 이것으로는 트란실바니아의 루마니아인을 만족시킬 수 없었다.[12] 그렇게 헝가리는 루마니아인을 포함하여 인구의 거의 절반에 해당하는 소수 민족의 정치적 충성심이 매우 의심스러운 상태에서 1914년의 전쟁에 참여하게 되었다.

제1차 세계 대전이 발발하기 전까지 루마니아는 민족적 목표를 어느 것 하나 이루어 내지 못하고 있었다. 그러나 전쟁으로 상황은 완전히 바뀌었다. 루마니아 외교의 시대가 도래한 것이다. 영국이나 프랑스보다 전략적으로 어려운 상태에 놓여 있던 러시아가 먼저 루마니아와 우호 조약을 맺기 위해 접근했다. 한 달 반 뒤 오스트리아-헝가리 제국과 러시아의 첫 군사 작전이 시작되자 러시아 외무 장관 세르게이 드미트리예비치 사조노프(Sergei Dmitryevich Sazonov, 1860~1927)는 "지체 없이 부코비나 남부와 트란실바니아를 점령"하라고 루마니아를 독려했다.[13] 다른 쪽에서도 적을 공격하는 대가로 관대한 제안을 해왔다. 루마니아가 러시아를 공격하면 그 보답으로 베사라비아와 오데사를 주겠다고 독일 제국 빌헬름 황제가 제의했던 것이다.

루마니아 정부는 오랫동안 중립적인 태도를 보이며, 어느 한 쪽을 선택했을 때의 이익과 손실 그리고 선택받지 못한 나라가 취할 군사적 보복에 대해 고심했다. 적극적인 전쟁 개입을 통한 '대(大)루마니아' 건설의 가능성이 공공연한 논쟁의 대상이 되었다. 개전 초반 오스트리아-헝가리 군대의 못 미더운 행보 때문에 여론은 협상국 세력[Entente. 제1차 세계 대전에서 독일, 오스트리아-헝가리에 맞섰던 연합국으로 영국, 프랑스, 러시아의 삼국 협상이 주축이었음. 1915년 이탈리아가 협상국 측으로 전쟁에 참여했고, 일본, 벨기에, 세르비아, 몬테네그로, 그리스, 루마니아, 체코슬로바키아 등이 포함됨] 쪽으로 기울었다. 결국 루마니아는 제1차 세계 대전 중 가장 중요한 결정, 즉 베사라비아를 선택할 것인가 아니면 트란실바니아를 선택할 것인가 하는 결단의 순간에 직면하게 되었다.[14]

루마니아의 정책은 모든 루마니아인을 하나의 국가로 통합한다는 수사적(修辭的) 목표보다 물리적인 영토를 확보하는 실질적 목표에 맞춰 결정되었다. 부쿠레슈티 대학 교수였던 상원 의원 타케 이오네스쿠(Take Ionescu, 1858~1922)는 "트란실바니아는 전략적 요충지이자 경제 자원의 보고(寶庫)이므로 루마니아인이 그 지역에서 다수를 차지하지 않더라도 반드시 병합해야 하는 곳이다."라고 주장했다.[15]

1915년 봄, 사조노프는 트란실바니아와 부코비나 남부 외에 추가로 바나트의 동부 지역을 루마니아에 주겠다고 약속했다. 그러나 루마니아는 부코비나 전 지역과 그곳에 살고 있는 모든 민족(루신인, 우크라이나인, 창고(Csángó) 헝가리인), 그리고 바나트 전 지역과 그곳에 살고 있는 모든 민족(헝가리인, 루마니아인, 세르비아인, 슈바벤인)을 원했다. 1915년 5월 루마니아가 새롭게 제안하여 상트페테르부르크로 보내온 지도를 검토한 러시아 정치인들은 상당한 충격을 받았다. 루마니아의 국경이 서쪽으로는 티서강(江)과 도나우강(江)에 이를 뿐만 아니라, 동쪽으로는 프루트강(江) 너머까지 뻗어 있어 러시아의 이해관계에 직접적인 영향을 미치고 있었기 때문이었다. 루마니아에 양보하려 했던 러시아는 이 제안을 거절했다.

　루마니아와의 협상을 러시아 정부에 위임했던 서쪽의 동맹국들은 루마니아의 탐욕을 보고 더욱 조심스러워졌다. 영국 외무장관 에드워드 그레이(Edward Grey, 1862~1933) 경(卿)은 사조노프가 루마니아에 헝가리 지배하의 트란실바니아와 오스트리아 지배하의 부코비나를 주겠다고 승인한 것은 "겉치레뿐인 약속"이라고 비난했다. 부다페스트는 어떤 식으로든 영국 외무부의 정서를 알고 있었던 것 같다. 헝가리 야당 지도자인 어포니 얼베르트(Apponyi Albert, 1846~1933)가 1915년에 이미 바티칸을 통해서 영국 대사관에 예상치 못한 제안을 했기 때문이었다. 제안 내용은 만일 헝가리가 트란실바니아를 얻도록 영국이 도와준다면 헝가리는 오스트리아와 결별하고 영국과 평화 조약을 맺겠다는 것이었다. 그레이는 간결하면서도 냉철한 답을 보냈다. "죄송하지만, 헝가리의 경우에는 이런 제안을 수락하기 어렵습니다."[16]

　루마니아와 협상국 세력이 2년간 지속한 교섭은 세게드-솔노크-데브레첸을 잇는 선을 루마니아의 새로운 서쪽 국경으로 정한 부쿠레슈티 밀약으로 끝을 맺었다. 이 도시들이 헝가리에 남게 되더라도 국경선은 1920년의 트리아농 조약에서 정하게 될 국경선보다도 30~40*km* 더 서쪽으로 이동하게 되는 것이었다.[17] 이 밀약에 서명한 후 루마니아 군대는 1916년 8월 27일 트란실바니아를 공격했지만, 이 공격은 실패하고 말았다. 오스트리아-헝가리, 독일, 불가리아의 반격으로 루마니아는 트란실바니아에서 철수해야 했을 뿐만 아니라, 오히려 부쿠레슈티를 포기해야만 했다. 루마니아는 러시아 군대의 도움으로 간신히 완전한 붕괴를 면할 수 있었다. 1918년 5월 7일 루마니아는 부쿠레슈티에서 오스트리아-헝가리와 별도의 평화 조약을 맺고 전쟁에서 물러났다. 동시에 루마니아는 1916년 8월 협상국 세력과 맺었던 밀약(정확하게 협약 5조)을 위반하며, 협상국 세력과의 동맹에서도 발을 뺐다.

전략적 관점에서 보면, 빈과 부다페스트는 트란실바니아에 대한 추가 공격을 막고 이러한 공격을 더욱더 어렵게 할 국경선 변경을 이루어 냈다. 전략적으로 중요한 카르파티아산맥의 직선 구간을 포함하여, 폭이 2~10km에 이르는 국경선 옆의 좁고 긴 지역을 헝가리가 손에 넣었던 것이다.[18]

그러나 반년도 못되어 독일과 오스트리아-헝가리가 전쟁에 패하면서 루마니아가 오스트리아-헝가리와 맺었던 별도의 평화 조약은 무효가 되고 말았다. 루마니아는 전쟁에 패했지만, 제1차 세계 대전 마지막 순간 중부 열강에 대해 선전포고하면서 순식간에 유럽의 운명을 좌지우지하게 될 승전국의 하나가 되었다. 흥미롭게도 루마니아는 30여 년 후 제2차 세계 대전 끝 무렵에도 이와 비슷한 위업을 반복하게 된다.

헝가리는 1918~1919년의 혁명 정부가 이러한 새로운 영토 문제를 처리해야 했고, 1919년 8월에는 반혁명 정권이 권력을 장악했으며, 파리 평화 회의 대표단 문제가 뒤를 이었다.

2. 트란실바니아 문제와 강대국들, 1918~1920년

1918년 가을 오스트리아-헝가리 제국은 전쟁 패배, 민족 운동과 사회 운동 그리고 유럽의 세력 균형 변화에 따라 불가피하게 붕괴하고 말았다. 헝가리에서 권력을 잡은 카로이 미하이(Károlyi Mihály, 1875~1955) 정부는 1918년 11월 아라드에 있던 루마니아 국민 위원회와 협상을 시작했다. 헝가리가 제시한 협상 내용의 핵심은 스위스 형태의 연방 창설이었다. 야시 오스카르(Jászi Oszkár, 1875~1957)가 이끌던 헝가리 대표단은 트란실바니아의 루마니아인 절대다수 지역에서 루마니아인에게 자치권과 행정권을 주겠다고 제안했다. 그러나 트란실바니아의 루마니아인 대표단은 이 제안을 거절했다.[19] 1918년 11월 17일 헝가리에 거주하던 루마니아인으로 구성된 국민 위원회는 "루마니아인이 거주하는 지역"은 루마니아에 편입되기 원한다는 성명을 발표했다. 12월 1일 줄러페헤르바르(알바 율리아)에서 이 성명에 찬성하는 집회가 개최되었다. 집회에 참석한 10만여 명의 루마니아인은 이 성명이 루마니아 역사상 민족 문제를 민주적으로 해결하는 가장 좋은 예이자 민족의 궁극적 희망을 실현하는 것이라며 지지 의사를 표명했다. 그러나 루마니아인 때문에 한 나라에서 분리되어 다른 나라로 속하게 되는 트란실바니아의 다른 민족들—루신인, 작센인, 슈바벤인, 세르비아인, 유대인, 그리고 거의 2백만 명에 달하는 헝가리인—은 집회에 참석하지 않았다.[20]

1918년 12월 1일 트란실바니아의 루마니아인은 헝가리의 26개 주를 루마니아에 통합한다고 선포했다. 그들은 트란실바니아 사람

을 위한 완전한 민족적 자유를 약속하면서 제헌의회가 설립되기 전
까지 지역별 자치 정부를 설립한다는 청사진을 제시했다. 그러나
헝가리인과 독일인도 참여하여 트란실바니아 자치 정부 문제를 최
종적으로 결정하자는 언급은 하지 않았다.[21]

　헝가리인은 정반대의 움직임을 보였다. 1918년 11월 28일 세케
이인이 머로시바샤르헤이(트르구무레슈)에서 집회를 열고 자치권을
보장해 달라고 요구했다. 동시에 그들은 세케이 독립 공화국 건설
계획안을 제시했다. 이 계획안은 실현 가능성이 거의 없었지만, 지
리적 변동이 심하던 당시의 정치적 사고방식을 내포하고 있었다.
12월 22일에는 트란실바니아에 거주하는 헝가리인이 콜로즈바르
(클루지)에서 신생국 헝가리에 대한 충성을 맹세했다.[22]

　궁극적으로 이런 문제들은 전쟁에서 승리한 협상국 세력이 루마
니아의 트란실바니아 합병을 지지함으로써 결정되었다. 프랑스, 영
국, 이탈리아뿐만 아니라 미국도 이에 동의했다. 루마니아 군대가
1918년 11월 13일 체결된 베오그라드 군사 협약에서 정한 국경선
에서 멈추지 않고 12월 초 머로시(무레슈)강을 건너 크리스마스 무
렵 콜로즈바르를 점령한 것은 이런 이유에서였다. 승전국들은 이러
한 조치를 묵인했고, 헝가리 정부는 그들을 막을 수 없었다. 10,000
여 명에 이르던 헝가리군 트란실바니아 부대(세케이 사단)는 이들을
제대로 저지하지 못했다. 국제 정세와 루마니아의 적극적인 개입으
로 1918년 말에는 명백하게 루마니아에 유리한 상황이 기정사실로
굳어졌다. 트란실바니아와 루마니아의 통합 협정이 사실상 완료되
었다.

루마니아 군대는 실질적인 점령군처럼 행동했다. 그들은 계엄령을 선포하고 검열을 시작했으며, 집회의 자유를 불허하고, 물자를 징발하고, 저항하는 사람을 감금하고, 매질과 채찍질까지 시작했다. 트란실바니아 루마니아인의 새로운 집행 기구인 통치 위원회는 이후 상당 기간 주요 정치 세력으로 기능하게 된다. 이들의 첫 번째 칙령은 루마니아어를 공식 언어로 선포한 것이었다. 실생활에서 다른 언어는 자유롭게 사용할 수 있었지만, 도시와 마을의 명칭은 루마니아어 명칭이 정리된 후로 다른 명창을 사용할 수 없었다. 위원회는 헝가리 기관들을 그대로 유지하겠다고 약속했다. 처음 몇 달은 이러한 약속이 지켜졌지만, 곧 콜로즈바르 대학이 50개의 건물과 함께 점령되었고, 새로운 형태의 차별 정책이 시행되었다.

통치 위원회는 트란실바니아의 루마니아인 대표로 부다페스트 의회에서 의원을 역임했던 줄리우(줄러) 마이누(Juliu(Gyula) Mainu)가 이끌었으며, 트란실바니아 출신 루마니아 정치인 12명으로 구성되었다. 통치 위원회는 자신들이 트란실바니아에 대한 완전한 통치권을 가져야 한다고 생각했지만, 곧 부쿠레슈티가 그들의 권한을 제한하여 외교, 군사, 재정 분야는 물론 우편, 철도, 세관 업무까지 제재를 가했다.[23]

결국, 트란실바니아의 정치권력은 두 세력, 쫓겨난 헝가리 당국까지 고려하면 세 세력으로 나뉘었다. 새로운 환경은 트란실바니아의 상황과 미래에 대한 헝가리 정치인들의 구상을 수정하지 않을 수 없도록 만들었다. 최상의 시나리오가 실현된다면 독립국이 될 수도 있을 터인 트란실바니아를 잃게 될 가능성이 더욱 커지고 있다는 사실을 점점 더 많은 헝가리인이 피부로 느끼고 있었다.

독립 국가 트란실바니아 또는 루마니아 국가 내의 자치주 트란실바니아에 관한 구상은 키시-퀴퀼뢰 주(州)의 행정관이었던 자르파시 엘레메르(Gyárfás Elemér, 1884~1945)가 1919년 3월 24일 국민위원회 위원장에게 12개 조항의 정치 각서를 제출하면서 처음으로 논쟁의 대상이 되었다. "트란실바니아 세 민족 통합의 기본 원칙"은 1541년 이후 역사적으로 전개된 트란실바니아의 자주적 발전과 자치 정부의 전통에 기초한 "헝가리인, 루마니아인, 작센인의 공통 관심사"에 그 바탕을 두고 있었다. 이 정치 각서는 트란실바니아 세 민족의 대표들로 통치 위원회를 조직하고 선거를 통해 독자적인 트란실바니아 의회를 구성하여 트란실바니아의 지위와 국경을 확정할 권한을 부여하고 그 외의 다른 현안을 해결하도록 하자고 제안했다. 자르파시 엘레메르는 자신의 제안을 트란실바니아 출신 루마니아 장관 에밀 하치에가누(Emil Haţieganu, 1878~1959)에게도 전달했으나, 장관뿐만 아니라 너지세벤(시비우)의 위원회로부터도 아무런 응답을 받지 못했다.[24]

두 달 후인 1919년 5월 다른 헝가리인의 제안서가 부쿠레슈티와 트란실바니아의 정치 지도자들에게 제출되었다. 데브레첸 대학 교수인 루곤펄비 키시 이슈트반(Rugonfalvi Kiss István, 1881~1957)이 작성한 이 제안서는 자르파시의 제안서와 다른 각도에서 전개되었다. 그는 루마니아와 헝가리 모두를 위협하는 "슬라브인의 위협"에 루마니아 지도자들이 관심을 기울여야 한다고 촉구하면서, 특히 오스트리아-헝가리 제국이 붕괴함으로써 이러한 위험이 더욱 가중되었다고 주장했다. 그는 루마니아-헝가리의 공동 정책을 열거하고 두 나라의 타협 필요성을 강조하면서 루마니아-헝가리 동군연합[同君聯合: 둘 이상의 국가가 외교권은 따로 가지면서 한 군주의 사적 연계에 의해 하나로 결합한 형태의 국가. 오스트리아-헝가리 제국이 이런 형태의 국가였음]의 설립을 제안했다.[25]

1919년 여름 헝가리에서 혁명 통치 위원회가 구성된 후 빈으로 피신한 베틀렌 이슈트반(Bethlen István, 1874~1946)과 그를 따르는 보수 정치인들은 루마니아-헝가리 동맹의 가능성을 고려하기 시작했다. 그들의 구상은 루곤펄비의 이론을 기본으로 루마니아와 헝가리가 반(反)슬라브 연대를 형성하는 것, 즉 루마니아와 헝가리가 국가 간 동맹을 맺는 것을 골자로 하고 있었다.[26] 1919년 가을 혁명 통치 위원회가 해산된 후에도 루마니아와 헝가리는 트란실바니아의 미래와 두 나라 사이의 관계에 관한 비밀 협상을 계속해 나갔다. 베틀렌 측은 트란실바니아가 루마니아에 속하게 되더라도 1867~1918년의 오스트리아-헝가리 제국에서 헝가리가 가졌던 것과 같은 위상을 가져야 한다고 주장했다.[27]

1919년 말에 루마니아와 헝가리의 협상은 실패―비록 두 나라 사이의 화해에 대한 기대는 1921년 소협상 체제[小協商 體制: 제1차 세계 대전의 승전국이었던 체코슬로바키아, 유고슬라비아, 루마니아가 합스부르크(오스트리아-헝가리) 제국의 부활과 헝가리의 실지 회복 운동(失地回復運動, 레비지오)을 저지하기 위해 맺었던 느슨한 형태의 동맹]가 성립될 때까지 살아있긴 했지만―한 것으로 드러났다. 협상이 실패한 중요한 이유 중 하나는 영국이 루마니아-헝가리 단독 평화 조약 또는 루마니아-헝가리-이탈리아 동맹에 격렬하게 반대했기 때문이다.[28] 그러나 무엇보다도 트란실바니아의 운명에 대한 루마니아와 헝가리의 의견 차이가 너무나 컸다. 부쿠레슈티는 루마니아-헝가리 동군연합 체제에 관한 구상뿐만 아니라 트란실바니아에 제한적인 자치권을 부여하는 것도 거부했다. 루마니아는 헝가리인 다수 지역에 레너(Karl Renner, 1870~1950)가 제안한 문화 자주권을 허용하고 자치권을 부여하는 방안을 단지 고려하는 수준에 머물렀다. 이것은 아무리 호의적으로 해석하더라도, 1918년 11월 아라드 회담에서 야시의 의견이 완전히 무시되었던 것처럼, 트란실바니아 출신 루마니아 정치인들이 헝가리의 의견을 완전히 거부한 것 이상으로는 생각할 수 없었다.[29]

루마니아와의 협상이 실패하긴 했지만, 헝가리는 트란실바니아의 미래와 관련하여 자국의 관점이 반영된 시안을 1919년 11월과 12월에도 계속해서 준비했다. 베틀렌 이슈트반과 텔레키 팔(Teleki Pál, 1879~1941)이 이끌던 소위 '파리 평화 회의 준비실'에서 이 시안을 작성했다. 베틀렌 이슈트반, 연초 베네데크(Jancsó Benedek, 1854~1930) 등이 상세하게 작성한 이 시안은 나중에 트란실바니아 문제에 관한 '헝가리 대표단의 파리 평화 회의 8개 의제'로 불리게 된다. 이 시안은, 자르파시 엘레메르의 정치 각서와 유사하게, 트란실바니아를 민족 구분에 따라 분할하는 것이 근거도 없으며 현실성도 없다고 지적한 헝가리 전문가들의 견해를 포함하고 있었다. 즉 루마니아와 헝가리 사이에 놓여 있는 이 지역의 지리적 일체성, 다른 지역과 구별되는 뚜렷한 과거사, 이러한 과거로부터 생겨난 트란실바니아인이라는 특별한 의식, 다시 말하면 헝가리계 트란실바니아인, 왈라키아계 트란실바니아인, 작센계 트란실바니아인이라는 특별한 소속감 등의 정서가 대대로 이어져 왔으며, 특히 인구통계학적으로 완전히 뒤섞여버린 지역의 성격상 민족적 분할은 불가능하다는 의견을 담고 있었다.

이 시안에 따르면 트란실바니아의 법적 지위 및 미래에 관해 이 지역이 (1) 헝가리에 속하면서 자치권을 보유하는 방안, (2) 완전한 독립을 이루는 방안, (3) 루마니아에 속하면서 자치권을 보유하는 방안, 이 세 가지 이론적 해결 방안 중 어느 것을 선택할지는 이곳 거주민들의 투표로 결정해야 할 사항이었다. 헝가리인은 앞의 두 가지 방안만이 공정하고 만족스러운 해결책이라고 생각했고, 역사적 영토로서의 트란실바니아에는 루마니아인이 55%로 다수였음에도 불구하고 주민들이 투표할 경우에는 앞의 두 가지 방안 중 하나를 선택할 것으로 생각했다. 트란실바니아가 어디에 속해야 하는지에 관해 베틀렌과 텔레키가 루마니아와의 협상을 위해 8~9월에 준비했던 방안과 파리 평화 회의를 위해 준비한 이 시안에 나타난 차이점은 뚜렷했다. 파리 평화 회의를 위해 마련된 시안은 상대적으로 이론적이었으며, 헝가리인에게 이상적인 해결책 또는 최대한의 주장을 담고 있었다. 이와는 반대로 8~9월의 방안은 실제 협상 과정에서 나온 방안이었다. 무엇보다도 당시 루마니아 군대가 헝가리에 속했던 지역의 반 이상을 점령하고 있었기 때문에 이 방안에는 루마니아의 기대를 포함할 수밖에 없었다. 아마도 이 방안은 헝가리가 수용할 수 있는 최소한의 내용이었을 것이다. 이 시안의 각론에서는 트란실바니아 자치 정부의 내부 구성과 트란실바니아의 자치권에 관한 구상을 자세하게 다루었다. 그것은 스위스 정부의 예를 좇아 언어와 민족적 구분에 따라 네 개의 자치구를 설치하자는 제안이었다. 네 개의 자치구는 헝가리인 우세 지역, 루마니아인 우세 지역, 슈바벤인–작센인 우세 지역, 그리고 여러 민족이 섞인 지역이 될 터였다.[30]

　파리 평화 회의 준비실이 트란실바니아의 영토 문제에 관해 시안을 작성하던 당시는, 이 지역의 새로운 국제 질서 구축을 위해 1919년 1월 시작한 파리 평화 회의가 거의 1년이 되어 가던 시점이었다. 강대국들은 전쟁 중 맺은 여러 약속과 소위 "윌슨 원칙"에 근거하여 새로운 국가들을 건설하려 했다. 동시에 강대국들은 경제적·사회적·전략적 상황을 신중하게 계산했다. 특히 이 지역에서 자신의 확고한 동맹 시스템 구축을 목표로 하던 프랑스의 행보가 두드러졌다. 지역에 관한 사항은 강대국 주요 대표자 회의(10인 위원회), 중앙 지역 위원회 및 그 하위의 여러 소위원회에서 다각도로 논의되었다. 중앙 지역 위원회는 영국, 프랑스, 미국, 이탈리아의 4강에 일본을 포함한 5대 강대국에서 각각 2명의 대표와 몇몇 전문가가 참여하여 구성되었다. 위원장은 나중에 프랑스 외무장관을 역임하게 되는 앙드레 타르디외(André Tardieu, 1876~1945)가 맡았다. 실질적인 제안은 패전국을 제외한 당사국의 의견을 바탕으로 해당 지역 소위원회에서 준비했다. 각국 정부 수장과 외무장관으로 구성된 10인 위원회에는 "승전 동맹국들"이 자문 자격으로 참석하여 발언할 수 있었다.[31]

루마니아 문제는 1919년 2월 1일에 다루어졌다. 위원회에 참석한 루마니아 수상 이온 브러티아누(Ion Brătianu, 1864~1927)는 1916년에 서명한 조약을 근거로 트란실바니아뿐만 아니라 티서강 너머 동부 지역과 마러머로시를 포함한 바나트 전 지역을 요구했다. 그러면서도 루마니아의 요구가 "제국주의적인 것은 아니며", 자신은 단지 "역사 과정에서 루마니아인이 거주했던 모든 민족적 영토의 루마니아인을 통합하려는 민족의 소원을 제시한 것뿐"이라고 강조했다. 이를 뒷받침하기 위해 그는 헝가리가 제시한 통계는 거짓이자 오도된 자료이며, 이 지역의 루마니아인은 72%, 헝가리인은 15%라고 주장했다. 그러나 브러티아누가 데브레첸까지 요구했다는 주장은 사실이 아니다. 그는 "루마니아는 정확한 민족적 근거를 유지하기 위해, 인근 지역 중 헝가리인의 삶에 중심적인 역할을 하는 데브레첸을 포기할 것이다."라고 말했다. 위원회에 참석한 위원들은 브러티아누의 주장에 어떠한 반론도 제기하지 않았다. 오히려 로이드 조지(Lloyd George, 1863~1945)가 여러 소수 민족이 헝가리에 속해 있을 때보다 더 좋은 대접을 받기 원한다고 말할 정도였다.[32]

브러티아누의 연설이 끝난 후 루마니아와 헝가리의 국경선을 결정하기 위한 소위원회가 개최되었다. 위원회는 2월 한 달 동안 이 문제에 대해 여섯 차례에 걸쳐 논의했다. 루마니아의 입장을 적극 지지한 것은 프랑스였다. 프랑스는 이 지역에서 자신들의 영향력을 지켜줄 수호자로 루마니아를 염두에 두고 있었기 때문에 최대한 루마니아의 힘을 강화하고자 했다. 이에 반해 미국 대표는 서트마르, 너지바러드, 아라드를 잇는 철도와 그 서쪽의 헝가리인 우세 지역을 헝가리에 속하게 하는 국경선을 옹호했다. 영국은 미국이 제시한 국경선과 비슷한 국경선을 구상하고 있었지만, 회의가 진행되면서 프랑스의 의견을 지지하는 쪽으로 선회했다. 이탈리아는 자신들의 대(對)유고슬라비아 정책에 헝가리와 루마니아 둘 다 중요한 나라였기 때문에 잠시 주저했지만, 곧 미국의 의견에 동조했다.

소위원회는 3월 6일 절충안을 담은 보고서를 제출했다. 루마니아와 헝가리의 새로운 국경선은 루마니아가 지속해서 요구하던 1916년의 조약안보다 동쪽에 위치하지만, 미국과 이탈리아가 주장하던 국경선보다는 서쪽에 위치하는 방안이었다. 결국 서트마르, 너지바러드, 아라드를 잇는 철도는 루마니아에 속하게 될 터였다. 이 철도선을 보장하기 위해 파리 평화 회의 측은 루마니아와 헝가리 사이에 중립 지대를 설치하고자 했지만, 카로이 미하이는 이 구상을 거부했다. 이로 인해 카로이 미하이는 본의 아니게 헝가리 소비에트 공화국을 선언하는 데 도움을 주고 말았다. 새로운 루마니아-헝가리 국경선은 4월 15일에 중앙 지역 위원회에서 확정되었고, 5월 12일에 10인 위원회의 승인을 받았다.[33]

회의가 진행되던 중이던 1919년 3월 25일 비공개로 흥미로운 사건이 있었다. 지역 위원회가 민족적으로 불공평한 결정을 내린다며 영국 대표 로이드 조지가 반대 의견을 표명했던 것이다. 그는 "새로 탄생하게 될 작은 나라들에 상당수의 헝가리인이 남게 된다면 남동부 유럽에는 결코 평화가 오지 않을 것이다."라고 예언했다. 프랑스 총리이자 파리 평화 회의 의장인 조르주 클레망소(Georges Clémenceau, 1841~1929)를 위시하여 많은 정치인이 로이드 조지의

비평에 부정적인 반응을 나타냈다.[34]

헝가리에 우호적이었던 영국 대표들은 회담 결과에 만족하지 못했다. 이들의 적극적인 참여에 힘입어 평화 회의 측은 4월 초에 얀 스뮈츠(Jan Smuts, 1870~1950) 장군을 부다페스트로 보내 루마니아-헝가리 국경 지역에 만들기로 한 중립 지대를 변경하거나 국경선을 받아들이도록 제안했다. 실질적으로 최소한의 변경 사항만이 담긴 이 제안을 헝가리 소비에트 위원회 외교 담당 인민 정치 위원이었던 쿤 벨러(Kun Béla, 1886~1939)가 거절함으로써 스뮈츠 장군의 임무는 실패하고 말았다.

미국 국무장관 로버트 랜싱(Robert Lansing, 1864~1928)이 또 다른 수정안을 제시했다. 그는 5월 8일 헝가리에 대한 불공평한 규제를 지적함으로써 외무장관 위원회의 관심을 끌었다. 그는 "위원회가 각각의 사안에서 헝가리에 불리한 결정을 내려 루마니아와 체코슬로바키아에 약 2백만 명의 헝가리인이 남게 될 것으로 보인다."라고 자신의 의견을 요약했다. 그러나 이 무렵에는 랜싱도 일의 진행 상황을 바꿀 수 없었다. 프랑스, 특히 외무장관 스테판 피숑(Stephen Pichon, 1857~1933)과 앙드레 타르디외가 위원회의 제안을 단호하게 밀어붙였다.[35]

결국, 1919년 봄에 결정한 내용이 최종안이 되었다. 그럼에도 헝가리에 덜 적대적이었던 승전국 정치인들, 특히 이탈리아와 영국 정치인들은 헝가리 국경 문제를 계속 의제로 삼으려 했다. 그런 정치인 중 한 명이 국제 연맹을 주도했던 제임스 브라이스(James Bryce, 1838~1922)였다. 그는 1919년 12월 16일 상원에서 행한 연설에서 루마니아 군대가 트란실바니아에서 저지른 잔학 행위를 대단히 강도 높게 비난하면서, 루마니아가 파르티움과 바나트를 포함한 트란실바니아 전체를 차지하는 것은 있을 수 없는 일이라고 주장했다. 브라이스는 자신이 직접 세케이인이 사는 지역을 방문한 경험이 있기 때문에 세케이인이 헝가리인의 한 갈래이며 루마니아인과 한 번도 섞여 지낸 적이 없음을 잘 알고 있다며, 세케이인의 땅을 루마니아에 넘기는 것은 엄청난 실책이 될 것이라고 말했다. 그는 루마니아가 "트란실바니아에서 진짜로 루마니아에 속하는 부분만"을 취해야 한다고 강조했다.[36]

헝가리의 관점에서 볼 때 1919년 파리 평화 회의 협상 과정에서 헝가리가 얻은 유일한 소득은 루마니아 역시 소수 민족 보호에 관한 문서를 받아들였다는 점이다. 루마니아는 강대국들의 압력으로 이 문서에 서명할 수밖에 없었고, 다음 해에 이를 비준했다. 루마니아 정부는 이 문서에서 "출생지, 국적, 언어, 민족, 종교와 관계없이 모든 거주민의 생명과 자유를 완전하게 보호할 것"을 약속했다. 루마니아는 이 문서 제11조에서 작센인과 세케이인에게 국가 감독하에 종교 및 교육 문제에 관한 자치 기구를 설치하는 것을 허용했다. 그리고 이 문서의 세부 사항을 따르기 위해 국무부 차관이 이끄는 소수 민족 문제 담당 부서를 설치했다.[37]

1920년 1월 헝가리 정치인들은 파리 평화 회의의 결정 사항에 맞섰다. 1월 15일 대표단의 수장 어포니 얼베르트(Apponyi Albert, 1846~1933)가 행한 연설과 헝가리 정부의 시안, 그중에서도 트란실바니아에 관한 8번 조항은 승전국 사이에 엄청난 논쟁을 불러일으

컸다. 헝가리의 주장이 정당하다고 생각했던 이탈리아 수상 프란체스코 사베리오 니티(Francesco Saverio Nitti, 1868~1953)와 로이드 조지는 2월 25일 열린 최고 위원회 회의에서 헝가리인의 입장과 그 반대 입장을 근거로 "헝가리 문제"를 재고해야 한다고 주장했다. 프랑스 신임 총리 겸 외무장관 알렉상드르 밀랑(Alexandre Millerand, 1859~1943)은 재고의 여지가 없다고 반발했지만, 결국 이탈리아와 영국(미국은 자신의 이상적인 원칙이 계속 지켜지지 않자 1919년 말부터 회의에 단지 참관인 자격으로 참여했다)은 헝가리 국경 문제를 재협상 안건으로 상정하는 데 성공했다. 1920년 3월 3일 최고 위원회 회의에서 로이드 조지는 정확한 통계 자료를 인용하며, 평화 조약으로 "헝가리 전체 인구의 2/3에 해당하는 275만 명의 헝가리인이 외국의 통치를 받게 될 것"이라고 지적했다. 그는 "단지 파리 평화 회의가 헝가리 문제에 관한 논의를 거부했다는 이유만으로 헝가리인 공동체 전체가 마치 소 떼처럼 체코슬로바키아와 루마니아로 넘겨지는 데 반하여 헝가리의 요구가 정당하다는 것이 입증된다면 중부 유럽에 평화는 절대 오지 않을 것"이라고 단언했다.[38]

외무장관 및 대사(大使) 위원회는 1920년 3월 8일 헝가리 국경 조정 가능성을 안건으로 올렸다. 회의를 시작하기 전에 참석자들은 헝가리 정부가 준비한 시안을 검토했다. 이 시안은 문제 해결 방안으로 국민 투표를 제시하면서 역사적 헝가리의 통일, 루마니아와 체코슬로바키아와 유고슬라비아가 공동으로 진행하는 역(逆)국민 투표, 루마니아 전문가이자 영국 대표단의 일원인 앨런 리퍼(Allen Leeper, 1888~1968)의 자료 요약 등 여러 논쟁 사항을 열거하고 있었

다. 사실상 자국 총리의 의견에 반하는 입장을 견지하던 리퍼는 일
반적으로 받아들여지던 외무부의 견해에 따라, 1910년에 도시 인구
대다수가 기회주의적으로 자신들을 헝가리인으로 분류했던 전례에
서 알 수 있듯이 국민 투표를 시행하는 것은 국경 지역을 헝가리에
반환하는 것만큼 부당하다는 의견을 표명하고 있었다. 리퍼는 헝가
리와 세케이 지역을 연결하기 위해 콜로즈바르를 관통하는 회랑 지
대를 만드는 것에 반대했다. 그는 "세케이인은 헝가리인과 완전히
다른 기질과 성격을 가지고 있기 때문에 루마니아 내에서 자치권을
갖는 쪽을 선호할 것이다."라는 선의의 실수인지 의도적인 속임수
인지 알 수 없는 의견을 내놓았다.

영국 외무장관 커즌(George Nathaniel Curzon, 1859~1925) 경(卿)
이 다른 논평 없이 리퍼의 전문가 보고서를 낭독했다. 이어서 프랑
스 대표 필리프 베르텔로(Philippe Berthelot, 1866~1934)가 발언했
다. 그는 프랑스의 기본 입장에 따라 협상 재개 가능성을 일축했다.
그러나 이탈리아 외무장관 비토리오 샬로야(Vittorio Scialoja, 1856~
1933)가 "헝가리의 역제안은 하나하나 세부적으로 논의되어야 한
다."며 반대 의견을 굽히지 않았다. 프랑스와 이탈리아의 격렬한 논
쟁을 끝내기 위해 커즌 경이 타협안을 제시했다. 평화 조약에 서명
하기 전까지 헝가리 국경 문제는 재논의하지 않되, 만약 위원회가
국경을 확정해야 한다면 "철저한 현지 조사를 통해야 할 것이며, 어
느 쪽에든 불공정한 결정이 내려져 수정의 필요성이 제기된다면 국
제 연맹에 조정 의견을 제출할 수 있도록 하자."는 안이었다. 이것은
로이드 조지와 니티가 제시했던 원래의 안과 매우 거리가 먼 방안이

었다. 베르텔로는 국경 문제에 대해 전문가들이 내놓은 기본 원칙에
손대지 않는다는 조건으로 이 방안을 받아들였다. 그래서 국경을
정해야 하는 위원회들은 특정 지역의 국경 변경 필요성을 지적할
수 있는 권한만 갖게 되었다. 협상에 관여한 3개국은 추후의 국경
변경 가능성을 평화 조약 본문에 넣지 않는 것에도 동의했다. 대신
이러한 내용을 소위 '밀랑 서신'이라는 첨부 서신으로 헝가리에 통
보하기로 했다.[39]

1920년 초에 헝가리 평화 회의 대표단이 파리에서 진행했던 활동
중에는 프랑스-헝가리 비밀 협상도 있었다. 3월에 시작된 이 협상은
양국의 관계를 더욱 돈독히 하는 것을 목표로 하였으며, 국경선 변
경 시도도 포함되었다. 협상의 조짐은 좋아 보였지만, 결국 협상은
완전히 실패로 끝났다. 헝가리 역사학자 아담 머그더(Ádám Magda,
1925~2017)와 오르모시 마리어(Ormos Mária, 1930~2019) 등이 밝혀
냈듯이 이 협상 실패는 프랑스 측의 개인적이며 실질적인 이유 때문
이었다. 도나우강을 따라 급진적 변혁을 추진하던 프랑스 지도부가
1920년 1월 권력을 잃었다. 레몽 푸앵카레(Raymond Poincaré, 1860~
1934), 조르주 클레망소, 스테판 피숑의 뒤를 이은 폴 데샤넬(Paul
Deschanel, 1855~1922), 알렉상드르 밀랑, 모리스 팔레올로그(Maurice
Paléologue, 1859~1944)는 오스트리아-헝가리 제국을 없애기보다는
이 제국을 현대화하는 정책을 선호했다. 물론 전쟁 전의 상태로 돌
아가는 것은 불가능했고, 그것이 그들의 목표도 아니었다. 그러나
그들은 이 지역의 지리적 중심지인 헝가리가 새로운 동맹 체제의
틀에 포함되지 않았다는 사실에 주목했다. 그런 이유로 그들은 헝가

리인이 다수가 되는 국경선을 유지해 준다면 프랑스에 더 많은 것을 양보하겠다는 헝가리의 제안을 고려할 가치가 있다고 생각했다.

베틀렌 이슈트반과 차키 임레(Csáky Imre, 1882~1961)가 편집하고, 3월 20일 헝가리 평화 회의 대표단의 논의를 거쳐 22일 프랑스 측에 전달된 헝가리의 제안서는 정치적·영토적 측면에서 3개의 요구 사항을 담고 있었다. 제안서는 우선 "완전히 헝가리인만 거주하는 지역, 거주민 대부분이 헝가리인인 지역, 다수의 헝가리인이 거주하며 지리적으로 단일 구역을 형성한 지역은 헝가리에서 떨어져 나가지 않도록 국경선을 변경해 줄 것"을 요구했다. 첨부된 지도를 보면 베틀렌과 차키가 의미한 지역은 포조니(브라티슬라바), 셸메츠바녀, 커셔, 문카치, 질러흐, 너지바러드, 아라드, 젠터, 좀보르, 에세크, 드라버를 잇는 선의 안쪽에 새로운 국경선을 따라 산재하는 헝가리인 거주 구역이었다. 이 지역의 헝가리인은 대략 1,722,000명이었다. 루마니아와 관련해서는 베케시·차너드의 서쪽 변두리 지역, 서트마르·실라지·비허르·아라드의 동쪽 지역, 그리고 소위 파르티움 지역을 헝가리에 돌려줄 것, 좀 더 정확히 말하자면 평화 조약이 아직 체결되지 않았으므로 이 지역을 떼어내지 말 것을 요구했다. 바나트에 대해서는 국민 투표로 국가 지위를 결정하자고 제안했고, 키라이하고(부체아) 너머 역사적 트란실바니아의 헝가리인, 세케이인, 작센인에 대해서는 루마니아에 남겨지되 "완전한 지역 자치권"을 요구했다.

헝가리의 최초 요구 사항은 4월과 5월 협상 과정에서 다소 수정되었지만, 루마니아와 트란실바니아에 관련된 사항은 전혀 변하지 않았다.[40] 결국, 두 나라는 서로의 의견 차이를 줄이지 못했고, 국경선의 변경은 이루어지지 않았다. 이것은 도나우 지역에 관한 프랑스의 정책이 1920년 봄과 여름에 거의 또는 전혀 변하지 않았다는 점을 보여준다. 이 협상은 어떠한 결실도 보지 못하고 그저 국경 변경의 가능성만 고려해 보는 정도로 끝났다. 헝가리는 1920년 6월 4일 평화 조약에 서명할 수밖에 없었고, 이 조약은 1920년 11월 의회에서 비준되었다(1921: 법률 33).

평화 조약의 결과, 헝가리 영토는 (크로아티아 지역을 제외하고) 282,000㎢에서 93,000㎢로, 인구는 1,820만 명에서 790만 명으로 줄어들었다. 루마니아는 102,000㎢에 이르는 넓은 땅과 500만 명의 인구를 얻게 되었는데, 그중 160만 명이 헝가리인이었다. 이들 헝가리인의 1/3은 세케이 지역에 밀집 구역을 이루고 살았고, 1/3은

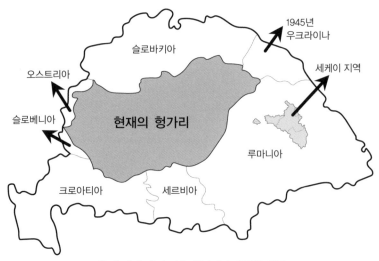

제1차 세계 대전 이후 헝가리가 상실한 영토

새로 만들어진 국경선 바로 너머 지역에 살았으며, 나머지는 트란실바니아 여기저기의 도시 지역에 흩어져 살았다.[41] 헝가리 정부와 사회는 이러한 막대한 손실을 받아들일 수 없었다. 결국 루마니아와 헝가리의 관계는 적대적으로 될 수밖에 없었다.

3. 양차 대전 사이 트란실바니아와 헝가리-루마니아 관계, 1920~1938년

제1차 세계 대전 이후 평화 조약에 의해 만들어진 대(大)루마니아가 그리던 이상적인 국가 목표는, 소수 민족이 전체 인구의 30%를 차지함에도 불구하고, 루마니아인의 동질적 민족 국가를 만드는 것이었다. 이 목표는 지방 분권 또는 지방 자치의 가능성을 차단했을 뿐만 아니라 소수 민족에 대한 영속적인 차별을 의미하기도 했다. 이러한 루마니아의 국가 이익에 가장 도전적인 소수 민족이 헝가리인이었다. 루마니아 인구 조사에 따르면 루마니아 전체 인구의 8%, 루마니아에 이양된 구(舊)헝가리 영토, 즉 트란실바니아 인구의 25% 이상이 헝가리인이었다.[42] 결과적으로 새로운 국가 내외부의 여러 문제는 루마니아와 헝가리 사이의 적개심에 원인이 있었다.

루마니아에 거주하는 헝가리인의 법적 지위에 관한 사항은 1918년의 줄러페헤르바르 결의안과 1919년의 파리 소수 민족 규정에 처음으로 기술되었다. 이 결의안과 규정은 교육, 종교, 경제, 정치 영역에서 소수 민족에게 상대적으로 광범위한 권리를 보장했다. 그

러나 1923년과 1938년에 통과된 루마니아 헌법에는 일반적인 시민
권만 포함됐을 뿐 소수 민족에 관한 내용은 없었고, 1938년에 통과
된 소수 민족 법령으로 여러 보호법이 공포됐지만 입법 시행으로까
지 이어지지는 않았다. 따라서 양차 대전 사이에 루마니아에서 법적
으로 시행된 소수 민족 보호 정책은 매우 제한적인 영역에서만 실행
되었고 차별 해소를 위한 노력이 충분히 보장되지 않았다.[43]

헝가리 소수 민족의 운명을 결정하는 가장 근본적인 문제는 시민
권이었다. 루마니아는 될 수 있는 한 소수 민족에게 시민권을 부여
하지 않음으로써 동질적 민족 국가를 수립하려 했다. 1924년의 규
정에 따르면 출생지와 거주지만으로는 시민권을 얻지 못하고 반드
시 거주지를 법적으로 규명해야만 했다. 즉 같은 거주지에 4년 이상
계속해서 거주한 사람만이 시민권을 얻을 자격이 있었다. 이러한
이유로 1918년 말부터 1924년까지 약 20만 명의 헝가리인이 트란
실바니아를 떠났다.[44]

소수 민족 언어를 사용할 권리 또한 상황이 좋지 않았다. 관련법
의 제정으로 헝가리인은 수많은 불리함을 감수해야 했다. 예를 들면,
법정에서 변호인은 오직 루마니아어만 사용해야 했고, 거래 및 회계
도 루마니아어로 작성해야 했다. 만약 헝가리어 간판을 사용하거나
헝가리어로 상행위가 이루어지면 추가적인 세금을 내야 했다.[45]

1921년 7월 30일 통과된 부동산 법령도 레가트 지역과 트란실바
니아 지역에서 다른 기준을 적용하는 등 법이 보장한 평등의 원칙을
심각하게 훼손했다. 이 법의 시행으로 헝가리인 지주들의 경제력이
거의 고갈되었고, 트란실바니아의 헝가리 교육 기관들도 물질적으

로 심각한 타격을 받았다. 루마니아는 헝가리인 대지주와 중간 지주의 '가외(加外) 토지' 및 4대 헝가리 교회-로마 가톨릭, 칼뱅교, 유니테리언교, (헝가리인보다 작센인이 더 많았던) 루터교-가 소유한 토지의 84.5%를 몰수하는 방식으로 빠르게 토지를 수용했다. 그 결과로 트란실바니아에 있던 2,543개의 각종 헝가리 교육 기관 중 1930년 무렵까지 살아남은 기관은 1,226개에 불과했다. 게다가 헝가리어로 배울 수 있는 과목의 수도 줄었다. 헝가리계 대학을 세게드로 옮기게 한 후, 콜로즈바르 대학도 루마니아에 귀속시켰다.[46]

법에 따르면 학교의 공사, 유지 보수, 학교장 주거 공급 등 학교 운영에 필요한 비용을 지역 공동체가 부담해야 했는데, 공립학교 대부분이 루마니아어를 교육했기 때문에 결국 헝가리인이 다수인 도시와 마을은 실질적으로 루마니아 학교에 헝가리인이 재정을 부담하는 형태가 되었다. 루마니아어 교육은 교회가 운영하는 학교를 포함하여 모든 학교에서 강제적 의무 사항이었다. 유대인 학교에서는 헝가리어와 독일어 교육이 금지되었기 때문에 루마니아어와 히브리어 중에서만 선택할 수 있었다.[47]

1923년의 헌법은 공인된 교회들 사이에 차별적인 계층을 만들어 냈다. 그리스 정교회가 가장 큰 힘을 가지게 되었고, 이어서 합동 동방 가톨릭교회가 나머지 다른 교파보다 더 많은 특혜를 누리게 되었다. 독재 군주국 수립을 인정한 1938년의 헌법은 민족 차별을 합법화하기도 했다. 시민권 관련해서는 '루마니아 출신 특권'이라는 용어가 생겨날 정도로 루마니아 태생을 선호하는 현상이 나타났다. 예를 들면, 적어도 3대 이상 루마니아인의 피가 섞이지 않으면 장관

이 될 수 없었다.[48]

　양차 대전 사이 루마니아에 거주하던 헝가리인의 어려운 상황은 한마디로 당시 그 지역에 만연하던 불합리하고 공격적인 민족주의의 결과라고 말할 수 있다. 헝가리인의 상황은 점점 더 안 좋아졌고, 그들의 민족 정체성을 보존하는 것은 더욱 어려워졌다. 트란실바니아의 헝가리인이 새로운 상황에 적응하지 못하는 것은 너무나 당연한 일이었다. 모국 헝가리는 호르티 미클로시(Horthy Miklós, 1868~1957)가 집권 초기부터 실지 회복 정책을 추구하면서 평화 조약으로 확정된 국경선의 개정을 목표로 하고 있었지만, 상황이 어렵기는 마찬가지였다. 헝가리인은 당시의 상황을 거부하고 극복하기 위해 다양한 활동을 전개했다.

　트란실바니아 지역의 헝가리인이 새로운 상황에 맞서 행동한 일반적 대응 방식을 '트란실바니아주의'라고 한다. 트란실바니아주의에 관한 연구는 1970년대에 절정을 맞이하게 되는데, 초창기에는 트란실바니아 헬리콘 그룹에 속한 작가, 시인, 출판인, 편집인 등의 심미적·문학적 자아 인식 프로그램을 지칭하는 용어로 사용하였으며, 트란실바니아 이데올로기를 추구하는 정치적 움직임에는 큰 관심을 두지 않았다. 그러나 K. 렌젤 졸트(K. Lengyel Zsolt)는 자신의 최근 연구에서 트란실바니아주의를 지방 분권적 정치 운동으로 평가하고 있다. 그에 따르면, 트란실바니아주의는 트란실바니아의 독립과 자치를 목표로 했던 명확한 지역적 개념의 운동이다. 이 운동을 이끌었던 사람들은 모국, 즉 헝가리에 편입되는 정치적 목표를 포기했다. 그 대신 그들은 독자적인 생활 환경, 지역적 독립, 민족적 다양성에 기초한 전통적 연방주의 정신에 의해 탄생할 '제도적 타협'을 추구했다.

트란실바니아주의라는 용어는 18세기 초에 처음 등장했으며, 어포르 페테르(Apor Péter, 1676~1752)가 처음 사용했던 것으로 생각된다. 이후 19세기에 미코 임레(Mikó Imre, 1805~1876)와 케메니 지그몬드(Kemény Zsigmond, 1814~1875)가 이 용어를 사용했다. 그러나 19세기 후반까지 몇몇 정치인과 작가가 트란실바니아의 정치적·문화적 전통의 특수성을 주장하기 위해 오로지 문화적 의미에서 트란실바니아주의라는 용어를 사용했다는 점에는 논란의 여지가 없다. 1867년 트란실바니아가 헝가리에 합병된 이후 트란실바니아주의는 정치적 현상이 되었고, 헝가리 정부의 중앙 집권 정책에 대한 반작용의 성격을 띠게 되었다고 볼 수 있다. 좀 더 정치적 색채를 띤 "근대적 트란실바니아주의"가 트란실바니아의 헝가리인 지식인 사이에 화두가 된 것은 트리아농 평화 조약 시기의 일로, 트란실바니아주의는 트란실바니아의 이상적 자치권을 상징하는 용어가 되었다. 이 자치권은 해석에 따라 하나의 독립 국가 또는 루마니아 내에서의 자치를 의미할 수 있었다. 따라서 그 용어는 수정주의적 해석도 가능했고, 현상 유지를 의미하기도 했다.[49]

트란실바니아주의 구현을 위한 초기의 정치적 대표로 두 조직을 들 수 있다. 1921년 6월 5일 반피후녀드(후에딘)에서 조직된 '헝가리 인민당'과 1922년 2월 12일 콜로즈바르에서 조직된 '헝가리 국민당'이다. 두 정당은 1922년 12월 28일 '헝가리 민족당'으로 통합하여 1938년 해산할 때까지 트란실바니아의 헝가리인을 대표했다.

비록 두 정당이 통합하긴 했지만, 두 정당 사이의 근본적인 개념 차이는 결코 사라지지 않았다.[50]

헝가리 인민당의 설립자들은 트란실바니아가 루마니아 내에서 느슨한 연방 형태로 독립을 유지해야 한다고 생각했다. 이들은 명백하게 헝가리 수정주의자 및 국경 변경 정책과 일정한 거리를 두었다. 이러한 생각은 코시 카로이(Kós Károly, 1883~1977), 자고니 이슈트반(Zágoni István, 1887~1959), 퍼알 아르파드(Paál Árpád, 1880~1944)가 1921년 1월 23일 발간한 팸플릿 "외치는 소리(Kiáltó Szó)"에 구체화하였다. 코시 카로이는 만성적인 문제점을 서정적인 문장으로 예리하게 지적하면서 동시에 해결책을 제시했다. "기도의 시간이 끝나고, 저주의 시간 또한 끝났다. 꿈은 사라져 울고 있지만, 살아가려면 일을 해야 한다. 우리는 살기 원하므로 일을 할 것이다. 나는 이 구호를 외친다. 우리는 일해야 한다. 일을 시작하자! 나는 이 목표를 외친다. 헝가리인에게 민족의 자치권을 달라." 변호사이자 언론인인 자고니 이슈트반은 "트란실바니아의 헝가리 민족은 무엇을 원하는가?"라는 질문에 "헝가리 민족 그리고 다른 모든 민족의 자치권"이라고 답했다. 그는 민주적으로 선출된 콜로즈바르 의회에 헝가리 민족의 통솔권을 위임하고자 했다. 민족 자치권에는 다음의 사항이 포함될 터였다. (1) 국부(國富)의 보호와 증대, 즉 경제적 독립. (2) 20명 이상의 헝가리 학생이 재학 중인 학교에서 모국어로 가르치는 학교를 유지할 수 있는 예외적인 권환. (3) 질서 유지를 위한 자체 경찰과 군대.[51]

이와 대조적으로 헝가리 연맹 및 헝가리 국민당—부분적으로 구

(舊) 헝가리 정치 엘리트 지도자들로 구성된—은 완전한 트란실바니아 독립만이 수용할 수 있는 유일한 해결책이라고 생각했다. 이들은 헝가리와 자신들을 분명하게 분리하지 않았지만, 트란실바니아 독립이 헝가리와 통합하는 첫 단계라는 생각을 공공연하게 주장하지도 않았다.

첫 번째 트란실바니아주의자 그룹은 헝가리와 루마니아의 대립적 이해관계를 완화하고자 노력했고, 이러한 원칙에 따라 서로 다른 민족·문화 집단이 동등한 권리와 헌법적 보호를 받으며 생활할 수 있는 트란실바니아 연방 계획을 추진했다. 두 번째 트란실바니아주의자 그룹은 "트란실바니아인"은 실제로 존재하지 않는다는 인식을 활용하면서, 사람에 초점을 맞춘 자치 계획이 영토 이익에 관한 추진력을 약화한다는 점을 강조하여 첫 번째 그룹의 평판을 떨어뜨리는 데 성공했다.

초기 트란실바니아주의를 대표하는 두 그룹이 대립하는 과정에서 헝가리당은 1922년 이래로 컬로터세그 지역에서 활발히 활동하고 있던 헝가리 동맹의 오랜 숙적 헝가리 인민당과 대결해야 했다. 다른 한편으로는, 귀족·보수 진영과 평민·진보 진영 사이의 사회적 괴리에서 오는 당의 내부 갈등도 해결해야만 했다. 헝가리당은 루마니아 국민자유당 및 독일 의회당과 협력을 통해 헝가리당 당원이 트란실바니아 지방 행정부에 일정 비율로 진출하여 국가의 중앙 집권화를 실질적으로 늦추고, 그다음에는 부쿠레슈티에 진출하여 법적 보호망을 획득하는 현실적인 목표를 가지고 있었다. 그러나 그들의 노력은 근본적으로 헛된 것이었다. 정치적 역할을 추구하는 지리적 실체로서의 트란실바니아는 다수 민족인 루마니아인을 대표하는 지역주의적 루마니아 정당들에조차 상상 속에서만 존재하는 것이었다.[52]

1927년 선거에서 (최소한 이름에서는) 지역주의자인 마이누의 정당이 승리한 후 트란실바니아주의를 선전하던 사람들은 지역주의에 기초한 연방주의 개념에 관한 자신들의 제안이 비현실적이라는 사실을 직시해야 했다. 그 결과 트란실바니아주의를 주장하던 사람들 사이에는 축소된 규모의 계획, 즉 문화적·종교적 자치를 요구하는 것이 현실적 대안으로 떠올랐다. 그러나 이 또한 성공을 거두지 못했다. 트란실바니아주의는 1930년대에 트란실바니아 정치계에서 그 중요성을 상실하고 자취를 감추었다. 그리고 얼마 후 트란실바니아 헬리콘 그룹을 중심으로 한 문화적 트란실바니아주의도 같은 운명을 겪게 되었다.[53] 그러나 흥미롭게도 같은 시기에 트란실바니아주의는 헝가리에서 확산하기 시작했다. 이러한 현상이 발생한 것은 트란실바니아주의의 주장과 요구가 모국에서 전개되던 수정주의자들의 주장과 잘 맞아떨어졌기 때문이었다.

양차 세계 대전 사이에 헝가리는 트란실바니아에 관한 정책을 분명하게 표명하지 않으려 주의 깊게 행동했다. 1920년대 초반 군부는 새로운 전쟁을 통해 트란실바니아를 되찾으려는 목표를 가지고 있었다. 호르티 미클로시(Horthy Miklós, 1868~1957)는 1919년 10월 28일 일기에 "기존의 추산에 따르면, 우리의 주적 루마니아에 대한 공격은 1921년 봄에 실행하는 것이 가장 성공 가능성이 클 것으로 생각된다."라고 적었다.[54] 호르티는 루마니아와의 협상은 무의미하다고 생각했다. 1921년 봄 그의 부하 장교 중 한 사람은 호르티가 "루마니아가 우리보다 강하면 그들은 트란실바니아를 점령할 것이다. 그러나 헝가리가 루마니아보다 강하면 그들은 트란실바니아를 포기할 것이다."라고 말했다고 기록해 놓았다.[55] 한편, 베틀렌과 텔레키 등은 1920~1921년에도 요구 사항을 계속 줄여가며 협상을 재개하려 노력했지만, 이전과 마찬가지로 실패하고 말았다. 루마니아는 헝가리에 대해 현실적으로나 기술적으로 눈에 띄는 적개심을 보이지는 않았지만, 부쿠레슈티는 1919~1920년에 그렇게 자주 논의되었던 해법, 즉 트란실바니아에 거주하는 헝가리인의 운명을 만족스러운 방식으로 정리할 수 있는 정치적 동맹에 관해서는 고려조차 하지 않았다. 1920~1921년에 소협상 체제가 성립된 이후, 루마니아가 요지부동으로 고수한 기본 원칙은 헝가리가 트란실바니아에 대한 요구를 포기해야만 두 나라 사이의 화해를 생각해 볼 수 있다는 것이었다. 이것은 헝가리가 절대로 받아들일 수 없는 조건이었다.[56]

1927년 봄부터 헝가리와 이탈리아 사이의 협력이 진행된 덕분에 헝가리와 루마니아 사이의 유화 정책에 관한 논의가 재개되었다. 헝가리 측이 내놓은 협상의 전제 조건은 토지 개혁 당시 자산을 몰수당한 헝가리인(국적 선택자) 대지주 및 중간 지주에 대한 보상, 헝가리 소수 민족에 대한 충분한 환경 개선, 루마니아의 소협상 체제 탈퇴였다. 이에 대한 대가로 소비에트와 루마니아 사이에 분쟁이 생길 경우 헝가리는 중립을 지키겠다고 제안했다. 루마니아는 헝가리가 루마니아 국경을 침범하지 않겠다고 보장할 것, 국적 선택자에

대한 보상 요구를 축소할 것, 이 두 조건이 충족된다면 상호 우호
및 불가침 조약에 서명하겠다는 의사를 내비쳤다. 베틀렌 이슈트반
이 이끌던 헝가리 정부는 이러한 조건을 거부하지 않았지만, 그 대
신 루마니아가 절대 받아들일 수 없는 한 가지 조건을 요구했다.
그것은 루마니아에 속한 트란실바니아 지역의 자치권을 인정하라
는 것이었다.[57]

　1920년대 말과 1930년대 초에 관계 회복을 위한 시도가 몇 차례
있었지만, 양측의 입장은 하나의 결론으로 수렴되지 못했다. 루마니
아는 현 상태를 고수하면서 헝가리의 국제 공조 요구도 강경하게
거부했다. 한편, 헝가리는 이러한 유화 정책을 단지 전술상의 목표
로 간주하고 있었다. 국경 수정이라는 궁극적 전략 목표가 여전히
남아있었기 때문이었다.

　헝가리 수정주의자들이 루마니아로부터 쟁취하고자 했던 목표
는 1930년까지도 분명하지 않은 상태였다. 자유주의자, 사회민주
주의자, 10월당 당원, 인민주의자 등 정부의 좌익 세력은 주로 국경
에 접한 헝가리 영토의 재병합을 주장하는 민족적 수정주의에 만족
했다. 야시 오스카르, 밤베리 루스템(Vámbéry Rusztem, 1872~1948),
페뇌 미크셔(Fenyő Miksa, 1877~1972) 등이 이러한 의견을 가진 대
표적 인물들이었다.[58] 반면, 보수 우파 정치인 다수는 여전히 완전
한 거대 헝가리 왕국의 재건을 소중한 가치로 여기고 있었다. 거대
헝가리 왕국은 소위 '성(聖) 이슈트반의 국가'라는 개념에 나타난
것으로, 모든 소수 민족을 포함한 연방제적 구조를 띠고 있었다. 이
러한 생각은 1928년 "헝가리인에 관한 조사-새로운 헝가리를 향

해"라는 연구에서 처음으로 그 모습을 드러냈고, 이후 보수파인 세크퓌 줄러(Szekfű Gyula, 1883~1955), 극우파인 살러시 페렌츠(Szálasi Ferenc, 1897~1946) 등에 의해 널리 전파되었다. 살러시 페렌츠는 1935년 크로아티아까지 포함한 "통일 국가 헝가리" 개념을 제시하기도 했다.[59]

베틀렌이나 굄뵈시 줄러(Gömbös Gyula, 1886~1936) 같은 실용주의자들은 양극단의 중간에 위치하며, 국제 정세에 따라 가능한 한 최대의 영토 수복—최적(最適) 수정주의라 불린다—을 이루어 내려 노력했다. 베틀렌 이슈트반은 1933년 영국 강연에서 수정주의에 관한 자신의 생각을 아주 상세하게 설명했다. 베틀렌은 당시 가장 중요한 헝가리 정치인이었으므로, 그의 생각을 보다 자세하게 들여다 볼 필요가 있다.

우선, 베틀렌이 요구한 최소한의 조건은 국경 지역을 따라 "헝가리인이 거주하고 있는 지역은 국민 투표 없이 헝가리에 반환되어야 한다."라는 것이었다. 그가 의미했던 지역이 어디인지 영국 강연에서는 정확하게 열거하지 않았지만, 1920년 차키와 그가 프랑스에 보낸 제안서에 묘사했던 지역을 마음에 담고 있었을 가능성이 매우 크다. 베틀렌은 남부 지역과 여러 민족이 섞인 일부 지역에서만 국민 투표를 원했다. 1920년에 베틀렌은 키라이하고(부체아) 지역 너머의 역사적 대(大)트란실바니아에 관한 사항을 별개의 사안으로 다루었다. 그러나 이번에는 트란실바니아가 어느 나라에 속해야 하는지 결정하기 위한 국민 투표를 요구하지 않았다. 더욱이 그는 여러 가능한 해결책도 거론하지 않았다. 베틀렌은 독립적·자치적인 트란실바니아만이 유일한 해결책이라는 점을 분명하게 주장하면서, 독립 국가 트란실바니아 내에서 지역별·민족별 자치를 구축해야 한다고 강조했다. 베틀렌은 영국 왕립 외교 협회에서 진행한 강연에서 루마니아와 헝가리 사이에 놓인 지역은 두 민족이 언어적 경계를 긋는 것이 불가능할 정도로 뒤섞여 있는 곳이며, 여러 측면에서 볼 때 독자적인 지리적 통일체가 있어야 하는 지역이라고 주장했다. 만약 행운이 상대방에게 돌아간다 해도, 두 민족은 행운의 수레바퀴를 자기 쪽으로 돌려 다음 기회를 이용하려 눈에 불을 켜고 있으므로 이 지역이 상대방에 속하는 것을 결코 받아들이지 못할 것이라는 주장이었다. 그는 1920년대 트란실바니아주의 사상가들을 인용하며, "독립 국가 트란실바니아가 창설된다면 그곳은 루마니아나 헝가리 어느 쪽에도 속하지 않고 양국 모두의 자식이 될 것이다."라고 덧붙였다. 그는 스위스의 사례를 인용하고 중세 트란실바니아의 국가 형태를 본보기 삼아 논의하면서 향후의 발전 방향과 트란실바니아주의 개념을 설명했다.

베틀렌은 강연에서 오스트리아-헝가리 이중 제국의 붕괴 이후 도나우강에 접한 국가들을 위협하는 위험 요소에 관해 반복해서 언급했다. 예를 들면, 베틀렌은 발칸 위원회에서 진행한 강연에서 다음과 같이 주장했다. "오스트리아-헝가리 제국이라는 오래된 지리적·역사적·경제적 통일체가 사라진 뒤, 파리 평화 조약이 그 기능을 대신하거나 도나우 계곡의 여러 민족에게 상호 협력, 경제적 번영, 국제적 이해관계 증진, 적대적 강대국들로부터 안전 등을 보장해 줄 통일체의 임무를 수행하지 못했다. 동유럽 지역을 정리·정돈

하기 위한 유일한 첫걸음은 평화 조약을 수정하는 일이다. 그리고 그곳에 사는 소수 민족을 위해 협력 기구를 조직하는 것이 그다음에 할 일이다. 평화 조약의 수정이 첫 번째이며, 두 번째 과정도 꼭 필요하다. 그러나 두 번째 과정은 평화 조약 수정을 통해 사람들을 진정시킨 이후에나 이룰 수 있을 것이다." 베틀렌은 다음과 같이 결론지었다. "만약 평화 조약을 전반적으로 재검토하고 그 맥락에서 트란실바니아 문제를 올바르게 해결하지 못한다면, 그리고 루마니아와 헝가리가 화해하지 못한다면, 어둡고 험악한 시대가 도래할 것이다. 그리고 동쪽의 슬라브 강대국(러시아)이 여러 소수 민족에게 손을 뻗치거나 독일이 동방 진출 정책을 시도하거나 이 두 가지가 동시에 진행될 것이다."[60]

베틀렌은 런던 강연에서 도나우 계곡의 소수 민족 사이에 이루어져야 할 협력 형태에 관해 상세하게 설명하지 않았다. 그러나 그의 강연 여행 이후에 작성된 외교 관련 분석 자료를 보면, 베틀렌은 1919~1920년에 그랬던 것처럼 루마니아-헝가리-폴란드 협력 체제 구축을 이상적인 해결책으로 여겼음이 분명하다. 예를 들면, 1936년 밀라노에서 진행된 강연에서 베틀렌은 폴란드를 중심으로 한 폴란드-리투아니아 평원 지역, 카르파티아산맥으로 둘러싸인 헝가리 분지 지역, 도나우강 하류의 루마니아 분지 지역, 이렇게 세 개의 지역 단위가 문제가 되는 곳이라고 주장했다. "미래는 이 세 개의 핵심 지역이 조직화하고, 강화되고, 조화를 이루어 당면한 격동의 시간을 이겨낼 수 있도록 지역적으로 통합할 수 있는가에 달려 있다."[61]

쾸뵈시 줄러의 수정주의적 목표는 차이들레르 미클로시가 발견하여 최근에 공개한 자료를 통해 알려졌다. 쾸뵈시의 구상에서 가장 중요한 특징은 민족적 원칙은 포기하지 않았지만 완전한 수정주의 원칙은 부분적으로 포기했다는 점이다. 쾸뵈시는 민족적 원칙을 정치적·전략적 측면과 연계하여 헝가리의 영토를 195,000km^2 정도로 제안했다. 이렇게 하면 헝가리 인구가 670만 명 늘어나게 되며, 그중 헝가리인은 160만 명 정도가 될 터였다. 국경을 따라 혹은 그 너머까지 영토를 다시 흡수함으로써 헝가리의 외국 자원 의존도는 감소하고 국내 시장은 상당한 규모로 확장되며, 국경선은 방어에 유리한 강과 산을 따라 그어지기 때문에 군사적 상황 역시 개선될 것이었다.[62]

공개적인 강연회에서 또는 비공개회의에서 논의되던 수정주의 계획들이 1930년대 말 현실이 되었다. 이탈리아와 독일의 힘이 강해지면서 현 상황에 반기를 드는 모양새가 나타난 것이 이러한 현상의 부분적인 이유였다. 그러나 독일의 도움을 얻어 수정주의 계획을 실현할 수 있다는 사실은 또 다른 공포감을 불러일으켰다. 그런 상황이 오면 헝가리의 자주권이 심각하게 위협받게 되리라고 많은 사람이 생각했다. 결국, 1930년대 후반에 이르러서는 어떤 수정주의 계획안을 안건으로 삼을 것인가의 문제뿐만 아니라 거의 완전히 잊혔던 소협상 국가들과 헝가리의 화해 가능성에 관한 문제도 다시 대두되었다.

1937~1938년 영국은 이탈리아와 소련의 도움을 받아 소협상 국가들과 헝가리의 교섭을 적극적으로 추진했다. 영국에 이것은 어떻

든 독일의 폭주를 막을 수 있는 마지막 기회로 보였다. 소협상의
제안은 불가침 조약의 대가로 헝가리의 동등한 무장 권한을 인정하
겠다는 것이었다. 헝가리는 소협상 체제를 형성했던 세 나라가 헝가
리 소수 민족 지도자들과 협상을 시작하고, 정당한 요구를 받아들이
며, 별도의 양자 협정으로 이러한 약속을 이행할 때만 소협상의 제
안을 받아들이겠다고 답변했다.[63]

　소협상 삼국(三國) 중 소수 민족 문제에 가장 관심을 보이지 않은
나라는 루마니아였다. 1937년 9월 루마니아 외무장관 빅토르 안토
네스쿠(Victor Antonescu, 1871~1947)는 헝가리 외무장관 카녀 칼만
(Kánya Kálmán, 1869~1945)과의 회담에서 체코슬로바키아와 유고
슬라비아는 독일 소수 민족 문제와 크로아티아 분리주의 문제 때문
에 소수 민족 정책을 재고해야 하지만 루마니아는 그러한 강압적
상황에 부닥쳐 있지 않다고 주장했다. 안토네스쿠는 "현 상황에서
루마니아 정부가 헝가리 소수 민족 문제에 대해 어떠한 의무 사항을
떠맡는 것은 불가능하다."라고 말했다. 그는 루마니아 정치계에 널
리 퍼져있던 생각, 즉 소수 민족 문제는 국내 정치 문제이며 소수
민족 보호에 관한 국제적 승인 또는 양국의 재승인만이 평화 조약의
수정을 위한 필요조건이라는 의견을 가지고 있었다.[64] 전임 외무장
관이었던 니콜라에 티툴레스쿠(Nicolae Titulescu, 1882~1941)는 이
전에 루마니아 국회에서 "최후의 조약 수정일이 도래한다면, 루마
니아는 집에 잘 맞지 않는 못을 박는 것처럼 소수 민족 조약을 받아
들일 것이다."라고 주장했다.[65]

　루마니아는 이러한 관점을 고수하면서 1938년까지 루마니아보

다 더 관대하고 이해심 많던 체코슬로바키아와 유고슬라비아가 소
협상의 입장을 공식적으로 대변하지 못하도록 했다. 이후로 루마니
아도 굴복하긴 했지만, 이미 이때는 한목소리로 헝가리에 대항하기
로 했던 소협상 체제도 와해한 상태였다. 1938년 가을에 상황이 고
조되면서 헝가리의 요구 사항을 더욱 명확히 하도록 하는 분위기가
조성되었다. 1938년 이후로 주요 쟁점은 소수 민족 보호에 관한 것
도, 헝가리와 루마니아가 현 상태를 유지하며 관계를 개선하는 것
도, 정치적·민족적 국경을 조화롭게 만드는 것도 아니었다. 최대의
관심사는 어떻게 전체 지역을 완전히 새롭게 구성하여 관련된 모든
나라가 가능한 한 많은 영토를 획득하거나 유지하는가 하는 문제였
다. 결정적인 조치는 1940년에 이루어졌다. 슬로바키아 남부 지역
과 서브카르파티아(카르파티아산맥 기슭) 지역은 1938년과 1939년
에 이미 헝가리에 반환된 상태였다(제1차 빈 중재 판정).[66] 새로운 시
작이라는 가면을 쓰고 강대국 독일이 새로운 비극의 중심 역할을
맡고 있던 이 시기에 다른 여러 나라도 각자의 역할을 맡아 이 비극
에 동참하고 있었다.

2장
강대국의 제1차 개입과 제2차 빈 중재 판정
(1940년 8월 30일)

1. 루마니아의 관점

루마니아는 1938년에 전개된 새로운 국제 정세에 모순된 방식으로 대응했다. 루마니아 왕 카롤 2세(Carol II, 1893~1953)는 1938년 봄에 왕정 독재를 선언하고 내정을 통제했다. 그는 독재로 가는 첫 번째 조치로 2월 20일 헌법을 정지시켰고, 3월 31일에는 모든 정당을 해산했다. 그중에는 1922년 창당하여 지속적으로 활동해 오던 헝가리 민족당도 포함되었다. 이때부터 모든 장관은 의회가 아니라 오직 왕에게만 책임과 의무를 지게 되었다. 이전의 모든 행정 조직은 폐지되고, 나라는 '왕족'이 지배하는 '지역'으로 나뉘었다. 1차 검열이 도입되고, 신문의 자금 출처도 조사되었다. 노동자의 이익을 대변할 수 있는 조직은 1938년 12월 16일 칙령으로 만들어진 '민족 부흥 전선(Frontul Renașterii Naționale)'이 유일했다.[67]

그러나 권위주의적 의회 체제에서 공개적 독재 체제로의 전환이 소수 민족의 권리 제한을 의미하는 것은 아니었다. 반대로 개선의 징후가 보였다. 5월에 소위 소수 민족 법령이 제정되어 공포되었는데, 이 법령은 이전보다 훨씬 실질적인 소수 민족 해결책을 담고 있었다. 법령은 모든 루마니아 시민은 평등하며, 소수 민족은 모국어를 자유롭게 사용할 수 있고, 각자의 학교를 설립할 수 있으며, 직장이나 직위를 얻는 데 어떠한 불이익도 받지 않을 것이라고 선언했다. 동시에 루마니아는 독일인, 헝가리인, 기타 소수 민족 문제를 다루기 위해 소수 민족 정부 위원회 및 별도의 담당 부서를 설립했다.

이듬해인 1939년 5월 27일 초등 교육에 관한 새로운 법령이 공포되었다. 이 법령으로 모든 헝가리인 다수 지역에서 헝가리 학교 및 교육 기관을 세울 수 있게 되었고, 헝가리 사범 대학의 설립도 기대할 수 있게 되었다. 그리고 헝가리인 다수 지역에서 근무하던 루마니아인 교사가 받던 특전, 즉 높은 임금, 빠른 진급, 특별 토지 배당 같은 혜택이 폐지되었다. 그뿐만 아니라 이 법령은 테메시바르(티미쇼아라)의 헝가리 의회 및 헝가리 극장의 활동을 허가했다. 주요 헝가리어 신문-콜로즈바르 지역의 '항론(抗論)(Ellenzék)', 브러쇼(브라쇼브) 지역의 '동부 뉴스(Keleti Újság)', 너지바러드(오라데아) 지역의 '헝가리 신문(Magyar Lapok)'-도 활동할 수 있게 되었다.[68]

독재 체제로의 전환 때문에 몇몇 헝가리 소수 민족 지도자는 정치적으로 수동적인 자세를 취했다. 그들은 루마니아가 오스트리아와 체코슬로바키아처럼 국제적인 국경 재협상의 대상이 될 경우, 이를 헤쳐 나가기 위한 회피 수단으로 이러한 관대한 소수 민족 정책이 이용되리라는 점을 잘 알고 있었다. 결국, 많은 헝가리인이

유일한 합법적 소수 민족 운동인 '전선'의 활동에 기꺼이 참여하고
자 의욕을 불태웠다. 이들을 대표하여 반피 미클로시(Bánffy Miklós,
1873~1950) 백작, 자르파시 엘레메르, 베틀렌 죄르지 등이 1939년
1월 17일 '재루마니아 헝가리 인민 연합'을 창설하였다. 1년 뒤인
1940년 봄에 이 조직의 구성원은 14만 명에 이르렀는데, 이는 트
란실바니아에 거주하는 헝가리인의 거의 10%에 해당하는 인원이
었다.[69]

   내부 정치의 급격한 변화는 외교 정책을 재구성하도록 이끌었다.
1939년 체코슬로바키아의 붕괴로 소협상 체제는 와해하였다. 이렇
게 미묘한 시기에 루마니아가 이전 동맹국이었던 체코슬로바키아
를 상대로 영토권을 주장했던 사건은 잘 알려지지 않은 사실이다.
루마니아가 마러머로시 고원 지대에 거주하는 수천 명의 루마니아
인을 언급하면서, 서브카르파티아 지역은 헝가리의 강력한 저항 때
문에 자신들이 포기할 수밖에 없었던 지역이라며 이 지역에 대한
권리를 주장했던 것이다.[70] 새로운 상황에 따라 루마니아는 전통적
으로 강한 유대를 맺고 있던 프랑스와의 관계를 재검토하고 독일과
의 관계에 더욱더 중점을 두는 외교 정책으로 선회했다.

   1938년 11월 24일 카롤 2세가 히틀러(Adolf Hitler, 1889~1945)를
방문하면서 독일과 루마니아의 관계 강화를 위한 서막이 열렸다.
카롤 2세는 히틀러와 회담 중 "루마니아는 독일과의 관계를 공고히
하기 원한다."라고 선언했고,[71] 이 회담의 결과 1939년 3월 23일 독
일과 루마니아 사이에 경제 조약이 체결되었다. 이 조약에서 루마니
아는 자국의 산업 발전을 독일의 이익과 결부시키고, 독일의 상황을

고려하고 독일의 도움을 받아 특히 공군을 중심으로 군사력을 향상
하며, 무기 생산 방향을 독일의 요구에 맞추겠다는 의사를 표명했
다. 이것은 독일 경제, 특히 군수 산업과 독일 국방군(Wehrmacht)이
루마니아에 특별한 위치를 차지한다는 것을 의미했다. 조약은 루마
니아에 자유 지대가 만들어져 그곳에 독일군을 위한 창고 시설과
물류 장비가 갖추어지고, 독일은 루마니아 육·해·공군과 군수 사업
을 위해 물자와 장비를 제공할 것이라고 명백하게 밝히고 있었다.[72]

루마니아는 히틀러의 제3제국과 협상을 진행하는 동시에 서방
강대국이 자국의 독립을 보장하도록 외교 노력을 기울였다. 이러한
독립 보장은 일찍이 루마니아가 갈구하던 것이었지만, 이전의 여러
노력은 아무런 결실을 보지 못했었다. 그러나 1939년 3월 히틀러의
약속 위반 및 협박 형태의 루마니아-독일 협상 덕분에 이제 영국과
프랑스는 이러한 독립 보장을 인정할 준비가 되어 있었다. 양국 총리
는 1939년 4월 13일 영국과 프랑스 의회에서 이것을 선언했다. 체
임벌린(Arthur Neville Chamberlain, 1869~1940)과 달라디에(Édouard
Daladier, 1884~1970)는 루마니아가 독립을 위협받아 무력을 사용해
야 할 경우 영국과 프랑스 정부는 "루마니아에 힘을 보태야 할 의무
를 느낀다."라고 분명하게 태도를 밝혔다.[73]

양쪽 진영에 모두 발을 걸친 루마니아의 이중적 외교 정책은
1940년 초여름까지 계속되었다. 서부 전선에서 독일의 성공, 프랑
스의 항복, 영국 원정군의 철수 이후에 루마니아의 외교 정책은 다
시 한번 변화의 과정을 밟았다. 이런 상황은 1940년 5월 29일 체결
된 소위 '무기-유류 협정'에 잘 나타나 있는데, 무기 수송의 대가로

루마니아의 유전 지대는 독일군 전차 부대의 연료 공급지가 되어 버렸다. 몇 주 후인 1940년 7월 1일 루마니아는 전년도에 영국과 체결했던 협정을 파기하고, 7월 11일 국제 연맹을 탈퇴했다. 그리고 8월 8일 모든 잉여 농산물을 독일 시장에 공급하는 새로운 경제 조약을 독일과 체결했다.[74] 1940년 여름부터 루마니아는 제3제국의 헌신적 동맹국이 되었다.

1938~1939년의 루마니아 소수 민족 정책 변화와 1939~1940년의 루마니아 외교 정책 변화는 1920년 탄생한 루마니아 국가의 영토 보전을 위한 것이었다. 이때까지는 프랑스 및 영국과 동맹을 유지하는 것이 루마니아의 최대 관심사였다. 나치 독일이 유럽 대륙의 주도권을 쥐게 되자 부쿠레슈티는 동일한 목표 달성을 위해 프랑스와 영국 대신 독일을 선택했다. 그러나 체코슬로바키아, 폴란드, 발트해 국가들, 서유럽 지역에 영토 변화가 생긴 이후 루마니아에도 변화의 물결이 닥치리라는 점은 더욱 분명했다. 루마니아는 1940년 2월 24일 발칸 연맹 상임 이사국 제8차 회의에서 그리스, 유고슬라비아, 터키와 함께 자국의 입장을 명확히 밝혔다. 루마니아는 "동맹의 목적을 따르고, 타자를 적대시하지 않으며, 다 같이 독립과 영토에 관한 권리를 보호하기 위해 동맹을 유지하고 싶다."라고 말했다.[75] 루마니아는 베사라비아에 대해서는 1940년 6월 자신들의 입장을 포기했지만, 트란실바니아에 대해서는 국경 변경은 상상도 할 수 없는 일이라고 확고부동한 태도를 보였다. 7월 말 부쿠레슈티 라디오는 다음의 메시지를 전파했다. "역사적 사실과 지리적 현실에 근거를 둔 루마니아 서쪽 국경에 대해 루마니아의 여론은 하나로

통일되어 있으며 확신으로 가득 차 있다."[76]

그러나 그 무렵 루마니아의 유력 정치인들은 막후에서 이미 몇 주에 걸쳐, 만약 양보한다면 어느 정도까지 양보할 것인지 고민하고 있었다. 2월 초 영국 외무부는 루마니아로부터 "현재의 어려운 상황 때문에 헝가리-루마니아 국경선 인근의 헝가리인 거주 지역 일부를 헝가리에 양보하는 대신 루마니아의 영토를 보전해 주기 원한다." 라는 통보를 받았고, 이를 헝가리 전권 공사에게 전달했다.[77]

1940년 여름까지 전개된 상황 속에서 루마니아는 더욱 유연하고 구체적인 태도를 보였는데, 이에 관해서는 강대국이 구사한 힘의 정치와 연계하여 설명하겠다. 루마니아의 입장은 1940년 7월 26일 히틀러와 리벤트로프(Joachim von Ribbentrop, 1893~1946)가 루마니아 수상 지구르투(Ion Gigurtu, 1886~1959) 및 외무장관 마노일레스쿠(Mihail Manoilescu, 1891~1950)와 가졌던 회담에서 분명하게 드러났다. 지구르투는 루마니아가 국경 변경과 거주민 교환에 대해 헝가리와 협의할 준비가 되어 있다고 리벤트로프에게 말했다. 그러나 대규모로 국경을 변경하는 것은 헝가리의 실지 회복주의를 심화시켜 심각한 어려움을 초래할 수 있기 때문에 그 가능성은 크지 않을 것이라고 덧붙였다. 지구르투는 히틀러와의 회담에서 이러한 내용을 구체적으로 명시하면서, 루마니아는 102,000km^2-문서에는 실수로 123,000km^2로 기록되었다-의 영토 중 14,000km^2를 포기할 의사가 있다고 말했다. 그러나 마노일레스쿠는 의도하지 않은 손동작을 통해 이것이 루마니아 정부의 최종 결론이 아니며, 어느 정도 더 양보할 가능성이 있음을 보여주었다. 그렇다 하더라도 이것은 루마

니아 정부에 압력을 가하면 최대한의 자치권을 확보할 수는 있을지
언정 어떤 경우라도 세케이인의 영토가 될 수는 없다는 것을 의미했
다. 반면, 루마니아 정부는 대규모 인구 이동의 가능성을 심각하게
고려하고 있었다. 제1차 세계 대전 이후에 발칸 반도에서 그리스인
과 터키인, 그리스인과 불가리아인 사이에 이러한 사례가 있었고,
1939년 가을에는 발트해 국가들과 동유럽 여러 지역에서 상당수의
독일인이 서쪽으로 이주한 경우도 있었다.[78]

루마니아 정부 인사들은 필요한 경우 히틀러 총통의 지원을 기대
할 수 있기 때문에 큰 걱정을 할 필요가 없다고 생각하며 잘츠부르
크에서 고국으로 돌아왔다. 그러나 그들은 독일 지도부와 영토 양보
가능성에 관해 논의했다는 사실을 국민에게 알릴 수 없었다.

2. 헝가리의 주장

제3제국의 영향력이 이미 막강하며 지속적으로 증가하고 있음을
분명하게 보여준 제1차 빈 중재 판정은 헝가리 정치계에 상당한 영
향을 미쳤다. 1938년 11월 말에 헝가리 정부는 헝가리에 거주하는
독일 소수 민족이 조직한 파시스트 단체 '민족 동맹(Volksbund)'의
결성을 승인했다. 1939년 2월 24일 헝가리는 삼국 동맹 조약에 가
입했고, 4월 11일에는 국제 연맹을 탈퇴했다. 그러나 루마니아처럼
외교 정책을 변경하지는 않았다. 텔레키 정부는 중립을 유지하고,
서구 열강과 우호 관계를 지속하며, 특히 무력 충돌을 피하는 정책

을 최우선 과제로 설정했다. 1939년 내내 헝가리는 외교 정책 원칙을 신중하게 적용했다. 1939년 여름 히틀러는 폴란드 공격에 헝가리가 참여하기를 원했다. 참전의 대가로 히틀러가 헝가리에 제시한 것은 슬로바키아 전체였다. 그러나 헝가리는 독일의 요구에 응하지 않았다. 헝가리는 독일 군대가 헝가리를 통과하여 행군하는 것을 허락하지 않았을 뿐만 아니라, 절박했던 폴란드 군대를 돕기 위해 비밀리에 헝가리 결사대를 조직하여 파견했고, 전투가 끝난 뒤에는 폴란드 피난민을 위해 국경을 개방했다.[79]

국내 정치계에도 급격한 변화는 없었다. 1939년 선거에서 '화살 십자당'의 세력이 커지긴 했지만, 의회 복수 정당 제도를 포함한 정치적 다원주의는 온전히 유지되었다. 그러나 유대계 소수 민족의 상황은 악화하였다. 1939년 5월 제2차 유대인 법령이 통과되면서 6만여 명의 사람이 일자리를 잃었고, 10~15만 명에 이르는 사람이 일상생활에 간접적인 영향을 받게 되었다.[80]

헝가리가 중립을 선택한 정치적 목적은 무엇이었을까? 이 질문에 대한 답은 '공포'라는 한 단어로 충분할 것이다. 그들은 독일이 또다시 전쟁에 패배해 제1차 세계 대전 때처럼 동맹국들이 끔찍한 패전의 고통에 시달리게 될 것을 두려워했다. 그러나 독일의 패배뿐만 아니라 독일의 승리 역시 부다페스트가 두려워해야 할 일이었다. 즉, 나치의 이념인 '위대한 생활 공간(Grossraumgedanke)'을 바탕으로 새롭게 만들어질 유럽에서 주권국 헝가리가 설 자리가 있을지, 궁극적으로 헝가리가 독립적 또는 준독립적인 독일의 동반자로 남을 수 있을지 심각하게 고민해야 했다.[81] 독일의 승리 가능성을 믿지 않았던 보수파 지도자와 민주적 좌파는 이 질문에 대체로 '아니다'라고 답했지만, 독일의 승리를 확신했던 파시스트 극우파와 보수 여당의 우파 및 군 지도부는 '그렇다'라고 대답했다. 1940년 봄까지 첫 번째 그룹이 다수였지만, 1940년 여름부터 그 비율이 역전되었다.

1940년 4월부터 6월까지 북부 전선과 서부 전선에서 독일 군대가 거둔 성공은 헝가리 사회 및 루마니아 정치 지도부와 국민 여론에 깊은 인상을 주었다. 독일 군대는 절대 패배하지 않으리라는 확신이 이 몇 달 동안 헝가리에 생겨났다. 독일이 이룬 성취는 각기 다른 엘리트 지도층 출신의 군대 인사들에게 큰 영향을 미쳤다. 군부의 수장이었던 베르트 헨리크(Werth Henrik, 1881~1952)는 1940년 4월 15일 섭정에게 보낸 편지에서 중립 정책을 포기하자고 제안했다. 그는 다음과 같이 주장했다. "독일과 이탈리아의 우호 관계는 계속될 것입니다. 추축(樞軸)은 막강합니다. 최후의 승리는 의심의 여지가 없습니다. 독일의 물적 자원이라면 독일의 승리를 가능하게 하고 패배를 불가능하게 만들 것입니다……. 그러므로 헝가리는 지금 당장 독일 편에 서야 합니다. 중립주의를 포기하고 독일 편으로 참전하여 분열된 영토를 다시 통합할 시간이 다가왔습니다."[82]

베르트의 마지막 문장은 헝가리 정치계의 가장 중요한 관심사인 영토 회복 문제를 언급한 것이었다. 제1차 빈 중재 판정 이후, 특히 1939년 3월 서브카르파티아 지역을 다시 병합한 이후 영토에 관한 주장은 더욱 거세어졌는데, 이런 주장은 궁극적으로 트란실바니아를 겨냥하고 있었다. 이 지역은 헝가리 역사에서의 뚜렷한 역할, 풍부한 천연자원, 그곳에 거주하는 헝가리인의 숫자 등의 문제로 헝가리인에게는 특별히 중요한 위치를 차지하고 있었다.

1939~1940년에 헝가리 정치계와 지성계는 트란실바니아 문제의 해법을 찾기 위해 여념이 없었다. 상상할 수 있는 모든 대책이 검토되었는데, 크게 네 개의 방안으로 구분될 수 있다. (1) 영토 수정 없이 소수 민족 권리 강화를 통해 소수 민족 문제를 해결하는 방안. (2) 트란실바니아를 독립 국가로 만드는 방안. (3) 트란실바니아를 루마니아와 헝가리가 나누어 가지는 방안. (4) 트란실바니아 전 지역을 헝가리가 다시 회복하는 방안. 이러한 방안과 연계하여 정부의 해법을 살펴보겠다.

영토 수정의 가능성을 포기하지 않으면서 트란실바니아에 살고 있는 헝가리인의 권리를 강화하는 계획은 1938년까지 헝가리 정치계가 지속해서 추구했던 목표 중 하나였다. 그러나 다른 지역의 국경선 변경에 관한 현실적 가능성을 보여준 제1차 빈 중재 판정 이후로 이 방안은 평가 절하되었다. 이 무렵 루마니아 정치계는 점점 관대한 방향으로 나아가고 있었는데, 부쿠레슈티 주재 헝가리 대사였던 바르도시 라슬로(Bárdossy László, 1890~1946)는 이에 관해 헝가리 외무부에 여러 차례 보고서를 보냈다.[83] 헝가리 정치인과 그들의 자문단은, 만약 자신들이 주어진 국경선 내에서 권리 강화에 관한 이러한 관대한 해법을 받아들인다면 영토 문제 해결의 가능성은 더욱 낮아질 것이라고 우려했다. 루마니아 정부가 소수 민족 문제를 내부적으로 해결하려 하면 할수록 헝가리 정부는 영토 수정만이 만족스러운 유일한 방안이라는 점을 더욱 확신하게 되었다. 이러한 관점은 외무장관 차키 이슈트반(Csáky István, 1894~1941)이 1939년 8월 30일 바르도시 라슬로에게 보낸 소수 민족 보호에 관한 협약 초안 및 규범 요약서에 동봉한 편지에 반영되어 있었다. 편지의 내용은 다음과 같다. "루마니아 정부가 협약 초안을 거부한다면 나는 매우 기쁠 것이오. 우리의 계획과 잘 맞아떨어지기 때문이오……. 앞으로 있을 유럽 회의에서 루마니아에 대한 우리의 요구가 소수 민족 보호 쪽으로 전환되지 않도록 하기 위해서는 그들의 거부가 필요하다고 생각하오. 나는 우리가 아직 성공은 못했지만 이러한 방향으로 일보 진전했으며, 자유롭게 영토 문제 해결을 요구할 수 있을 것으로 생각하고 있소."[84]

트란실바니아 독립 프로그램은 몇몇 루마니아-헝가리 트란실바니아주의자뿐만 아니라 일부 실용주의적인 헝가리 정치인의 생각이기도 했는데, 대개는 베틀렌 이슈트반의 수정안을 따르고 있었다. 이러한 생각은 새로운 상황에서도 타당하게 적용할 수 있는 방안이었다. 외무장관 차키는 1939년 1월 16일 베를린에서 리벤트로프와 헝가리 수정주의 계획을 검토하면서 이 문제에 대해 다음과 같이 말했다. "베틀렌의 견해는 과거에 헝가리에 속했던 지역에 대해 이전처럼 재병합을 주장해서는 안 되며, 대신 새롭고 독립적인 트란실바니아가 생겨 독일인과 헝가리인 그리고 루마니아인이 그곳에서 동등한 권한을 가져야 한다는 것입니다. 트란실바니아를 헝가리에 재병합하는 문제는 헝가리 내부에도 반대하는 사람이 많기 때문에 고려의 대상이 될 수 없습니다."[85]

간결한 내용이지만, 헝가리 외무부가 추진해야 할 헝가리 외교 정책의 방향을 제시한 베틀렌 이슈트반의 장대한 방안에서 트란실바니아주의자의 사상을 느낄 수 있다. 그는 열거된 여러 가능성 중에서 루마니아-헝가리-폴란드 동맹 또는 연합을 최상의 선택으로 여겼다. 그의 견해를 따르면, 이러한 조합이 이 지역의 안전을 보장할 수 있는 유일한 해결책이기 때문이었다. 물론, 이러한 협력의 전제 조건은 트란실바니아 문제와 연관된 루마니아와 헝가리의 관계 정상화였다. 베틀렌은 이에 대해 1919~1920년 및 1933년에 발표했던 정견과 유사한 글을 남겼다. "트란실바니아 문제와 관련하여 양국이 모두 만족할 만한 영토적 타협의 가능성은 전혀 남아 있지 않다. 결국, 이 문제는 무력에 의해서만 풀 수 있을 것이다. 트란실바니아가 루마니아의 수중에 있는 한 헝가리의 모든 대외 정치 활동은 그것을 되찾는 데에 집중될 것이며, 반대로 헝가리가 트란실바니아를 손에 넣는다면 그것은 루마니아의 목표가 될 것이기 때문이다. 게다가 우리는 잘못된 기대로 착각해서는 안 된다. 서구 국가들이 트란실바니아 문제를 인식하고는 있지만, 그들은 이 문제를 단순히 소수 민족 보호를 위한 기구 설치와 영토 조정으로 풀 수 있다고 생각하고 있다. 그들은 헝가리가 트란실바니아를 소유했을 경우 루마니아가 트란실바니아를 다시 돌려받기 원하는 동일한 상황이 발생하지 않아야 문제가 최종적으로 해결된 것으로 판단할 것이며, 이런 상황을 보장할 수 있을 때에만 군사력을 지닌 헝가리의 소원에 따라 현 상태의 변경을 승인할 것이기 때문에 중부 유럽의 협력은 여전히 불가능한 형편이다. 만약 헝가리, 트란실바니아, 루마니아가 개별 구성원으로 함께 중부 유럽 연합의 일원이 된다면 이런 상황이 개선될 것이며, 트란실바니아에서 헝가리와 루마니아의 공동 통치가 가능하게 될 것이다."

베틀렌은 여러 가능성 중에서도 트란실바니아 전체를 되찾아 세 나라에 동등한 권리를 주는 방안을 고려했다. 그러나 그는 즉각 이 것이 바람직한 해결책이 아니라고 덧붙였다. 이것이 트란실바니아 문제의 완전한 해결책이라기보다는, 유럽의 신성 강대국이 루마니아에 트란실바니아 침략 기회를 줄 때까지의 일시적 휴전에 불과하기 때문이라는 것이 그 이유였다.[86]

1939년 2월 텔레키 팔의 제자인 로너이 언드라시(Rónai András, 1906~1991)는 고려해 볼 수 있는 여러 트란실바니아의 분할 방안을 제시했다. 로너이가 제시한 방안은 다음의 세 가지였다. (1) 헝가리인이 다수인 국경 지역의 재병합. (2) 국경 지역과 세케이인 거주 지역의 재병합, 세케이인 거주 지역과 헝가리는 좁은 회랑 지대로 연결. (3) 국경 지역과 세케이인 거주 지역의 재병합, 세케이인 거주 지역과 헝가리는 넓은 회랑 지대로 연결. 로너이는 첫 번째 방안이 가장 만족스럽지 못하다고 생각했지만, 이 방안을 받아들이자고 제안했다. 더 좋은 해결책이 없고, 이 방안이 헝가리를 강화하고 루마니아를 약하게 하며, 헝가리 내의 루마니아인 숫자가 늘어나는 것이 결국은 트란실바니아의 헝가리인에게 자신들의 권리를 보호할 기회를 늘려 줄 것이기 때문이었다. 두 번째 방안은 경제와 교통 부문에 상당한 어려움을 야기하기 때문에 로너이는 근본적으로 이 방안은 고려의 대상이 아니라고 말했다. 그는 원칙적으로는 루마니아인이 헝가리에 동화(同化)되지는 않더라도 많은 수가 헝가리 인구로

편입되는 세 번째 방안을 추천한다는 입장이었다.[87]

1939년 가을 트란실바니아의 헝가리인 지도자 중 한 사람인 법률 전문가 벌로흐 어르투르(Balogh Artúr, 1866~1951)가 트란실바니아 전 지역의 재병합에 관한 상세한 구상은 제시했다. 이 구상에 따르면, 트란실바니아는 헝가리와 연방국을 구성하며, 이 연방국 내에서 지방 자치 정부를 갖게 된다. 지방 자치 정부의 권한에는 문화적·사회적 문제도 포함되며, 지방 의회와 지방 행정부가 두 축이 된다. 그 외에 트란실바니아의 이익을 대변할 정무 장관도 둔다. 지방 의회의 공식 언어는 헝가리어이지만 소수 민족 출신은 자신의 모국어로 발언할 수 있고, 이 의회의 소속 의원 중 대표를 선출하여 헝가리 의회에 보낸다. 지방 자치 정부의 수장은 헝가리인이 되겠지만, 고문단과 하급 관리는 루마니아인이나 작센인도 될 수 있다. 지방 자치 정부의 역사적 경계선은 행정 단위가 언어적으로 균일하게 구성될 수 있도록 언어 분포에 따라 조정되어야 하며, 행정 단위 공무원의 국적은 해당 지역 다수 인구의 국적과 동일해야 한다.[88]

헝가리 정부는 여러 방안 중 '넓은 회랑 지대'를 공식적인 정책으로 선택했다. 1940년 3월 23일 헝가리 수상 텔레키는 로마에서 이탈리아의 독재자 무솔리니(Benito Mussolini, 1883~1945)와 회담했다. 헝가리가 루마니아에 무엇을 원하는지 무솔리니가 묻자 텔레키는 다음과 같이 대답했다. "모든 것을 원합니다. 루마니아가 큰 희생을 해 준다면, 우리는 기꺼이 협상에 응할 것입니다."[89]

텔레키와 헝가리 정부가 허용하려 했던 최대 및 최소 범위는 1940년 3월 초 런던 주재 헝가리 대사가 영국 외무부에 보낸 정치 각서에 잘 나타나 있다. '넓은 회랑 지대' 정책으로 헝가리가 돌려받을 수 있는 최대 규모의 자원은 78,000km^2의 영토와 420만 명의 인구로, 헝가리 통계 자료에 따르면 이 인구의 50%는 루마니아인, 37%는 헝가리인, 10%는 작센인이었다. 반면, 최소 규모는 50,000km^2의 영토와 250만 명의 인구로, 이 인구의 50%는 헝가리인, 50%는 루마니아인이었다. 정치 각서에 첨부된 편지는 텔레키가 직접 작성한 것으로, 헝가리의 요구 사항을 역사적·지리적·정치적·전략적 이유를 들어 뒷받침하고 있었다. 텔레키는 특히 세케이 지역의 헝가리적 특성과 전략적 중요성에 관해 언급했다. 그는 헝가리가 비록 트란실바니아 전체에 관한 주장을 단념하더라도 세케이 지역만은 절대 포기할 수 없다고 강조했다.[90]

1940년 6월 27일 독일도 같은 내용의 정보를 얻었다. 부다페스트 주재 독일 대사 에르트만스도르프는 텔레키와 차키가 언급한 내용을 다음과 같이 요약하여 보고했다. "헝가리는 큰 희생을 치를 각오가 되어 있다. 그들은 지리적·경제적·전략적 상황을 고려하여 헝가리인이 다수인 지역만을 원하고 있다. 헝가리는 동(東)트란실바니아 지역에 거주하는 모든 헝가리인 집단과 연결되는 회랑 지대를 구축하려 하지 않는다. 다만, 남동쪽에서 동쪽으로 헝가리-루마니아 북쪽 국경선을 따라 펼쳐진 구역이 만들어지기를 원할 뿐이다. 헝가리는 가능한 한 루마니아인을 적게 받고 싶어 한다."[91]

텔레키는 이러한 '공유' 방안이 국제적 합의나 평화 협상의 틀 안에서 받아들여져 전쟁 없이 유럽의 분쟁이 종식되기를 원했다. 반면, 군부의 수장이었던 베르트 헨리크처럼 무력 해결을 주장하는 사람도 있었다.[92] 무력 해결의 가능성은 1940년 6월 26일 소련이 루마니아에 베사라비아와 부코비나 북부 지역을 포기하라고 요구하면서 더욱 분명해졌다. 소련의 요구는 헝가리 지도부에 신호탄 역할을 했다. 1940년 6월 27일 개최된 각료 회의는 루마니아가 차별적인 행동을 한다면 헝가리는 이를 용납하지 않을 것이라는 입장을 명확히 했다. 즉 루마니아가 소련의 요구를 받아들인다면 마찬가지로 헝가리의 영토 요구에도 만족할 만한 답변을 내놓아야 한다는 것이었다.

각료 회의가 이루어지는 동안 수상 텔레키와 외무장관 차키는 독일과 이탈리아의 전권 공사를 만나, (1) 루마니아가 저항 없이 다른 강대국에 영토를 양보하거나 (2) 루마니아에 거주하는 헝가리인이 박해를 받거나 (3) 더 많은 루마니아 군대가 헝가리-루마니아 국경 지역에 집결하는 경우 헝가리는 루마니아에 대해 행동을 개시하겠다고 얘기했다. 독일 전권 공사는 헝가리가 분란을 일으키지 않고 조용히 있기를 바란다는 독일 지도부의 의견을 전달했다. 독일과 이탈리아의 전권 공사와 논의를 마친 후 호르티의 집무실에서 개최된 고등 국방 위원회는 독일의 경고에도 불구하고 정부의 결정을 승인했다. 위원회는 6월 29일부터 헝가리-루마니아 국경에 단계적으로 군대를 배치하기로 결정했다.

이후 며칠 동안 헝가리-루마니아 국경 지역에서는 몇 차례의 작은 충돌이 있었다.[93] 7월 2일 부다페스트 주재 독일 전권 공사는 "……독일이 손을 쓰지 않는다면, 헝가리가 루마니아를 향해 무기를 발사할 것"이라고 베를린에 보고했다.[94] 그러나 헝가리 정부는 공격 명령을 내리지 않았다. 여기에는 세 가지 이유가 있었다. 첫째, 루마니아의 군대가 상대적으로 강력했으며, 둘째, 루마니아가 영토를 양보함으로써 소련과의 분쟁이 평화적으로 해결되었고, 셋째, 헝가리의 무력 행동에 대해 이탈리아와 독일이 강력히 항의했기 때문이었다.

1940년 7월 히틀러가 그동안 피해 왔던 두 나라의 분쟁에 직접 개입하기로 결정한 데에는 헝가리의 호전성이 크게 영향을 미친 것으로 보인다. 1940년 7월 10일에 있었던 헝가리, 루마니아, 불가리아 정부 지도자들과의 협상으로 이러한 개입의 길이 열리게 되었다.

3. 프랑스의 자세

제1차 세계 대전 이후 러시아와 독일 사이에 세력의 공백이 생기면서 프랑스가 이 지역에 발을 들여놓을 수 있게 되었다. 프랑스의 목표는 명확했다. 새로운 국가를 세우고 기존의 동맹 지역을 확대함으로써 동유럽 동맹 체제를 구축하는 것으로, 이 동맹 체제의 기본 기능은 독일과 소련에 대한 안전 보장이었다. 프랑스는 금융(자금 대여), 군사, 문화적 수단 등 다양한 방법을 동원하여 동유럽 국가와 프랑스를 연계하고자 했다.[95]

프랑스에 따르면 동유럽 방위 체제의 두 기둥은 폴란드와 루마니아였다. 특히 프랑스는 루마니아에 대해 '경제적으로 1천5백만 명 이상의 인구를 가진 진정한 프랑스의 식민지', '프랑스의 무역과 산

업이 모두 발전할 수 있는 곳', '루마니아 젊은이들의 정신 교육이
프랑스의 손에 달려 있는 곳'으로 생각했다.[96] 폴란드와 루마니아
외에 소협상 체제의 일원인 체코슬로바키아와 유고슬라비아도 프
랑스의 동맹 대상이었다. 베르사유의 승자로 여겨졌던 이들 동유럽
국가와 프랑스는 1924년부터 1927년까지 상호 우호 협력 조약을
체결하여 강력한 협력을 과시하며 공동의 이익을 추구했다. 이러한
협력의 본질은 1920~1921년에 이루어진 소협상 체제의 각 조약과
마찬가지로 '현상 유지 및 보장'이었다.[97] 양차 대전 사이의 기간 내
내 프랑스는 이러한 외교 노선을 고수했다.

프랑스는 이러한 외교 정책 원칙에 따라 헝가리의 실지 회복 운
동을 지지하지 않았다. 그러나 프랑스 지성계나 정치계가 헝가리의
노력에 전혀 공감하지 않았던 것은 아니다. 1920년대 초반부터 산
발적으로 표현되던 이러한 공감의 목소리는 1930년대에는 제법 힘
을 모은 형태를 갖추기도 했다. 그러나 이러한 의견 표명은 소수에
국한된 일이었고, 결코 정부 정책이나 지성계의 주류가 되는 일은
없었다.

트리아농 평화 조약에 대한 최초의 비판은 1921년 조약 비준을
앞두고 벌어진 프랑스 의회 토론에서 제기되었다. 비준에 반대한
74명의 의원 중 가장 잘 알려진 사람은 사회주의 정치인 조제프 폴-
봉쿠르(Joseph Paul-Boncour, 1873~1972)였다. 그는 조약이 도나우
지역에 불가능한 경제적 조건을 부과할 것이라는 샤를 다넬루
(Charles Daniélou, 1878~1953)의 현장 조사 보고서를 신뢰하고 있었
다. 토론에서 총리 아리스티드 브리앙(Aristide Briand, 1862~1932)은

"트리아농 평화 조약은 완벽하지 않다. 나는 그 사실에 반대하지 않는다."라고 발언했고, 헝가리 국경선이 임의로 그려졌음을 인정하기도 했다. 그럼에도 그는 국경선의 변경을 반대했고, 조약을 비준해 달라고 요청했다. 결국 압도적 다수인 478명의 의원이 브리앙을 지지했다.[98]

이 토론이 있은 지 얼마 지나지 않은 1922년에 조약 반대 의견을 담은 책이 출간되었다. 대표 저자인 샤를 티세르(Charles Tisseyre, 1880~1945)는 '외교의 오류'라는 논문에서 엄격한 민족적 원칙에 따라 국경선을 변경하자고 주장했다. 그것은 포조니에서 테메시바르에 이르는 국경선을 따라 40~50km 넓이의 지역을 헝가리에 돌려주는 방안이었다.[99] 그러나 이후 몇 년간 이에 관한 논의는 이루어지지 않았고, 헝가리가 요구한 국제 연맹 차관을 둘러싼 분쟁(1923~1924)과 헝가리 민족주의자들이 프랑스 지폐를 위조하려 했던 사건(1925~1926)도 헝가리에 우호적인 분위기를 형성하는 데 도움이 되지 않았다. 데탕트 분위기가 무르익었던 1920년대 말, 국경선 변경을 지지하는 새로운 출판물이 파리에서 출간되었다. 저자는 오스트리아인 아버지와 이탈리아인 어머니 사이에서 태어난 알도 다미(Aldo Dami, 1898~1977)라는 청년으로 세게드 대학에서 공부했다. 다미가 제안한 국경선은 원칙적으로 민족적 원칙에 따랐지만, 마러머로시·실라지샤그(설라지)·무라강(江)의 예에서 보듯 헝가리에 약간 유리한 성향을 띠고 있었다. 그의 제안은 트란실바니아를 헝가리와 루마니아의 권한 아래 두되 자치권을 부여하는 등, 이 지역을 별개의 문제로 다루었다는 점에 특징이 있었다. 그는 이 제안이 실현 불가능하다는 점을 인지하고, 트란실바니아를 헝가리인 구역, 작센인 구역, 헝가리인-루마니아인 구역의 3개 자치 구역으로 나누는 방안을 차선책으로 제시했다.[100] 그러나 헝가리인에 대한 다미의 편향성이 분명했던 것은 사실이므로, 그가 헝가리 수정주의자들의 의견을 얼마나 대변했는지는 의문의 대상이다.

1929~1933년의 경제 위기로 프랑스의 안전 체제는 균형을 잃게 되었다. 동유럽 지역의 경제적 안정에 필수적이었던 프랑스 자본 투자는 점점 빈도가 줄어들다가 결국 멈추고 말았다. 자본 수출보다 더욱 중요한 시장 공급 분야에서도 프랑스 정치는 아무런 역할을 하지 못했다. 이러한 점을 깨달은 프랑스는 1920년대 말부터 한쪽으로 치우친 소협상 체제 위주의 정책에서 벗어나, 1920~1921년 한창 논의되다가 폐기되었던 도나우 계곡 국가들과의 협력 개념으로 돌아가는 것을 목표로 세웠다. 이러한 상황에서 1929년 전(全)유럽 연합 구상을 밝힌 브리앙 계획과, 도나우 지역의 농업·공업 국가들이 관세 연합을 통해 독일의 팽창을 저지하자는 타르디외 계획이 나오게 되었던 것이다.[101]

프랑스는 여전히 현상 유지를 통해 관련국들을 안정화할 수 있다고 생각했다. 이러한 내용은 프랑스 외무부와 밀접한 관계를 유지했던 르네 뒤피(René Dupuis)가 저술한 책에 담겨 있다. 이 책은 동유럽의 복잡하고 이해하기 어려운 문제를 프랑스 대중에게 쉽게 안내하기 위해 집필한 것으로, 저자는 국경선 변경 가능성을 단호히 배제하면서 헝가리 소수 민족 문제는 문화적·행정적 자치 부여와 국경선의 신성화(神聖化)에서 해답을 찾을 수밖에 없다고 주장했다.[102]

이러한 태도는 1930년대 친(親)헝가리 인사였던 부다페스트 주재 프랑스 전권 공사의 주장에도 반영되어 있다.[103]

프랑스는 계속해서 현상 유지 외교 정책을 고수했지만, 헝가리 국경선 변경을 제안하는 책들은 더욱더 많이 출판되었다. 예를 들면, 헝가리에 우호적이었던 정치 평론가 앙리 포치(Henri Pozzi, 1879~1946)는 민족주의 원칙에 따른 수정을 제안한 작품을 발표했고,[104] 학생 시절 사회주의 단체에서 활동했던 변호사 조르주 데스봉(Georges Desbons, 1889~1962)은 서트마르네메티(사투마레)에서 머로시바샤르헤이를 거쳐 테메시바르에 이르는 국경선을 주장하는 등 헝가리를 지지하면서도 민족주의 원칙에서는 의견이 갈리는 강한 내용의 출판물을 출간하기도 했다.[105]

헝가리 국경선 변경에 반대한 프랑스의 외교 정책은 1930년대 말에 그 힘을 잃어 갔다. 부활한 독일 경제의 역동성은 1919~1920년에 만들어진 '보호 체제'를 완전히 마비시켰고, 많은 프랑스인이 예상했던 문제가 현실로 나타났다. 동유럽 지역의 작은 나라들은 프랑스에 등을 돌리고 독일 시장이 제공하는 이익과 독일의 정치적 자비를 얻기 위해 무례할 정도로 경쟁을 벌였다. 과거에 두려움을 불러일으켰던 중부 유럽의 강대국 독일이 다시 일어서면서 1918~1920년에 이루어졌던 변혁의 전제가 어느 정도는 미심쩍고 어느 정도는 무의미한 조건이 되고 말았다. 한쪽으로 치우친 소협상 체제 대신 헝가리가 중요한 역할을 하게 되는 새로운 개념이 등장했고, 결국 헝가리 국경선과 이에 대한 수정주의적 요구를 이전과는 다른 관점에서 바라보게 되었던 것이다.

1938년 2월 6일 헝가리 외무부는 프랑스가 헝가리 국경선을 변경할 수도 있다는 첫 번째 징후를 포착했다. 대표적 급진파이며 전직 장관이자 의회 외무 위원회의 의장인 장 미슬러(Jean Mistler, 1897~1988)가 소협상 체제에 대해 언급한 내용을 '실지 회복 연맹'의 현지 대표가 전해왔던 것이다. 장 미슬러는 다음과 같이 주장했다. "……프랑스의 관점에서 볼 때 소협상 체제는 더 이상 가치가 없다. 프랑스는 새로운 기조에서 도나우 정책을 세워야 한다. 오스트리아-체코-헝가리 협력 체제가 이루어질 경우, 헝가리는 특히 루마니아와 관련하여 프랑스의 지지를 기대할 수 있을 것이다. 프랑스는 트란실바니아의 헝가리 소수 민족 문제뿐만 아니라 트란실바니아 전체 문제에 대해서도 기존의 관점을 재고해야 한다."[106]

1938년 독일의 오스트리아 합병은 프랑스의 예상을 뒤엎은 사건이었다. 그러나 프랑스는 헝가리 국경선에 대해서 여전히 신중한 자세를 보였다. 이런 모습은 프랑스가 국경 분쟁 해결을 위해 헝가리-체코슬로바키아 협상을 요구했던 뮌헨 협정의 부칙을 수락한 것이라든가, 후에 독일-이탈리아 중재안을 수용한 방식에서도 드러났다. 파리 주재 헝가리 전권 공사는 다음과 같이 보고했다. "체코슬로바키아 정부가 독일과 이탈리아에 중재를 요청했을 때 이에 반대하는 언론은 거의 없었습니다. 서방 강대국들이 중부 유럽의 주요 문제에 대한 결정을 회피하기 때문입니다. 현재 프랑스 정부는 발생할 수 있는 새로운 문제를 피하는 데만 중점을 두고 있으며, 가능한 한 동유럽 문제에 관여하지 않으려 한다는 것이 제 생각입니다."[107] 파리의 결정으로 헝가리가 민족적 원칙이 엄격히 적용되

었을 때보다 훨씬 더 많은 것을 얻게 되었지만, 이 결정에 대한 반대 의견은 확대되지 않았다.[108]

제1차 빈 중재 판정 이후, 특히 독일의 폴란드 침공 이후 프랑스의 정책은 다시 수정되었다. 당시 루마니아는 서방 동맹국의 마지막 희망으로, 독일을 막기 위해 모든 수단을 강구해야 하는 상황이었다. 따라서 프랑스는 루마니아에 대한 헝가리의 영토 주장을 지지할 수 없었다. 그러나 이것은 전략적 또는 개념적 입장이라기보다는 전술적인 측면이 강했다. 1939년 9월 25일 자(字) 파리 주재 헝가리 전권 공사의 보고서에 따르면, 장 미슬러는 유럽의 안정을 위해 루마니아의 양보가 바람직하다는 견해를 보이고 있었다. 슬로바키아에 관한 전권 공사의 질문에 미슬러는 슬로바키아를 헝가리에 돌려주는 것 외에는 다른 해결책을 찾을 수 없다는 의견도 덧붙였다.[109]

물론, 미슬러의 의견이 얼마나 널리 공유되었는지 정확히 측정하기는 불가능하다. 그러나 1945년부터 파리 평화 조약이 체결되기 전까지 프랑스는 대립하던 루마니아와 헝가리 사이에서 헝가리를 지지했는데, 이는 프랑스 정치권이 1918~1920년의 실수를 인정하고 어느 정도까지는 이를 정정할 준비가 되어 있었음을 시사한다. 트란실바니아 문제가 불거졌던 1940년은 제2차 세계 대전의 와중으로 프랑스에는 처리해야 할 훨씬 더 중요한 문제가 산적해 있었고, 루마니아-헝가리 국경 문제는 그들에게 그렇게 중요한 사안이 아니었다. 그러므로 프랑스는 제2차 빈 중재 판정에 찬성도 반대도 하지 않으며, 별 영향을 끼치지 않았다.

4. 미국의 자세

미국의 군사적 목표라고도 할 수 있었던 윌슨 대통령의 이상(理想)은 파리 평화 회의에서 실현되지 않았다. 그의 구상 중 국제 연맹만이 성공적으로 실현되었는데, 윌슨은 이 국제기구를 통해 평화 조약으로 인한 불공정을 해소하고자 했다. 그러나 그 무엇도 미국 외교 정책의 가장 중요한 원칙인 '자유로운 항해'를 보장해 주지 못했다. 또한 윌슨은 민족 자결권의 바탕 위에 유럽의 재정착이 이루어지리라는 점을 확신할 수 없었다. 이러한 이유로 미국은 베르사유 조약을 인정하지 않았다. 평화 조약은 독일(1921년 8월 25일), 오스트리아(1921년 8월 24일), 헝가리(1921년 8월 29일)와 개별적으로 이루어졌다. 미국 국민은 실망했다. 그들은 협상국 세력이 미국의 도움으로 승리를 얻었지만, 평화 조약은 정의 실현이라는 미국의 원칙을 따르지 않고 패자를 벌한다는 원칙에 따라 체결되었다고 생각했다. 게다가 연합국들이 전쟁 빚을 갚지 않았기 때문에 상황은 더욱 악화하였다. 그 외에도 여러 이유로 미국 국민 대다수는 워싱턴 정부에 다시 유럽 문제에 관여하지 않는 정책으로 돌아갈 것을 요구했다.[110]

유럽 문제에 관여하지 말자는 기조와 반(反)윌슨주의 정서로 공화당은 1921년 선거에서 승리했다. 신임 대통령 워런 하딩(Warren Harding, 1865~1923)은 '유럽 문제에서 벗어나기' 정책을 정부 차원으로 끌어올렸다. 그럼에도 불구하고 완전한 고립은 불가능했다. 미국은 어떻게든 전쟁 차관을 돌려받아야 했고, 미국 민간 자본 역시

유럽 경제의 안정화에 관심을 기울이고 있었다. 이러한 경제적 관심
은 도나우 계곡 지역보다 서유럽 쪽에 집중되었다. 이 지역으로 경
제적 투자가 이루어지는 경우에도 신생 독립 국가들, 특히 폴란드에
자본이 투입되었고 헝가리는 이들보다 훨씬 관심 밖의 대상이었다.
폴란드가 1억 6천만 달러의 경제적 지원을 받은 반면, 헝가리의 지
원 금액은 단지 2백만 달러에 지나지 않았던 점이 이러한 사실을
잘 보여주고 있다.[111]

　미국의 외교 정책에서 헝가리는 중요한 대상이 아니었다. 그러나
워싱턴이 헝가리 문제에 대해 완전히 무지했다고 할 수는 없다. 전
문가들은 헝가리의 사정을 잘 알고 있었고, 때때로 국무부도 이 지
역의 상황에 관한 의견을 표명하곤 했다. 예를 들면, 1921년 카로이
4세(오스트리아 황제로는 카를 1세)의 거듭된 왕위 복귀 시도에 대해
미국은 평화 조약 위반이라며 이를 강력하게 비난했고, 헝가리가
국제 연맹으로부터 차관을 얻어 경제를 살리려 했을 때는 이러한
활동이 지역의 안정화를 위한 행동이라며 적극적으로 환영했다.[112]

　국경 변경 문제는 1927년 로더미어 경(卿)(Harold Sidney Harms-
worth, 1st Lord Rothermere, 1868~1940)이 여론화하며 처음으로 부각
되었다. 국무부 외무 담당관이 영국 평화 대표단의 전문가이자 평화
회의에 관한 연대기를 최초로 저술한 역사학자 해럴드 템펄리
(Harold Temperley, 1879~1939)에게 헝가리 국경선에 관한 의견을
요약해 달라고 요청했다. 템펄리는 헝가리 국경선이 민족적 관점에
서 문제가 많으며, 심지어 부당하게 그려졌다는 점을 인정했다. 그
러면서도 그는 헝가리 수정주의자들의 요구가 솔직하지 못하기 때

문에 자신은 최대한 보수적으로 국경선 변경을 지지할 것이라고 말했다. 그는 "……체코슬로바키아와 헝가리의 국경을 주의 깊게 관리한다면, 자그마한 지역들이 안전하게 헝가리에 재병합될 수 있는 사례가 드러날 것"이라고 말한 뒤, "아라드-서트마르 지역은…… 최대한 신속하게 처리되어야 한다."라고 덧붙였다. 그는 이러한 재조정이 이루어지려면 루마니아 지역 쪽에 기존 철도와 평행한 철도 노선이 헝가리의 자금으로 건설되어야 한다고 굳게 믿었다.[113]

물론 템펄리의 논문을 미국 국무부의 공식 입장으로 볼 수는 없다. 그러나 이 논문 자체는 동유럽과 헝가리 국경 문제가 프랑스와 달리 미국에서는 금기 사항으로 생각되지 않았다는 점을 증명한다. 일부 정치인은 향후의 문제를 예방하기 위한 구체적인 방법으로 국경선 변경을 적극적으로 지지했다. 수년간 상원 외무 위원회 위원장을 지낸 윌리엄 보라(William Borah, 1865~1940)도 그런 사람 중 하나였다. 그는 1928년 다음과 같이 말했다. "나는 오랫동안 헝가리 문제에 관해 생각해 왔습니다. ……나는 트리아농 조약이 현재의 형태로 지속할 수 없다고 굳게 믿고 있습니다." 그는 1931년 프랑스 기자들과의 회견에서 더 큰 재앙을 막기 위해 폴란드 회랑 지대, 슐레지엔 상부 지역, 헝가리의 국경을 수정할 필요가 있다는 입장을 분명히 했다.[114]

경제 대공황의 여파로 1933년에 공화당의 10년 연속 집권이 무너졌다. 루스벨트(Franklin Roosevelt, 1882~1945)는 히틀러가 독일의 총리가 된 바로 그해에 대통령이 되었다. 루스벨트는 민주당의 전통에 따라 고립주의 원칙에서 벗어나 '국제주의' 노선을 천명했다. 그러나 유럽 문제에 대한 관심이 되살아났다 해도 외교 활동이 곧바로 재개된 것은 아니었다. 미국은 전쟁이 발발하기 전까지, 특히 1941년 진주만이 공격당하기 전까지 유럽 분쟁에 방관자적인 자세를 취하며 냉정한 태도를 유지했지만, 이후 거의 모든 면에서 영국의 결정을 지지했다.[115]

형가리 국경선의 변경 작업이 시작되자 민주당 행정부는 이를 이해하고 지지하는 태도를 보였다. 코마롬에서 개최된 회의에서 미국 국무부 차관보 섬너 웰스(Benjamin Sumner Welles, 1892~1961)는 형가리가 체코슬로바키아 분할에 적극적으로 개입하지 않은 사실을 미국이 높이 평가하고 있다고 밝혔다. 미국은 형가리가 추진한 폴란드-형가리 국경선 재확립 계획, 즉 서브카르파티아 지역을 재병합하는 방안을 긍정적으로 평가했고, 루마니아에 대한 형가리의 영토 요구에도 이론적으로 반대하지 않았다. 그러나 미국은 형가리에 공격적인 해결책은 좋지 않다고 경고했다. 국무부는 1940년 여름까지 트란실바니아에 관한 구체적인 입장을 제시하지 않았다.[116]

5. 영국의 자세

파리 평화 조약 체제가 성립된 이후 영국은 중부 유럽 및 남동부 유럽에 대해 일정 수준 이상의 관심을 보이지 않았고, 프랑스가 이 지역의 주도권을 잡는 것에 이의를 제기하지 않았다. 유일한 예외는 그리스였다. 그리스는 지리적 상황과 영국의 제국주의적 전략 때문에 영국의 외교 정책에서 항상 핵심적인 역할을 수행했다. 영국이 도나우 지역에 대해 상대적으로 무관심했던 데에는 몇 가지 이유가 있었다. 무엇보다도 당시 영국은 세계 최고 강대국으로 여겨지지 않았고, 그 지위는 계속 추락하고 있었다. 영국의 경제적 지배력 역시 영국보다 훨씬 역동적이고 빠르게 성장하던 미국에 뒤지고 있었다. 그리고 영국에게 이 지역은 경제적으로나 전략적으로 그다지 중요한 곳이 아니었다.[117]

제한된 범위이긴 하지만, 영국은 헝가리에 관대한 태도를 보였다. 영국은 1920년대 중반 헝가리의 국제 연맹 차관을 지원하기도 했지만,[118] 이러한 지원이 헝가리의 실지 회복 목표로까지 이어지지는 않았다. 가장 유능한 정치인 중 한 명인 외무장관 조지프 오스틴 체임벌린(Joseph Austen Chamberlain, 1863~1937)은 이 문제에 대해 다음과 같이 말했다. "무엇보다 유럽이 안전해야 한다. 안전은 합리적 수준의 안정성 없이는 불가능하다. 그러므로 나는 유럽 지도를 다시 그리는 방안을 전혀 고려하지 않는다."[119] 영국 외무부는 1927년 4월 다음의 원칙을 선언했다. "평화 조약은 계속 유지되어야 하며, 그 조약으로 형성된 상황을 인정하고 로카르노 형식의 쌍무적(雙務的) 중재 협약을 받아들이는 것만이 평화를 향한 길이라는 점을 헝가리와 그 이웃 국가들이 이해하도록 하는 것이 영국의 정책 목표이다."[120]

1925년 말에 체임벌린이 베틀렌에게 개인적으로 말한 내용이 1920년대 말까지 영국 정부가 헝가리 국경에 관해 약속한 내용의 대부분이었다. 영국 측 기록에 따르면 체임벌린은 "헝가리는 국경 조정에 관한 희망을 유지할 권리가 있다."라고 말했다. 그러나 체임벌린은 영국이 이것을 헝가리와 이웃 국가들의 화해 과정의 일부로 생각하고 있다는 점도 언급했다.[121]

현상 유지 정책을 고수했던 영국 정부의 태도와 달리 영국의 여론은 1920년대 중반부터 헝가리 국경선 변경을 옹호하는 분위기로 바뀌었다. 런던 대학의 지리학 교수인 라이오넬 윌리엄 라이드(Lionel William Lyde, 1863~1947)가 1926년 3월 19일 《타임스》에 기고한 기사가 이러한 분위기를 잘 보여주고 있다. 라이드는 승전국이 헝가리-오스트리아 이중 제국의 '범죄(소수 민족 정책)'에 가한 처벌을 헝가리 국민이 받는 것은 정당하지도 않고 받아들일 수도 없다는 입장을 견지했다. 그는 기사에서 헝가리 국경 바깥쪽을 따라 약 200만 명의 헝가리인이 살고 있다는 점도 지적했다.[122]

전쟁 기간에 항공 평의회 의장 겸 대표로 활동했고 신문사를 운영하며 보수 정치인으로 활동하던 로더미어 경은 1927년 6월 21일 자신의 신문인 《데일리 메일》에 "태양 아래 헝가리의 땅"이라는 제목으로 장문의 기사를 기고했다. 그는 '자유주의적 제국주의자들'의 주장과 1919~1920년 로이드 조지의 사상을 새롭게 해석하며, 전쟁 이후에 체결된 조약들로 모든 문제가 "최종적으로 해결"되었다고 생각해서는 안 된다고 경고했다. 그는 "현재의 중동부 유럽이 직면한 정치 상황을 만든 손이 미래에 다가올 전쟁의 씨앗을 뿌렸다."라고 말하며, 이런 상황을 피하기 위해서는 평화 조약을 재검토하고 헝가리의 국경을 이 틀 안에서 수정해야 한다고 주장했다. 라이드의 기사와 비슷하게 로더미어 경은 국경선을 따라 헝가리인 다수 지역을 헝가리에 재병합해야 한다고 강조했다. 이렇게 하면, 헝가리인 약 100만 명(로더미어 경은 약간 과장해서 말했다), 즉 체코슬로바키아에서 60만 명, 루마니아에서 40만 명이 모국으로 돌아올 수 있고, 헝가리 소수 민족은 약 100만 명으로 줄어들게 된다는 것이었다. 로더미어 경은 다음과 같이 적었다. "만약 영국이 가짜가 아닌 진정한 평화와 안정을 원한다면, 트리아농 조약의 마른 풀과 죽은 나무를 모두 뿌리째 뽑아야 한다. 일단 대화재가 시작되면 그땐 너무 늦게 될 것이다."[123]

몇몇 정치인이 로더미어 경의 의견을 지지했는데, 그중에서도 로이드 조지가 가장 중요한 인물이었다. 로이드 조지는 9월 8일 자 공개서한에서 국경선 변경에 관한 논의가 필수적이라고 주장했다. 상원 의원인 뉴턴 경(卿)도 이 의견을 지지하며 헝가리가 "순수한 헝가리 지역"을 되찾아야 한다고 촉구했다. 헝가리 문제가 많은 정치인의 마음을 움직여 헝가리 국경선 변경을 위한 중재 재판소를 설립하자는 계획까지 나왔지만, 영국 정부의 공식 정책은 이전 상태 그대로, 즉 트리아농에서 정한 국경선은 불가침이라는 입장을 유지했다.[124]

대공황 시기에 영국은 헝가리 국경선 변경에 관한 외교 정책을 수정했다. 외무부는 "평화적이고 구체적인 국경 변경" 쪽으로 방향을 선회했다. 후일 총리를 역임하게 되는 윈스턴 처칠(Winston Chur-chill, 1874~1965)은 1932년 11월 23일 의회에서 "단치히나 트란실바니아는…… 좀 더 냉정하고 차분한 분위기에서 논의할 수 있도록…… 해결하는 것이 바람직하다."라고 연설했다. 제임스 램지 맥도널드(James Ramsay MacDonald, 1866~1937) 총리는 라디오 연설에서 "평화 조약이 체결되던 당시, 열정이 정치적 지혜의 자리를 빼앗았다. 이것이 유럽을 경기 침체로 이끌었다."라고 말했다. 그는 후에 "논쟁의 여지가 있는 문제는 정부가 지체 없이 국제적 조치를 할 필요가 있다."라고 덧붙였다.[125]

'4대 강대국 조약'으로 알려진 이 개념은 1933년 3월 로마에서 이탈리아와 영국 지도자들이 정교하게 구체화하였다. 무솔리니가 초안을 잡고 맥도널드 총리와 존 사이먼(John Simon, 1873~1954) 외무장관이 약간의 수정을 가한 문안은 4대 강대국이 갈등을 피하고 평화를 지키기 위해 국제 연맹 규약의 정신을 받들어 '평화 조약 개정 원칙을 강화'해야 한다는 내용을 담고 있었다. 영어로 작성된 문서에 따르면, 그들은 특히 동서 프로이센을 통합(폴란드 회랑 지대는 폐지)하고, 국경선을 따라 헝가리인 다수 지역을 헝가리에 재병합하는 것을 강조했다. 그럼에도 그들은 여전히 군주제 복원과 같은 중요한 변경 사항은 받아들일 수 없다는 입장이었다. 그들의 목표는 전후 질서를 완전하고 근본적으로 재편성하는 것이 아니라, 가장 눈에 띄면서도 비교적 쉽게 제거할 수 있는 부당함을 바로잡는 것이었다.[126]

위 계획과 관련하여 영국 정부는 1933년 여름 외무부 차관보 폰손비 무어 크로스트웨이트(Ponsonby Moore Crosthwaite, 1907~1989)를 새로운 담당자로 임명하고, 트리아농에서 정한 국경선을 분석하여 이의 변경안을 준비하도록 했다. 영국 지성계와 정치계를 대표하는 여러 인물처럼 그도 "평화 회의에서 헝가리가 인접 국가들과 동일한 기준을 적용받지 못했고, 논쟁의 여지가 있는 문제들이 헝가리에 유리하게 결정된 경우가 드물었기 때문에 일반적인 결과는 점증적으로 헝가리에 불리했다."라고 결론지었다. 크로스트웨이트는 국경을 한 구역씩 차례로 분석하고 가능한 모든 방안을 신중히 검토한 뒤, 1919년 영국이 제안했던 것과 비슷한 해결책을 제시했다. 그에 따르면 철로쾨즈(지트니 오스트로프) 지역, 얼푈드 지역의 동쪽 가장자리 부분과 150만 명의 거주민, 세게드 맞은편의 바나트 북동부 지역, 프란체스 운하까지의 바치커 지역, 버러녀 삼각주(드라버쾨즈) 지역을 헝가리에 재병합하는 것이 가능하면서도 정당한 방안이었다. 로숀츠(루체네츠)와 필레크(필라코보) 지역은 헝가리적 특징은 인정하지만, 경제적인 이유로 재병합을 권장하지 않았다. 한편, 1919년 영국의 제안과 상당한 차이를 보인 부분은 샤토르어여우이헤이-운그바르-너지쇨뢰시 삼각주 지역을 헝가리에 재병합하자는 내용이었다. 그는 "국경선 변경 외에는 실질적인 대안이 없다."라고 주장했다. "세계의 흐름을 고려할 때, 국경선 변경을 불필요하게 만들 국경의 신성화(神聖化)가 이루어질 날은 결코 오지 않을 것이다."[127]

1933~1939년에 영국의 유럽 정책은 힘의 균형 유지 및 전쟁 회피라는 두 가지 주제를 중심으로 추진되었다. 이러한 이유로 영국은 1935년 반독일 연합인 스트레사 전선(the Stresa Front)에 가입했고, 1935년의 영국-독일 해군 협정 등 여러 조약을 통해 독일의 활발한 움직임을 억제하고자 노력했다. 그럼에도 중부 유럽 및 동유럽에 대한 영국의 노력은 불확실성과 일관성 없는 모습을 드러내기도 했

다. 정치적 불확실성과 방향성 상실은 이 지역에 대한 경제적 무관심을 동반했다. 1936년 외무부 상임 사무차관 로버트 밴시터트(Robert Vansittart, 1881~1957)는 런던 주재 헝가리 부(副)대사에게 중부 유럽과 발칸 반도는 영국에 그다지 중요하지 않기 때문에 영국 정부와 국민은 이 지역의 운명에 별로 관심을 보이지 않고 있다고 말했다. 물론 이 지역에 대한 경제적 무관심도 정치적 동기에 따른 것이었다. 영국이 가장 크게 관심을 두는 곳은 그리스였고, 유고슬라비아와 루마니아는 그다음, 바다와 멀리 떨어져 있는 헝가리는 가장 관심 밖의 대상이었다.[128]

정치적 모순과 불확실성이 최고조에 달했던 1934~1937년에 영국 정부는 헝가리의 수정주의 목표를 장려하거나 판단하지 않았다. 영국은 대개 시기가 부적절하다고 암시하거나 헝가리에 인내심을 가져달라고 요구했다. 1936년 4월 부다페스트를 방문한 조지프 오스틴 체임벌린 전(前) 외무장관은 호르티에게 다음과 같이 말했다. "신중하게 기다리십시오. 적절한 때가 되면 영국은 당신을 도울 것입니다."[129]

1937년 무렵 대안으로 제시된 화해 정책이 독일에 대한 극단 정책을 넘어서기 시작했다. 결국, 이전에 계획되었던 반독일 블록이 무시되었고, 헝가리의 국경선 변경은 현실이 되었다. 체임벌린 정부가 수립되어 유화 정책을 천명한 직후인 1937년 5월에 왕립 국제 문제 연구소를 이끌던 아널드 토인비(Arnold Toynbee, 1889~1975)가 부다페스트를 방문한 일은 헝가리의 수정주의 노력을 지지한 첫 번째 신호라 할 수 있다. 토인비는 평화 조약과 국경을 바꾸는 정책에 공개적으로 전념했다. 그는 이러한 일들이 평화적으로 이루어지지 않는다면, 조만간 폭력 사태가 일어날 것이라고 예언했다.[130]

헝가리 문제 전문가로 널리 알려진 젊은 역사학자 칼라일 아일머 매카트니(Carlile Aylmer Macartney, 1895~1978)는 1937년 말에 헝가리 국경선 변경에 관한 상세한 제안을 발표했다.

매카트니는 철로퀴즈뿐만 아니라 그 북쪽의 헝가리인 거주 지역, 그리고 코마롬과 이폴리 강 입구 사이의 지역도 헝가리에 귀속해야 한다고 주장했다. 이것은 1918년 로버트 시튼-왓슨(Robert William Seton-Watson, 1879~1945)의 제안보다는 조금 크지만, 1927년 로더미어 경의 제안보다는 조금 작은 규모였다. 매카트니는 슬로바키아 중부 및 동부의 국경에 대해서는 변경해야 할 합당한 이유를 찾지 못했다. 그러나 궁극적으로 매카트니는 이전에 영국이 제안했던 모든 것을 뛰어넘어 서브카르파티아 지역 전체를 헝가리에 돌려주고 자치권을 보장하고자 했다. 이러한 주장은 부분적으로는 루신인의 불확실한 민족 정체성 때문에, 그리고 부분적으로는 소련의 팽창주의 위협(또는 우크라이나 해체)에 균형을 맞출 필요가 있기 때문에 정당화할 수 있는 내용이었다. 매카트니는 카르파티아산맥에 러시아나 우크라이나 세력이 모습을 드러내는 것은 '혁명적 행위'가 될 것이며, 이는 유럽의 안전을 위해서 절대 용납할 수 없는 행동이라고 적시했다. 그는 트란실바니아를 위한 대안적 해결책도 제안했다. 만약 이 지역 전체가 1933년 베틀렌이 런던에서 설명했던 방안과 유사하게 각각의 민족을 위한 자치구로 구성된 연방 구조의 분리 독립국 체제로 변모한다면, 매카트니는 그것을 실질적인 해결책으로 생각했을 것이다. 그러나 매카트니는 루마니아가 레가트와 트란실바니아 지역에서 이러한 해법을 받아들이지 않을 것이라는 점을 잘 알고 있었기 때문에 대안적 해결책으로 공정한 분할의 가능성을 제시했다. 그는 헝가리가 1919년 이후 여러 차례 해결책으로 제시했던 세케이 지역과 헝가리를 회랑 지대로 연결하는 방안은 타당하거나 적절한 방안이 아니라고 생각했다. 그는 트란실바니아의 역사적 국경까지 이어지는 헝가리 동쪽의 지역을 시튼-왓슨과 로더미어 경의 제안에 맞추어 헝가리에 돌려주기를 원했다. 이렇게 하면 헝가리인에 맞먹는 수의 루마니아인이 헝가리에 귀속될 터였다. 매카트니가 완전히 새롭게 제안한 내용은 이 동쪽 지역 외에 라드나 고원 북쪽의 루신인 거주 지역인 마러머로시의 산악 지역을 서브카르파티아 자치 지역의 일부로 헝가리에 귀속하는 것이었다. 남쪽 국경에 관한 그의 제안은 1919년에 미국과 영국이 제안했던 내용과 일치했다. 이렇게 하면 드라버쾨즈, 바치커 북부, 바나트 북동부 지역이 다시 헝가리에 포함될 터였다.[131]

1938년 영국은 마침내 헝가리 북부 국경 변경 문제에 대해 입장을 표명해야만 하는 상황이 되었다. 영국은 그동안의 약속과 평상시의 태도에 맞춰 민족적 관점에서 슬로바키아-헝가리 국경 변경을 지지했다. 영국은 1938년 9월 29일 뮌헨 협정 부록(양국 간 협상 및 이것이 실패할 경우 4대 강대국의 중재가 필요함을 선언)에 서명하고, 프라하 정부에 다음과 같이 고지했다. "현 상황에서 헝가리 국경선을 따라 일정 지역을 양보할 필요가 있으며, 체코 정부는 이를 지체 없이 성실히 받아들여야 한다."[132]

슬로바키아-헝가리 협상이 중단된 10월 말, 영국은 다시 한번 헝가리를 지지하는 여러 신호를 보냈다. 핼리팩스 경(Edward Frederick Lindley Wood, 1st Earl of Halifax, 1881~1959)은 공개 연설에서 "헝가리는 체코슬로바키아에 대해 정당한 권리를 가지고 있다."라고 언급했다. 체코 주재 영국 외교관들은 "체코슬로바키아가 헝가리인 다수 지역을 헝가리에 반환"해야 한다는 본국의 방침을 전달받았다. 영국은 이 방침에서 헝가리가 요구한 국민 투표는 철저한 준비와 국제적 감시가 필요하기 때문에 그것보다는 프라하 정부가 제안한 독일과 이탈리아의 중재를 더 선호한다고 밝혔다.[133]

영국은 독일과 이탈리아의 중재 활동 및 그 결과에 반대하지 않았다. 핼리팩스 외무장관은 1938년 12월의 연설에서 헝가리의 주장은 민족적 근거를 바탕에 둔 매우 정당한 요구이며, 헝가리인 다수 지역을 헝가리에 돌려주는 것이 뮌헨 협정 정신 및 진실과 공정성을 지키는 것이라고 설명했다. 유화 정책을 극력 반대했던 윈스턴 처칠도 이런 의견을 공유했다.[134]

그러나 1939년 카르파티아의 루테니아가 합병된 것은 이보다 훨씬 모순되고 불안정한 방식으로 진행되었다. 1938년 말과 1939년 초에 핼리팩스는 민족적 논쟁을 언급하며 때로는 헝가리의 열망을 반대하기도 하고, 때로는 매카트니의 계획을 지지하기도 했다. 특히 독일이 우크라이나로 팽창하는 것에 대해 우려를 표할 때는 후자의 입장을 취했다. 런던 주재 헝가리 전권 공사인 버르처 죄르지(Barcza György, 1888~1961)는 핼리팩스의 태도를 암묵적 승인으로 해석했다.[135]

1939년 3월의 체코슬로바키아 분할 이후 영국은 다시 유럽 정책을 전환하였다. 이 전환의 핵심은 유화 정책에서 벗어나 독일의 팽창을 단호하게 반대하는 것이었다. 이에 따라 영국은 1939년 4월 6일 폴란드와 상호 원조 협정을 체결했다. 그리고 4월 13일 프랑스와 함께 그리스와 루마니아의 독립을 보장했다. 루마니아는 전략적 중요성 때문에 영국인의 눈에 더욱 가치 있어 보였고, 자연스럽게 트란실바니아 문제를 다른 관점에서 보게 되었다. 영국은 트리아농에서 정한 국경선을 최종적인 것으로 생각하지 않았지만, 루마니아의 감정을 상하게 하고 싶지 않았다.

카도간(Cadogan) 외무차관은 1939년 6월 14일 버르처와의 회담에서 소수 민족 문제는 국경 변경으로 해결할 수 없다고 말했다. 영국의 다른 정치인들도 루마니아–헝가리 문제가 해결되어야 한다는 점은 인정하면서도, 위험한 국제 정세를 고려하여 헝가리에 독일과 협력하지 말라고 경고했다. 이러한 상황에서 1940년 3월 텔레키 팔 백작이 런던에 보낸 수정안은 별다른 반응을 끌어내지 못했다.[136]

루마니아에 힘을 싣고 헝가리를 억제하는 영국의 정책은 1940년 6월 말까지 계속되었다. 그 후 루마니아는 베사라비아와 부코비나 북부 지역을 소련에 양보하고 영국과 맺은 보증 조약을 철회했다. 루마니아의 갑작스러운 태도 변화에 놀란 영국은 중부 유럽과 자국의 관계를 재평가하고 헝가리에 대해 긍정적인 태도를 유지하기로 했다. 중재 며칠 전인 1940년 8월, 외무부는 헝가리 전권 공사에게 다음과 같이 통보했다. "영국이 승리할 경우 유럽에 정의롭고 새로운 질서를 확립하고자 한다. 과거의 실수로부터 교훈을 얻었기 때문

이다. 영국은 헝가리와 이웃 국가들이 지속적인 평화를 보장하고
영토 변경에 관심을 두지 않는다면 이들 사이에 체결된 조약들을
존중할 것이다."[137]

6. 소련의 자세

러시아는 1917년 공산주의 혁명 이후 제1차 세계 대전에서 같이
싸웠던 연합군을 떠났을 뿐만 아니라, 표트르 대제 이후 지속적으로
편입되고자 했고 여러 측면에서 실질적으로 편입되어 있던 세계 체
제로부터도 등을 돌렸다. 대륙이라 해도 좋을 만한 이 나라는 엄청
난 격동을 겪은 후, 공산주의 이론에 의하면 불가피하다고 여겨지는
혁명이 아직 시작도 되지 않은 외부 세계를 적으로 보기 시작했다.
전통적으로 공격적·팽창주의적이었던 러시아의 외교 정책은 여전
히 계속되었지만, 모양새는 새로운 형태를 취했다. 비록 이전의 범
슬라브주의와 공산주의 세계 혁명론의 차이는 매우 컸지만, 실질적
으로 둘 다 '썩은 서구'에 대항하는 외교 정책을 추구했다.[138]

혁명을 전 세계적으로 확산하려는 생각은 베르사유 평화 조약에
대한 급진적 비판으로 보완되었다. 소련은 평화 회담에서 제외되었
을 뿐만 아니라 국경이 동쪽으로 밀려나는 굴욕을 당했었다. 그래서
소련과 공산주의 인터내셔널(코민테른)은 베르사유 조약을 비판하
고 이에 대항하는 것을 목표로 삼았다. 코민테른은 1924년 유럽의
소수 민족에게 현재 상황을 뒤엎고 민족 자결권을 위해 투쟁하라는

칙령을 내렸다. 이 칙령은 헝가리 문제를 명시적으로 다루고 있었는데, 잃어버린 영토에 살고 있는 헝가리인에게 더욱더 강도 높은 공산주의 활동을 전개하고 후속 국가들의 공산당에 헝가리 소수 민족의 자결권과 독립을 지지할 것을 요구했다. 이 칙령은 또한 트란실바니아와 도브루자 두 지역이 루마니아에서 벗어나 독립해야 한다고 명시했다.[139]

이러한 소련의 관점은 헝가리와 소련이 외교 관계 수립을 위해 협상을 시작하게 된 중요한 계기가 되었다. 헝가리는 베사라비아를 소련에 양도하는 것을 지지했고, 이는 헝가리가 트란실바니아를 되찾는 데 도움이 될 터였다. 그러나 소련의 적극적인 협력 의지에도 불구하고 호르티와 헝가리 우익은 그러한 시도가 실패할 것이라는 편견을 가지고 있었다.[140]

1930년대 초반, 현실주의자 스탈린(Iosif Vissarionovich Stalin, 1879~1953)에게 소련의 이념적 목표를 포기하고 '현실 정치'를 추구하도록 각성을 촉구한 두 가지 사건이 발생했다. 하나는 일본의 영토 확장을 초래한 만주사변(滿洲事變)이고, 다른 하나는 독일의 외교 정책을 반(反)소련 정서로 바꿔 놓은 히틀러의 집권이다. 이러한 상황 때문에 스탈린은 현상 유지 정책을 고수하던 서구 열강 쪽으로 방향을 선회했다. 소련이 1934년에 국제 연맹에 가입하고 헝가리를 비롯한 여러 국가와 외교 관계를 수립하기로 결정한 것은 이러한 이유 때문이었다. 이듬해 소련은 프랑스, 체코슬로바키아와 군사 조약을 체결했다. 소련은 여전히 베르사유 조약이 불공정하다고 생각했지만, 이 조약을 변경하는 것보다 히틀러의 독일이 가하는 위협을 피하는 것이 더 우선적인 과제였다. 소련은 서방 강대국과 집단 안보 체제를 강화하고 상호 원조에 기반한 새로운 동맹 체제를 구축함으로써 이러한 목표를 달성하고자 했다.[141]

소련 외교 정책의 전환은 헝가리의 수정주의에 직접적인 영향을 미쳤다. 모스크바는 1935년부터 체코슬로바키아, 유고슬라비아, 루마니아 공산당에 국제주의와 반(反)쇼비니즘 정책을 포기하고 국민 정당 및 시민 정당과 협력하여 자국의 독립을 옹호하라고 거듭해서 촉구했다. 유명한 1935년의 코민테른 회의에서도 비슷한 입장(대중 전선 정책)을 취했다. 같은 해에 소비에트 외교 인민 위원회 정치 위원 리트비노프(Maxim Litvinov, 1876~1951)는 모스크바 주재 헝가리 대사를 통해 부다페스트에 메시지를 보내 헝가리가 독일을 멀리하고 반독일 동맹에 동참해야 한다고 주장했다.[142]

그러나 리트비노프는 1930년대 후반에도 개인적으로 여러 차례 헝가리 국경선 변경이 전쟁으로 이어지지만 않는다면 이에 반대하지 않는다는 의견을 표명했다. 오히려 국경선 변경이 소협상 국가들과 헝가리의 협력을 증진한다면 이를 환영한다고 말했다. 소비에트 외교 인민 위원회의 다른 위원들도 비슷한 발언을 했다. 그러나 이런 비밀 발언은 소련 지도자들이 공개적으로 표명할 생각이 없었다는 점에서 그 가치가 떨어졌다. 오히려 그들은 언론을 통해 헝가리 수정주의자들의 목표를 지속적으로 공격했다.[143] 즉 소련 정부는 공개적으로는 헝가리 지도자들과 사적으로 나눴던 대화와 완전히 다른 견해를 표명했던 것이다.

1938년 가을, 체코슬로바키아에 대한 독일, 헝가리, 폴란드의 영토 주장을 소련이 단호히 거절하면서 소련의 외교 정책이 부정직하다는 사실이 드러났다. 후에 코마롬에서 개최된 협상에서 소련은 헝가리의 영토 주장이 과도하다는 것을 깨달았다. 소련 지도부는 서브카르파티아 지역에 관해서도 거의 이해하지 못하고 있었다. 헝가리 전권 공사 융게르트-어르노티 미하이(Jungerth-Arnóthy Mihály, 1883~1957)가 소련의 거부 이유를 묻자, 외교 인민 위원회 제1차관 블라디미르 포템킨(Vladimir Potemkyn, 1874~1946)은 다음과 같이 대답했다. "소련 정부는 뮌헨 협정을 공격적인 불공정·불법 조약이라 생각한다. 그러므로 그로부터 파생된 모든 것을 비난하고 비판하는 것이다."[144]

1938년 초, 모스크바가 헝가리의 반(反)코민테른 조약 가입 추진에 관한 정보를 입수하면서 헝가리와 소련의 관계는 다시 악화하였다. 1939년 2월 2일, 리트비노프는 외교 관계 단절을 선언했다. 두 나라의 외교 관계는 국제 정세가 완전히 새로운 국면으로 전환된 1939년 10월 19일에 재개되었다. 1939년 봄과 여름에 소련의 외교 정책에 뚜렷한 변화가 있었다. 오스트리아와 체코슬로바키아의 사례를 통해 소련은 서구 열강의 중립을 바탕으로 자신들의 안전을 확보하는 것이 어렵다는 점을 깨달았다. 소련은 집단 안보 체제에 관한 환상을 버리고 치명적 적국인 히틀러의 독일과 동맹을 맺었다. 1939년 8월 말에 체결된 몰로토프-리벤트로프 조약에서 소련은 1917년까지 존재했던 옛 러시아 국경까지 자신들의 영향력을 확대할 수 있는 권리를 얻었다. 이 영토에 베사라비아가 포함되었기 때문에 헝가리 국경선 변경에 관한 소련의 입장은 재평가되었다.[145]

모스크바는 1940년 7월 말에 행동을 취하기로 결정했다. 1940년
6월 26일 늦은 밤, 외교 인민 위원회 정치 위원 V. M. 몰로토프
(Vyacheslav Mikhailovich Molotov, 1890~1986)는 루마니아 전권 공사
다비데스쿠(Davidescu)를 소환하여 문서를 건네주었다. 소련에 베사
라비아를 '반환'하고, 문서에 첨부된 지도에 따라 부코비나 북부 지
역을 '이양'하라는 내용의 문서였다. 루마니아는 이에 대한 답변을
24시간 이내에 제출해야만 했다. 몰로토프는 만약 소련이 24시간
이내에 긍정적인 답변을 받지 못한다면, 곧바로 문서에 언급한 지역
을 점령할 것이라고 준엄하게 경고했다. 당황한 다비데스쿠는 부쿠
레슈티에 이 내용을 전달하기 위해 즉시 전화기를 집어 들었다. 그
러나 전화가 작동하지 않았다. 전화 교환원이 잠을 자고 있었는지
아니면 다른 원인이 있었는지는 명확하지 않지만, 분명한 사실은
다음 날 아침 6시가 되어서야 전화가 작동하기 시작했다는 것이다.
루마니아는 아직 18시간의 여유가 있었고, 루마니아 왕 카롤 2세
(Carol II, 1893~1953)는 왕실 회의를 소집하여 이에 대한 승인 여부
를 논의했다. 소련에 저항하자는 의견을 무력화한 결정적 요인은
드네스테르강(江)을 건너기 위해 동원된 소련의 2개 사단과 베사라
비아에 집중된 소련 공군의 위협이었다. 그리고 루마니아의 도움
요청에 대해 어떠한 도움도 불가능하다는 베를린의 답변이 있었다.
이 답변으로 마지막 희망의 빛이 사라졌다. 게다가 베를린은 더 이
상 고민하지 말고 소련에 항복하라는 강력하고 단호한 조언까지 보
냈다.[146]

당시 루마니아는 베를린에 정의를 기대하는 것이 얼마나 헛된 일

인지 전혀 알지 못했다. 그들은 베사라비아의 운명이 거의 1년 전 맺어진 몰로토프-리벤트로프 조약에 감춰져 있다는 사실을 몰랐다. 독일은 이 조약으로 베사라비아 문제에 관한 소련의 입장에 이미 동의하고 있었다. 라이히스칸츨라이(총통 관저)는 러시아가 새롭게 부코비나 북부 지역까지 요구했다는 사실에 놀랐을 뿐이었다. 독일 은 이에 대해 항의하지는 않았지만, 부코비나가 오스트리아 합스부 르크 왕가의 소유지였다고 언급함으로써 러시아가 이 지역에 대해 역사적 정당성을 요구할 수 없다는 점을 강조했다. 독일 외무장관 요아힘 폰 리벤트로프는 1940년 6월 24일 모스크바 주재 독일 대사 에게, 다음날인 25일에는 부쿠레슈티 주재 독일 공사에게 베사라비 아 문제에 관한 독일 제3제국의 공식 입장을 분명히 적시한 비밀 메시지를 보냈다. 그는 독일이 루마니아의 석유와 농업 생산물에 많은 관심을 가지고 있으며, 루마니아를 전쟁터로 만들지 않는 것이 독일의 목적에 도움이 된다고 주장했다. 리벤트로프는 독일 제국 정부가 모스크바 협정의 정신을 존중하고 있으며, 루마니아 정부에 베사라비아 문제를 러시아의 입장에 맞춰 명확히 하도록 조언하겠 다고 재차 강조했다.[147]

　소련이 루마니아에 조치를 취하기 전에 헝가리와 소련 사이에 어 떠한 사전 협상이나 합의가 있었던 것은 아니며, 이는 최근 공개된 소련 기록 문서로도 확인할 수 있다. 루마니아가 1940년 6월 27일 베사라비아와 부코비나 북부 지역을 포기한 이후 헝가리 지도부는 모스크바에서 트란실바니아 문제에만 집중했다. 1940년 7월 2일 신임 모스크바 주재 헝가리 대사 크리스토피 요제프(Kristóffy József,

1890~1969)는 소련이 베사라비아와 부코비나 북부 지역을 처리한 방식에 대해 소련 외교 인민 위원회 부위원장 데카노초프(Vladimir Georgievich Dekanozov, 1898~1953)에게 "대단한 만족감"을 표시하며, 프라우다에 게재된 관련 기사를 칭찬했다. 크리스토피는 이 문제가 헝가리에서 대체로 좋은 반응을 얻고 있다고 말한 뒤 다음과 같이 덧붙였다. "잘 알려진 바와 같이 헝가리 역시 루마니아에 대한 영유권을 주장하고 있지만, 소련은 이미 문제를 해결한 반면 헝가리는 아직 그렇지 못하다는 점이 유일한 차이점입니다."[148]

실질적으로 실권이 없던 데카노초프는 크리스토피에게 명백한 답을 주지 않았다. 며칠 후 몰로토프가 직접 크리스토피에게 소련은 헝가리의 국경선 변경에 긍정적이라는 견해를 밝혔다. 7월 11일 크리스토피는 다음과 같이 보고했다. (1) 소련은 헝가리에 대해 어떠한 요구도 하지 않고 있다. (2) 소련 정부는 헝가리와 좋은 이웃 관계를 구축하고자 한다. (3) 소련 정부는 루마니아에 대한 헝가리의 영토 주장에 충분한 근거가 있다고 생각하며, 평화 회담에서 이 문제가 해결될 수 있도록 헝가리를 지원할 용의가 있다. (4) 헝가리와 루마니아 사이에 분쟁이 발생할 경우, 소련은 헝가리의 주장에 따라 자신들의 입장을 정한 뒤 행동할 것이다. (5) 소련 정부는 최대한 빠르게 무역 계약을 체결하기 위해 협상할 준비가 되어 있다.[149]

위기감이 고조되던 1940년 8월 헝가리 외교관들은 몰로토프의 견해를 바탕으로 혹시 있을지 모를 루마니아와 헝가리의 무력 충돌에 대비하여 소련의 군사적 지원을 얻기 위해 노력했다. 투르누 세베린에서의 협상이 중단된 이후 헝가리 정부는 모스크바에 소련 전투기를 판매해 달라고 요청하면서 루마니아 국경 지대에서 소련 군대를 철수하지 않겠다는 성명을 발표해 달라고 부탁했다. 소련 군대가 철수할 경우 루마니아가 북서쪽으로 진군하여 헝가리 국경까지 군대를 배치할지 모른다는 두려움 때문이었다. 헝가리 대사는 몰로토프로부터 명확한 답변을 듣지 못했다. 그러나 1940년 8월 소련과 루마니아 사이에 점점 더 많은 국경 갈등이 발생했으며, 소련이 매번 그 책임을 루마니아에 돌렸던 것은 사실이다. 그럼에도 헝가리와 불가리아가 언제든 간섭할 준비가 되어 있는 상황에서 작은 루마니아가 거대한 소련을 자극했다는 것은 터무니없는 가정이다. 제2차 빈 중재 판정을 앞둔 몇 주 동안 국경에 대한 루마니아와 소련의 긴장감은 계속 커지고 있었다. 8월 24일 독일 지도부는 러시아가 루마니아 국경에 군대를 집중하고 있다는 "기밀" 정보를 입수했다. 모스크바 주재 루마니아 전권 공사는 데카노초프에게 이에 대한 설명을 요구했지만, 데카노초프는 이러한 "악의적이고 도발적인 소문"은 근거 없는 것이라고 일축해 버렸다.[150]

이러한 국경 문제는 의도적으로 일어난 일이 아니었을 가능성이 높다. 그리고 소련이 루마니아에 대해 소련–루마니아 국경에 군대를 집중하고 소련 영공을 침범하고 있다고 비난하며 8월 29일 최후통첩을 보낸 것은 의식적으로 통첩의 시기를 선택했음이 분명하다. 이러한 소련의 접근 방식은 확실히 제2차 빈 중재 판정 전에 루마니아의 태도를 좀 더 고분고분하게 만들었다. 8월 30일 이른 시간에 열린 왕실 회의에서 트란실바니아에 관한 사항을 결정하는 와중에 루마니아 수상이 베를린에서 입수한 정보를 언급하며, 루마니아가 독일과 이탈리아의 최종 중재안을 받아들이지 않으면 헝가리와 소련이 루마니아를 공격할 것이라고 주장했다. 이것은 소련 비밀 외교의 미스터리 중 하나이다. 루마니아 영토 일부를 소련과 헝가리가 분할할 가능성이 있다는 소문의 근거는 여전히 불분명하지만, 족히 그럴 가능성이 있었던 것은 사실이다.[151]

7. 이탈리아의 자세

일반적으로 알려진 것과 달리 이탈리아는 헝가리의 수정주의를 항상 지지하지는 않았다. 1920년대 초반에 이탈리아는 파리 평화 회의에서 보였던 친(親)헝가리적 태도 대신 소협상 국가들과 좋은 관계를 유지하기 위해 현상 유지 정책을 선택했다. 이탈리아는 헝가리를 외면했고, 1922년 무솔리니가 정권을 잡은 뒤에도 이러한 정책을 고수했다. 무솔리니는 1923~1924년 헝가리의 국제 연맹 차관 신청에 우호적이지 않았고, 이탈리아와 직접적 이해관계가 있던 배상금은 헝가리가 지급해야 한다고 주장했다. 이러한 반(反)헝가리적 정책은 이탈리아가 1924년 1월에 유고슬라비아와, 7월에 체코슬로바키아와 상호 우호 협력 조약을 체결하면서 최고조에 달했다.[152] 이 시기 헝가리의 국경선 변경에 관한 이탈리아의 입장은 무솔리니의 다음 발언으로 요약할 수 있다. "트리아농 조약의 개정에 반대하며, 헝가리 이웃 국가들의 지배권 확보 주장을 지지한다."[153]

이탈리아는 1926년 가을까지 소협상 국가들과 좋은 관계를 유지하는 정책을 추진했지만, 이후 '진로 변경'을 시작했다. 이탈리아는 알바니아를 자국의 보호국 상태로 만든 뒤 유고슬라비아를 포위해 나갔다. 이후 이탈리아와 유고슬라비아 사이에 몇 주간 군사적 충돌 위협이 있을 정도로 긴장감이 고조되었다. 유고슬라비아를 포위한 다는 것은 헝가리와 이탈리아 사이에 동맹 체제가 필요하다는 것을 의미하기도 했다. 이것이 1927년 4월 5일 이탈리아와 헝가리가 상호 우호 조약을 체결한 이유였다.[154]

1927년의 이탈리아-헝가리 조약 이후 이탈리아의 독재자 무솔리니는 헝가리 수정주의자들의 목표를 공개적·지속적으로 지원했으며, 소규모의 후진적인 헝가리 군대가 재무장하는 것에 직접 관여하기도 했다. 1928년 6월 5일 무솔리니는 로더미어 경의 제안을 부분적으로 인용하며 다음과 같이 말했다. "헝가리는 이탈리아의 우정을 믿어도 좋다. 트리아농 조약의 영토 조치는 헝가리의 속살을 너무 깊게 베어냈다. 헝가리는 천 년 동안 도나우 계곡에서 매우 중요한 역사적 임무를 완수했다. 타오르는 애국심으로 평화의 시기에 자신들의 힘을 자각하며 결의에 찬 과업을 수행했던 헝가리 국민은 더 나은 운명을 향유할 자격이 있다. 헝가리가 바람직한 운명으로 나아가는 것은 일반적 진실의 관점에서뿐만 아니라 이탈리아의 이익을 위해서도 더욱 적절한 일일 것이다."[155]

1929년부터 1932년까지 발칸에 대한 이탈리아의 외교 정책은 더욱 온건해졌고, 이탈리아-오스트리아-헝가리 블록의 중요성은 더욱 커졌다. 1934년까지 세 나라 사이에는 강력한 경제 협력 체제가 형성되었고 정기적인 협의가 이루어졌다. 세 나라는 소협상 체제에 대항하는 정치 동맹 형성, 현상 유지, 대(對)독일 방어 동맹 구축을 목표로 삼았다. 그러나 헝가리의 수정주의 목표에 대한 이탈리아의 지원은 점점 약해지다가 몇 달 후 자취를 감추고 말았다. 이탈리아가 프랑스와 점점 가까워진 것이 그 원인이었다. 1935년 1월 7일 체결된 이탈리아-프랑스 조약이 이러한 상황을 뒷받침하고 있다. 그러나 현상 유지를 추구하던 이탈리아와 프랑스의 짧은 '밀회'는 얼마 지나지 않아 수정주의적 태도를 보이던 독일과의 긴밀한 관계, 즉 베를린-로마 추축(樞軸)으로 대체되었다. 이로써 헝가리의 수정주의 목표는 로마에서 다시 한번 수용 가능하고 지원할 만한 대상이 되었다.[156]

1930년대 이탈리아는 루마니아와 헝가리의 협력을 거듭해서 촉구하는 외교 정책을 추진했다. 두 나라가 협력한다면 유고슬라비아의 완전 봉쇄가 가능할 터였기 때문에 이런 구상은 이탈리아에 매우 매력적이었다. 그러나 이러한 노력은 헛수고로 끝나고 말았다. 앞에서 언급했듯이 루마니아와 헝가리는 타협이 불가능했고, 이탈리아는 두 나라에 양보를 강요할 만한 수단이 없었기 때문이었다.[157]

1934년 이래로 오스트리아와 함께 독일에 대한 협력 관계를 유지하던 이탈리아의 허약함은 1938년 독일이 오스트리아를 합병하며 명백하게 드러났다. 이후 이탈리아는 근본적으로 나치 독일이 정한 도나우 계곡 정책을 따랐지만, 독일과 이탈리아의 접근 방식에는 약간의 차이가 있었다. 헝가리 국경선 변경 문제에 관해서도 이러한 차이가 표면에 드러났다.

이런 상황이 전개된 첫 번째 사례는 뮌헨 협정이었다. 체코슬로바키아에 대한 연합 군사 행동 계획을 거부한 헝가리에 불쾌감을 느낀 히틀러는 협정문에 슬로바키아-헝가리 국경선 변경에 관한 언급을 생략하고 싶었을 것이다. 그러나 이 문제를 제기한 무솔리니 때문에 결국 협정문에 이 조항이 삽입되었다.[158] 그 후에도 이탈리아의 지원은 계속되었다. 슬로바키아와 헝가리 양측의 입장이 팽팽하여 협상이 교착 상태에 빠진 10월 중순 헝가리는 독일과 이탈리아에 도움을 요청했다. 이때도 이탈리아 외무장관 치아노(Gian Galeazzo Ciano, 1903~1944)는 독일 외무장관 리벤트로프보다 헝가리에 훨씬 관대한 모습을 보였다. 독일도 받아들인 소위 치아노선(線) 덕분에 15만 명—비록 대다수가 슬로바키아인이었지만—이 헝가리로 돌려보내졌다.[159] 이탈리아는 독일의 결정적 조치 이전에 헝가리가 일방적으로 행동하는 것에 반대했지만, 그럼에도 헝가리가 서브카르파티아 지역을 재병합하는 것도 받아들였다.[160]

서브카르파티아 지역을 되찾은 후 헝가리는 루마니아에 대항하는 쪽으로 외교 노력을 집중했다. 1939년 4월 18일부터 20일까지 수상 텔레키 팔과 외무장관 차키 이슈트반이 이탈리아를 방문한 것은 현안에 대한 이탈리아의 견해를 파악하기 위해서였다. 논의 과정에서 무솔리니는 헝가리 대표단에게 "루마니아가 로마를 어떻게 뒤따라오든 이탈리아 정부는 헝가리가 없는 상태에서는 루마니아와 어떤 조약도 체결하지 않을 것"이라고 말했다.[161]

이러한 헝가리의 활동에 대응하기 위해 루마니아 정부는 12월 23일 외무장관 안토네스쿠를 로마로 파견했다. 그리고 소련과 루마니아가 베사라비아를 두고 무력 충돌할 경우 이탈리아가 어떻게 행동할 것인지 알아내고자 노력했다. 루마니아는 베사라비아 문제에 대해 이탈리아의 지원을 희망하면서, 소련-독일 불가침 조약 이후 이탈리아와 독일 사이에 발생한 소련 관련 논란을 활용했다. 안토네스쿠는 치아노에게 루마니아가 헝가리의 위협적인 조치 때문에 소련과 협상할지도 모른다고 전하며, 이탈리아가 부다페스트에 개입하여 중재해 달라고 요청했다. 치아노는 그렇게 하겠다고 약속하고, 부다페스트 주재 이탈리아 공사 빈치에게 자신이 차키와 발칸 및 도나우 계곡 문제를 논의하고 싶어 한다고 전하라고 지시했다. 그리고 논의를 위해 차키가 1940년 1월 초에 베네치아로 와야 한다고 덧붙였다. 무솔리니는 치아노를 통해 루마니아 협상단에게 소련과 루마니아가 전쟁을 벌이면 이탈리아는 스페인 내전 당시 프랑코를 도운 것처럼 루마니아를 도울 것이라고 전했다. 즉 전쟁 물자와 비행기, 장갑차를 루마니아에 지원하겠다는 것이었다.[162]

차키와 치아노의 회담은 1940년 1월 5일부터 7일까지 베네치아에서 열렸다. 치아노는 소련과 루마니아가 무력 충돌할 경우 이탈리아가 루마니아에 군사적 도움을 주기로 한 안토네스쿠와의 협상 내용을 차키에게 설명했다. 그러면서 헝가리가 루마니아의 후방을 공격하지 않겠다고 약속한다면 루마니아-헝가리 국경 지역과 바나트 주변 지역을 되찾을 수 있을 것이라고 덧붙였다. 차키는 이러한 영토 양보는 헝가리 정부를 만족시킬 수 없을 것이라고 대답했다. 헝가리는 카르파티아 분지에 대한 지배력을 확실히 보장할 수 있을 만큼의 영토 획득을 목표로 하고 있었기 때문이었다. 차키는 최대 규모(78,000km^2의 영토와 420만 명의 인구)와 최소 규모(50,000km^2의 영토와 250만 명의 인구) 그리고 헝가리의 간섭을 유도할 수 있는 상황 등이 명기된 정치 각서를 내보였다. 그는 열정적으로 조건을 나열하며, 헝가리는 현재의 유럽 분쟁이 끝나기 전에 루마니아와의 영토 문제가 해결되기를 원한다고 말했다. 그는 "헝가리와 이탈리아는 필연적·역사적인 연관"이 있다고 설명하며, 이탈리아와 다른 여러 국가가 헝가리를 배제하고 문제를 해결하려 한다면 헝가리 정부는 몰락하고 말 것이라고 주장했다. 치아노와 차키는 루마니아-헝가리 문제와 관련하여 이탈리아 외무장관이 루마니아 정부에 헝가리 정부의 입장을 전달하고, 헝가리의 요구 사항을 해결하는 데 이탈리아가 힘을 보태는 것에 동의했다. 차키는 치아노에게 루마니아에 대한 영토 문제를 중재해 달라는 요구를 하지 않았는데, 이러한 요구가 너무 성급한 행동으로 생각되었기 때문이었다. 치아노는 루마니아 정부의 중재 요청을 받아들이지 않았다고 말하며, "국경선 변경에 관한 헝가리의 수정주의 요구를 지지하는 이탈리아로서는 헝가리에 요구 사항을 축소하라고 강요하고 싶지 않다."라고 덧붙였다.[163]

베네치아 회담, 독일의 관점, 영국의 행동 등은 텔레키에게 루마니아-헝가리 문제에 관한 중요 사항을 양보하고, 이전에 결정했던 루마니아에 대한 개입 조건을 수정하도록 만들었다. 헝가리는 루마니아에 대한 영토 주장을 포기하지 않지만, 소련과 루마니아 사이에 전쟁이 발발하지 않거나 루마니아가 불가리아에 도브루자를 양보하는 경우에는 전쟁 중에 영토 문제를 강제로 해결하려 시도하지 않는다는 것이 변경된 내용이었다. 이탈리아는 루마니아가 성공적으로 저항하거나 중동부 유럽의 연합군이 서둘러 루마니아를 지원

할 경우 간섭하고 싶어 하지 않았다.[164]

1940년 2월과 3월에 트란실바니아 문제는 새로운 국면에 접어들었다. 새로운 계획에 따라 독일군이 헝가리를 거쳐 루마니아로 진군할 가능성이 제기되었는데, 이는 텔레키의 중립 정책으로는 받아들일 수 없는 사안이었다. 텔레키는 이 문제를 협의하기 위해 3월 23일 다시 로마를 방문했다. 그러나 무솔리니와 치아노 둘 다 그의 딜레마를 해결하는 데 도움을 주지 않았다. 텔레키는 트란실바니아 문제를 논의하며 국경선 변경 규모에 대한 자신의 견해를 상세히 설명했다. 평화적 해결이 가능하다면 영토의 규모를 줄이고 타협할 용의가 있다는 것이었다. 무솔리니는 텔레키의 온건한 국경선 제안을 듣고 "헝가리와의 문제를 해결해야만 루마니아가 진지한 고려의 대상이 될 수 있다고 루마니아에 전했다."라고 말한 뒤 다음과 같이 덧붙였다. "트란실바니아 문제는 아티초크(국화과의 식용 식물)를 먹을 때 잎사귀를 한 장씩 한 장씩 먹는 것처럼 다뤄야 한다." 그럼에도 그는 행동을 하기에는 상황이 충분히 무르익지 않았다고 생각했다.[165]

1940년 6월 26일 소련이 루마니아에 최후통첩을 보낸 이후에도 이탈리아는 독일처럼 트란실바니아에 관한 의견을 명확히 밝히지 않았다. 7월 2일 치아노는 부다페스트에 전보를 보냈다. "지금까지와 마찬가지로 파시스트 정부는 헝가리가 적절한 시기에 영토 수정 목표를 달성할 수 있도록 독일과 함께 무력을 제외한 모든 지원을 지속해 나갈 것이다."[166] 텔레키는 이탈리아의 메시지에 답하기 위해 무솔리니에게 개인적으로 편지를 보냈다. 프랑스어로 작성된 각서와 헝가리 정부의 최소 요구 사항을 표시한 지도 그리고 통계 자료가 담긴 도표를 첨부한 이 편지는 전권 공사 대신 무솔리니의 헝가리인 군사 담당관이었던 서보 라즐로(Szabó László)를 통해 전달되었다. 텔레키는 편지 첫 부분에 7월 10일 차키와 함께 독일을 방문할 예정이라고 적은 뒤, 베사라비아의 대외 정치적 영향을 상세히 설명하고, 주어진 상황에서 헝가리에 수동적 행동을 강요해서는 안 된다는 말로 끝을 맺었다. 서보는 7월 4일 치아노의 안내를 받아 무솔리니를 만났다. 편지를 전달한 후 서보는 텔레키가 구두로 지시했던 바에 따라 헝가리-루마니아 영토 문제에 관한 헝가리 정부의 계획을 언급했다. (1) 추축국은 루마니아에 대한 즉각 공격을 허락해야 한다. (2) 추축국은 헝가리가 곧 시작될 협상을 통해 트란실바니아 전체 또는 일부를 얻을 수 있도록 보장해야 한다. (3) 평화적인 방법이 성공하지 못한다면 추축국은 헝가리가 군사 지원을 받을 수 있도록 보장해야 한다. 텔레키는 서보를 통해 무솔리니에게 헝가리가 추축국으로부터 위의 보증을 얻지 못한다면 헝가리의 상황이 무척 혼란스러워질 것이라고 전했다. 무솔리니는 텔레키의 편지를 읽은 후 평소처럼 헝가리의 주장에 동의한다고 말했다. 그리고 헝가리의 요구는 충족되어야 하며, 이 사안은 헝가리 측의 베를린 방문 시기에 논의될 것이라고 반복했다. 그러나 히틀러가 헝가리의 주장을 받아들이지 않을 가능성에 대해 서보가 언급하자 무솔리니는 더 이상 확언을 할 수 없었다. 그는 단지 "우리가 어떻게 할지 두고 보자."라고만 말했다.[167]

　1940년 7월 말, 루마니아 수상은 헝가리가 로마에서 벌이고 있는 활동에 개인적으로 균형을 맞추려 노력했다. 무솔리니는 회담에서 루마니아-헝가리 국경선 변경을 더는 피할 수 없다고 말했다. 그는 "민족지학적 근거를 바탕으로 합의가 이루어져야 한다."라고 말한 뒤 영토 양보가 루마니아를 약화하지 않을 것이라고 덧붙였다. 인구 구성의 불순물을 제거하는 격이기 때문이라는 것이었다.[168] 이탈리 아의 관점은 이후의 결정적 순간까지 계속 유지되었다.

8. 독일의 자세

강대국 중 제2차 빈 중재 판정에 가장 중요한 역할을 한 국가는 독일이었다. 그러므로 독일의 외교 정책 및 헝가리 수정주의에 대한 독일의 태도를 다른 강대국보다 좀 더 자세히 살펴볼 것이다.

1923년 이후의 독일 대외 정책은 구스타프 슈트레제만(Gustav Stresemann, 1878~1929)과 그의 동료들이 주도한 소위 '이행 정책 (Erfüllungspolitik)'으로 특징지을 수 있다. 이 정책의 핵심 요점은 첫째, 독일 서부 국경을 수용하고 프랑스와 화해하며, 둘째, 협상을 통해 비폭력적으로 동부 국경을 수정하는 것이었다. 이 정책에 따라 1920년대에 중부, 동부 및 서남부 유럽에서 독일의 활동은 미미했 다. 이 정책은 본질적으로 독일 소수 민족에 대한 문화 지원과 무역 정책으로 한정되었다. 이 기간에 현상 유지 상태를 뒤흔드는 것은 독일의 목표가 아니었다.[169]

헝가리는 바이마르 공화국의 평범한 외교 정책과 상대적으로 수동적이고 눈에 띄지 않는 동유럽 정책을 오랫동안 이해하지 못했다. 헝가리는 이미 1920년대부터 독일이 헝가리의 수정주의를 지지해 주기를 원했다. 그러나 그런 일은 일어나지 않았다. 오히려 독일의 외교 활동은 독일과 헝가리의 긴밀한 관계를 저해하기까지 했다. 1925년 독일 외무부는 다음과 같이 분명하게 의견을 밝혔다. "헝가리와 너무 긴밀하게 협력하는 것은 숙고해야 할 문제이다. 체코슬로바키아, 루마니아, 유고슬라비아, 오스트리아로부터 영토를 돌려받아야 한다는 헝가리의 주장이 우리에게 부담을 주기 때문이다."[170]

비록 독일이 헝가리의 목표를 지지하지는 않았지만,[171] 독일은 트리아농 조약이 얼마나 불공정한지 잘 알고 있었으며 헝가리의 국경선 변경 요구가 어느 정도는 타당하다고 생각하고 있었다. 1928년 베를린 정가에서 두 번째로 중요한 인물이었던 국무장관 슈베르트는 베네시(Edvard Beneš, 1884~1948)와의 회담에서 이 점을 분명히 밝혔다. 베네시가 헝가리를 비난하자 슈베르트는 "헝가리가 매우 불편해하고 있다."라고 말한 뒤 다음과 같이 덧붙였다. "그러나 나는 그들이 불편해하는 원인을 공개적으로 말하고 싶다. 가장 큰 실수는 평화 조약이 헝가리의 영토를 너무 많이 잘라냈다는 것이다."[172] 슈베르트는 베를린 주재 헝가리 대사인 카녀 칼만에게 다음과 같이 말하기도 했다. "헝가리는 독일에 대해 더욱 인내심을 가져야 한다. 국가는 사람과 마찬가지로 완전히 건강해져 원기를 되찾아야만 다른 나라를 도울 수 있기 때문이다."[173] 이것은 독일이 주장하는 최소한의 요구 사항이 충족되지 못할 경우 독일은 외교 정책에 묶여 헝가리의 수정주의를 지원할 수 없다는 것을 의미했다.

헝가리의 수정주의 주장에 대한 독일의 무관심과 몇몇 논쟁적 문제(헝가리에 거주하는 독일 소수 민족의 교육 등) 때문에 헝가리와 독일의 전통적인 우호 관계는 1920년대에 접어들어 상대적으로 서먹서먹하거나 냉랭해지기까지 했다. 코즈머 미클로시(Kozma Miklós, 1884~1941)는 1928년 11월 자신의 전설적인 일기에 다음과 같이 적었다. "독일의 이행 정책과 헝가리의 정책 사이에는 간극이 너무 크다. 헝가리와 독일의 형제애를 밑바탕에 깔고 있는 헝가리 대중의 정신세계는 이런 점을 이해할 수 없다."[174]

1928년 말부터 1930년 초까지 지도부의 인물 교체가 이어졌다. 정부의 수장은 뮐러에서 하인리히 브뤼닝(Heinrich Brüning, 1885~1970)으로 교체되었고, 슈트레제만은 율리우스 쿠르티우스(Julius Curtius, 1877~1948)가 뒤를 이었다가 곧이어 콘스탄틴 폰 노이라트(Konstantin von Neurath, 1873~1956) 남작으로 교체되었다. 외무장관 슈베르트는 베른하르트 폰 빌로우(Bernhard von Bülow, 1849~1929)로 교체되었는데, 이로써 독일 외교 정책이 변화하리라는 점을 시사했다. 슈트레제만과 그의 동료들이 베르사유 조약의 틀을 수용하며 프랑스와 협력하여 독일 동부 국경선을 변경하려 했다면, 새로운 지도부는 국제 시스템 자체를 뒤흔들어 더욱 강력한 국경선 변경을 성취하려 했다는 점이 독일 외교 정책 변화의 핵심이었다. 이러한 변화는 남동부 유럽에서 독일의 무역 정책이 순수한 경제적 성격을 상실하고 점점 독일의 압력을 행사하는 일종의 무기가 되어갔다는 점에서 분명하게 그 모습이 드러났다. 무차별·중립·비개입 정책의 시대는 종말을 고했다. 독일 역사학자 더크 슈테그만(Dirk Stegman)

의 표현처럼 이 시기의 구호는 "다시 독일이 주도하는 경제 질서 아래의 중부 유럽"이었다. 남동부 유럽에 대한 독일의 정책은 전쟁 전과 전쟁 중에 추구했던 다국적 "광역 경제"로 되돌아가고 있었다.[175]

1931년 3월 독일은 갑자기 오스트리아와 관세 동맹을 발표하며 남동부 유럽에 대한 '의사 표명'을 확고히 한 새로운 외교 정책을 선보였다. 동시에 다른 남동부 유럽 국가와의 무역 관계를 재검토하고 조직을 재정비했다. 독일은 이 지역의 불만 사항을 받아들이며 1931년 6월 27일 루마니아와, 7월 18일 헝가리와 무역 협정을 체결했다. 이로써 두 나라는 밀과 가축 수출에 많은 관세 할인을 받게 되었다. 이러한 협정으로 독일은 제삼자에 구속되지 않는 쌍무적 무역 관계 구축을 통해 전제적 지역주의로 나아갔고, 다자간 무역의 최혜국 대우 정책을 벗어났다.[176]

1931년 독일이 남동부 유럽에서 펼친 정치적 공세는 완고한 승전국 집단과의 충돌을 초래했다. 독일은 관세 동맹에서 한발 물러서야 했고, 거의 1년에 걸친 의견 대립 후 특혜 조약도 공포할 수 없게 되었다. 그래서 1930년부터 1932년까지 독일의 야심 찬 동남부 유럽 계획과 현실 정치를 통한 정책 집행 사이에는 상당한 간극이 발생했다. 그러나 독일은 비록 자신의 계획을 추진하지는 못했지만, 다른 지역의 협력 체계를 좌초시킬 만큼 충분한 힘을 가지고 있었다. 프랑스의 후원 아래 도나우 계곡 지역의 정치적·경제적 통합을 이루고 독일의 영향력을 차단하는 브리앙의 1930년 계획과 타르디외의 1932년 계획(후에 영국이 도나우 주변 국가들의 관세 동맹을 제안했던 것과 같은 방식)은 베를린의 저항에 부딪혔다. 독일은 독일을 제외한 도나우 국가들의 경제적 통합은 본질적으로 반독일적인 것으로 간주하고, "독일의 관점에서 정의롭고 지속적인 유럽의 질서를 유지하는 전제 조건은 자연스러운 생활공간을 만족할 만큼 확보하는 것"이라고 주장하며 공개적으로 대립하는 태도를 표명했다.[177]

프랑스와 영국에 대한 독일의 방어 전략 중 매우 중요한 부분이 중부 유럽과 남동부 유럽의 취약점을 활용하는 것이었다. 위기에 처한 도나우 계곡 및 발칸 반도의 국가들이 독일을 배제한 상태에서 문제를 해결하려 할 경우, 동부 유럽의 농업 지역과 중부 유럽의 산업 지역 사이의 밀접한 관계가 끊어질 것이며 정치적으로 현 상태가 더욱 굳어질 가능성이 크기 때문이었다. 이런 관점에서 독일이 주로 믿을 수 있는 곳은 발칸 지역의 소피아와 도나우 지역의 부다페스트였다. 이것은 독일 외교 정책의 맥락에서 헝가리의 위치와 역할이 재고되어야 함을 의미했다. 이와 관련하여 1930년 11월 헝가리 수상 베틀렌 이슈트반이 베를린으로 초청되었다. 그는 전쟁 이후 독일 정부의 환대를 받은 이 지역 최초의 정치인이었다. 그에 대한 독일의 정중한 응대는 많은 얘깃거리를 남겼다. 언론은 헝가리가 트리아농에서 입은 손해, "수 세기"에 걸친 독일과 헝가리의 "공동 운명", "두 나라가 유럽 정치에서 같은 진영"에 속한다는 사실 등을 보도했다. 정치인들의 발언도 같은 기조를 유지했다. 브뤼닝 총리는 "헌신적 우정", "오래된 공동 운명", 헝가리와 독일의 "변함 없는 우정" 그리고 양국의 국가 목표에서 비롯된 공통의 정치적 이익을 강조하며 건배를 청했다. 외무장관 쿠르티우스는 "조약 개정, 군축 등 독일 외교 정책의 가장 중요한 문제가 헝가리 외교 정책과 병행하여 진행"되고 있다고 강조했다. 그는 비록 독일 정부가 새로운 동맹 체제를 구축할 계획은 없지만, "독일과 헝가리 사이에 더욱 강한 신뢰와 상호 원조가 지속"하기를 바란다고 덧붙였다.[178]

사실 동유럽에 관해 독일과 헝가리의 이해관계가 완전히 일치한 것은 아니었다. 폴란드는 헝가리와 우호적인 관계였지만, 독일의 입장에서는 손을 봐야 할 제1차 대상이었다. 반면에 루마니아와 유고슬라비아에 대한 헝가리의 실지 회복 목표는 독일에 별다른 관심사가 아니었다. 부르겐란트 문제에 대해서는 두 나라 사이에 반대 의견이 생길 가능성이 컸다. 따라서 장기적 관점에서 체코슬로바키아에 대해서만 독일과 헝가리의 이해관계가 일치했다. 1932년 11월 부다페스트 주재 독일 전권 공사가 베를린 정가의 지도자들에게 "독일은 평화적인 방법으로 국경선을 변경하려는 헝가리의 희망을 지지한다."라고 선언해야 한다고 말했지만, 베를린은 이를 거부했다. 대신 베를린은 1932년 12월 1일 헝가리 및 국경선 변경에 관한 독일의 새로운 정책을 다음과 같이 요약했다. "독일 외교 정책에서 헝가리는 평화 조약에 규정된 국경선의 변경과 군축이라는 두 가지 주요 정치 문제와 관련하여 자연스러운 동맹으로 생각된다는 사실로 그 중요성이 입증되었다. 이런 점은 독일의 재(再)비상이라는 관점에서 결정적이다. 국경선 변경과 관련하여 구체적인 목표는 다르지만, 전쟁 후 평화 조약에서 그어진 국경선을 깨뜨린다는 점에 대해서는 독일과 헝가리의 입장이 동일하다. 국경선 변경의 구체적인 목표가 다르기 때문에 독일과 헝가리가 같이 행동하기는 어렵다. 따라서 상대방의 적극적인 지지를 기대하기는 쉽지 않다."[179]

국가 사회주의의 남동부 유럽 정책은 바이마르 시대의 도나우 및 발칸 정책을 별다른 수정이나 단절 없이 받아들였다. 즉 1929~1932년의 정치 지도자와 경제 전문가들이 중동부 및 남동부 유럽에 대해 그랬던 것처럼 국가 사회주의 독일 노동자당(NSDAP)의 지도자와 전문가들도 이 지역을 필수적인 요소로 생각했다. 이러한 그들의 생각은 1933~1935년 독일이 헝가리를 포함한 남동부 유럽 국가들과 상호 통상 조약을 체결한 사실에서 잘 드러나고 있다. 이 조약들은 남동부 유럽 국가들의 경제 부흥에 크게 기여했지만, 다른 한편으론 이 국가들이 독일에 노출되는 결과를 낳고 말았다.[180]

1930년대에 헝가리는 독일이 히틀러의 집권으로 헝가리의 국경선 변경을 무조건 지지할 것으로 기대했다. 이러한 희망은 1934년 2월 14일 수상 굄뵈시가 히틀러에게 보낸 편지에 잘 나타나 있다. 굄뵈시는 "오직 강력한 헝가리만이 적대적인 사람들의 부당한 열망을 성공적으로 물리칠 수 있기 때문에" 역사적 헝가리의 재건은 헝가리뿐만 아니라 독일 제국에도 이익이 될 것이라고 적었다.[181] 그러나 헝가리는 또다시 실망하지 않을 수 없었다. 히틀러는 그의 전임자들보다 훨씬 더 이타주의와 거리가 먼 인물이었다. 그는 본질적으로 체코슬로바키아에 한해서만 독일과 헝가리가 어느 정도의 이익을 공유할 수 있다고 생각했다. 히틀러는 이러한 자신의 생각을 1933년과 1935년에는 굄뵈시에게, 1936년에는 호르티에게, 1937년에는 더라니 칼만(Darányi Kálmán, 1886~1939) 수상에게 지속적으로 전달했다. 그러면서 독일이 아무런 조건 없이 헝가리의 수정안을 지지할 의사가 전혀 없다는 점을 세르비아와 루마니아 지도자들

에게 알렸다.[182]

헝가리 국경선 변경에 대한 독일의 유보적인 태도는 헝가리에서 불만과 분노를 자아냈다. 이러한 불만과 분노 그리고 영국의 자극 때문에 1938년 헝가리는 소협상 체제에 접근할지 여부를 심각하게 고민하기 시작했다. 그러나 히틀러는 체코슬로바키아를 해체하는 데에 헝가리가 선동가 역할을 해주기를 기대했다. 즉 헝가리가 무력 충돌을 일으켜 독일이 체코 영토에 개입할 수 있는 빌미를 주기를 원했다. 그 대가로 헝가리는 슬로바키아를 얻게 될 터였다. 그러나 섭정 호르티 미클로시, 수상 임레디 벨러(Imrédy Béla, 1891~1946), 외무장관 카녀 칼만 등 헝가리 지도부는 이러한 행동이 미칠 국제적 영향을 우려해 이 임무를 맡지 않았다. 이러한 행동은 1919~1945년 시기의 가장 위엄 있는 외교적 성과였다는 것이 최근의 평가이다.[183]

헝가리의 거절은 히틀러를 분노하게 했다. 이후 히틀러는 체코슬로바키아에 대한 헝가리의 수정주의 주장을 적당히 유보적인 태도로 지지했다. 앞에 언급했듯이 체코슬로바키아에 대한 헝가리의 수정주의 주장은 무솔리니의 제안으로 뮌헨 협정에 포함되었다. 무솔리니는 로마에 파견된 헝가리 전권 공사에게 독일이 헝가리 문제에 대한 자신의 제안을 온건하게 지지했고, 슬로바키아 문제는 전혀 지지하지 않았다고 통보했다.[184] 나중에 헝가리-슬로바키아 협상에서 히틀러는 헝가리를 제한된 수준으로 지원했다. 1938년 10월 14일 히틀러는 더라니 칼만에게 다음과 같이 말했다. "전쟁이 있었다면 헝가리가 슬로바키아 전체를 차지했을 것이다. 이제 우리는 그 가능성을 조정해야 한다. 슬로바키아는 독립을 원하며, 무엇보다도 헝가리와 통합하기를 원하지 않는다."[185] 그러면서 히틀러는 진정한 헝가리의 영토만을 헝가리에 재병합하는 것을 지지한다고 말했다.

제1차 빈 중재 판정 이후 슬로바키아와 서브카르파티아 지역에 대한 독일과 헝가리의 의견도 일치하지 않았다. 헝가리는 이 지역을 되찾고 싶어 했지만, 히틀러는 이 지역을 해체함으로써 자신의 영향력을 극대화하고자 했던 것이다. 히틀러는 헝가리의 제국주의 사상을 절대 받아들일 수 없었다. 부다페스트 주재 독일 전권 공사 마켄젠(Hans Georg von Mackensen, 1883~1947)은 1939년 2월 2일 다음과 같이 기록했다. "헝가리는 자신의 힘이 제국주의 정책을 추구하기에 충분하지 않다는 점을 잘 인식해야 한다. 헝가리가 성(聖) 이슈트반의 제국 국경에 집착하는 것은 포조니(브라티슬라바)가 한때 로마 제국에 속했다는 이유로 이탈리아가 포조니를 요구하는 것과 다를 바 없다."[186] 일련의 과정에 참여하기 위해, 그리고 헝가리가 독일 국가 사회주의 조직인 폴크스분트를 승인한 것과 반코민테른 조약에 가입한 것 등의 특정 조치에 대한 보상으로 히틀러는 체코슬로바키아가 해체되자 최종적으로 헝가리의 서브카르파티아 지역 재병합을 허락했다.

헝가리와 불가리아에 같은 조치를 행한 1939년 이후 독일의 남동부 유럽 정책은 루마니아와 유고슬라비아를 스스로에 묶어두는 것이었다. 이러한 이유 및 경제적 연계를 해치지 않기 위해 베를린은 루마니아와 유고슬라비아에 대한 헝가리와 불가리아의 수정주의 목표를 장려하지 않았다. 1939년 4월 13일 루마니아가 서방(영

국-프랑스)의 독립 보장 약속을 받아들인 후에도 헝가리와 불가리아
의 수정주의 목표를 방해하는 독일의 태도는 바뀌지 않았다. 루마니
아의 행동이 베를린을 불쾌하게 했지만, 외무부는 경제적 연계 특히
루마니아산(産) 석유의 수입을 방해하지 않는 것이 더 중요하다고
평가했다.[187]

　헝가리는 영토 문제를 수면 아래에 두고 유고슬라비아와 화해한
다는 취지에서 독일의 태도를 받아들였다. 그러나 루마니아에 대해
서는 영토 문제가 "이번 전쟁이 끝나기 전에 해결"되어야 하는 문제
임을 강력하게 주장했다. 히틀러는 발칸 반도의 평화를 강조하며
1940년 여름까지 헝가리의 요구를 일축했다.

　독일은 전쟁 발발 시기부터 1940년 6월 프랑스가 항복할 때까지
루마니아에 대한 헝가리와 불가리아의 수정주의 목표를 완강히 거
부했다. 오히려 이 문제를 논의조차 하지 않으려 했다. 헝가리 정부
는 수정주의 목표를 인정받기 위해 여러 노력을 기울였지만, 모두
실패했다. 1940년 4월 텔레키는 히틀러에게 남동부 유럽 문제를 해
결하기 위해 독일-이탈리아-헝가리 협상을 개시하자는 서신을 보
냈지만, 이 역시 받아들여지지 않았다. 히틀러는 서부 전선 작전이
끝날 때까지 베르사유 조약이 정한 국경선을 유지하자고 주장했다.
히틀러는 헝가리와 불가리아의 모든 행동을 무자비하게 억압했다.
이들의 행동이 남동부 유럽의 평온을 위태롭게 할 수 있으며, 결국
루마니아산 석유의 수송을 어렵게 할 우려가 있기 때문이었다.[188]

　1940년 6월 26일 소련이 최후통첩을 보낸 뒤 베사라비아와 부코
비나 북부 지역을 점령하자 루마니아-헝가리 분쟁에 대한 히틀러의

태도가 바뀌게 되었다. 소련이 발칸 반도에 모습을 보인 것은 이 지역 침투를 위한 첫 단계였으며, 독일의 전략적 이익을 침해했다. 독일은 루마니아에 대한 소련-헝가리 연합 작전의 가능성, 이로 인해 독일이 처하게 될 불리한 상황, 특히 석유 수송에 차질을 빚게 될 가능성을 고려해야 했다. 독일군 우익이 소련에 대항하여 작전을 개시하려면, 남동부 유럽 전략을 위태롭게 할 수 있는 불안 요소를 제거하는 것이 급선무였다. 헝가리-루마니아 영토 분쟁과 불가리아-루마니아 영토 분쟁이 그러한 불안 요소였다. 소련에 대한 공격에 성공하기 위해 독일은 가용할 수 있는 모든 자원을 최대한 활용할 필요가 있었다. 헝가리, 루마니아, 불가리아 영토는 전략적으로도 매우 중요했다. 특히 독일군이 동남쪽으로 이동하기 위해서는 헝가리를 관통해야만 했다. 히틀러는 독일이 헝가리 지도부의 수정주의 목표를 최소한 부분적이라도 만족하도록 해야만 독일군이 헝가리를 관통하는 철도를 이용하여 진격할 수 있다는 것을 잘 알고 있었다. 이러한 이유로 1940년 7월 10일 히틀러는 치아노 및 헝가리 정부 대표들과 루마니아에 대한 헝가리의 주장에 관해 논의했다. 회의는 뮌헨에 있는 총통 공관에서 이루어졌다.

회의는 헝가리 대표단의 단장인 수상 텔레키 팔의 발언으로 시작되었다. 텔레키는 헝가리가 트란실바니아 또는 그 일부를 포기할 수 없는 이유를 상세히 설명했다. 그는 헝가리가 루마니아와 전쟁을 하려는 의도는 없다고 강조했지만, 트란실바니아의 헝가리인이 위험에 처할 경우에는 즉시 군사 행동을 개시할 것이라고 말했다. 히틀러는 "헝가리가 자국의 힘만으로 루마니아에 대항할 수 있다면,

그리고 그러한 행동이 초래할 결과에 대해 책임질 준비가 되어 있다면 루마니아에 대한 헝가리의 군사 행동을 가로막을 것은 아무것도 없다."라고 역설적으로 답했다. 그리고 군사 작전이 실패로 끝나 예상치 못한 혼란이 이어져도 헝가리는 자신 외에 다른 누구도 비난해서는 안 되며 추축국도 간섭하지 않을 것이라고 덧붙였다. 히틀러의 행동은 텔레키와 그의 동료들을 혼란스럽게 했다. 히틀러는 독일이 헝가리의 주장에 공감하고 있다며 다시 한번 헝가리를 확신시켰지만, 재차 군사 행동을 삼가는 것이 좋겠다고 권고했다. 그리고 헝가리가 협상을 통해 단계적으로 목표를 달성하는 것이 최선책이며, 루마니아 왕 카롤 2세에게도 똑같이 행동해 달라고 요청하겠다고 말했다. 리벤트로프는 루마니아 외무장관이 부쿠레슈티 주재 독일 공사에게 루마니아는 이미 대화할 준비가 되어 있다고 말했다고 덧붙였다.[189]

히틀러는 약속을 지키는 차원에서 7월 15일 루마니아 왕에게 편지를 보냈다. 편지는 압박과 위협으로 카롤 2세를 회유하면서, 많은 대가를 치르더라도 헝가리 및 불가리아와 협정을 맺는 것이 루마니아가 취할 수 있는 유일한 방법이며, 헝가리가 모든 것을 돌려 달라고 요구하는 것은 아니며 타협을 받아들일 용의가 있다는 내용으로 되어 있었다.[190]

루마니아는 영토를 대규모로 양보하는 것을 피하기 싫었기 때문에 시간을 벌기 위해 노력했다. 이러한 상황은 부쿠레슈티 주재 헝가리 대사 바르도시 라슬로가 1940년 7월 17일 보낸 전보에 잘 나타나 있다. "몇 가지 정보를 바탕으로, 루마니아 측이 뮌헨 회의가 헝가리에 불리한 것은 아니지만 루마니아도 최소한 시간을 벌었다고 평가하고 있음을 보고한다. 많은 사람을 위협하던 심각한 무력 충돌의 위험이 사라졌으므로, 루마니아는 독일의 호의를 얻고 국민의 신뢰 회복과 용기를 일깨우기 위해 이 시간을 활용하려고 한다. 따라서 루마니아 정부는 정치적·경제적 측면과 각 인사의 선발에 있어 독일의 기대를 완전히 충족시키기로 결의했다."[191] 히틀러의 편지에 대한 답장은 며칠 후 작성되어, 7월 26일 루마니아 수상 지구르투와 외무장관 마노일레스쿠가 히틀러에게 전달했다.

협상 과정에서 리벤트로프는 루마니아가 사소한 국경 조정만 받아들이려 한다며 루마니아의 완고함에 불쾌감을 표시했다. 루마니아 수상은 제한된 범위의 국경 조정과 사람의 이동은 받아들일 수 있지만, 대대적인 국경선 변경은 불가능하다고 답변했다. 다음날의 협상에서 히틀러는 매우 공격적으로 나왔다. 히틀러는 당사자들이 직접 협상해야 하며, 독일은 국민 투표 준비나 지역의 민족 비율 조사 등에 참여하지 않을 것이라고 강조했다. 그러면서 천 년이나 된 소위 성(聖) 이슈트반의 국경을 되찾아야 한다는 헝가리의 주장은 당연히 불가능하다고 덧붙였다. 리벤트로프는 헝가리가 1919년에 상실한 영토의 절반 정도를 돌려받는 것이 좋겠다고 첨언했다. 히틀러가 루마니아는 어느 정도 영토를 양보할 수 있는지 묻자, 지구르트는 앞서 논의한 14,000km^2 정도라고 대답했다. 논의의 마지막 단계에서 마노일레스쿠가 히틀러에게 만약 양국 협상이 실패할 경우 독일이 중재해 줄 수 있는지 물었다. 히틀러는 "불가"라고 대답했다.[192]

7월 30일 부다페스트 주재 독일 공사는 헝가리 외무장관에게 7월 26일의 독일-루마니아 회담 내용을 전달했다. 그는 루마니아 정부가 양자 직접 협상이 바람직하다는 독일의 조언에 긍정적인 반응을 보였다고 말했다. 7월 31일 루마니아 왕실 회의는 위의 내용을 결의했다.[193] 결국 헝가리-루마니아 분쟁은 헝가리-체코슬로바키아 분쟁과 마찬가지로 전쟁이나 중재 또는 국민 투표 대신에 당사자 사이의 양자 회담을 통해 해결책을 모색하게 되었다.

9. 투르누 세베린(쇠레니바르) 협상

루마니아와 헝가리의 협상은 쉽게 시작되지 않았다. 헝가리는 루마니아가 회담을 개시하기를 기다렸지만, 루마니아는 제안을 서두르지 않았다.

7월 31일 루마니아 왕실 회의의 결정에 따라 이탈리아 주재 루마니아 대사인 보시(Bossy)가 부다페스트로 파견되었다. 그는 8월 7일 부다페스트에 도착했다. 보시의 임무는 헝가리 정부의 기대치를 파악하고, 헝가리가 협상 의사가 있다면 루마니아에 협상단을 파견해 달라고 제안하는 것뿐이었다. 그러나 텔레키와 차키는 보시에게 헝가리의 요구를 수용하고 이를 루마니아 정부에 전달하게 함으로써 협상이 시작되기 전에 루마니아에 일정한 의무를 지우고자 했다. 텔레키는 회담 자리에서 보시에게 정치 각서를 내밀었다. 각서에는 루마니아가 헝가리의 영토 협정을 수락한다면 헝가리도 루

마니아와 협정을 맺을 용의가 있다고 적혀 있었다. 국민 교환 문제
는 루마니아 전체 영토에 걸쳐 루마니아인은 루마니아로 헝가리인
은 헝가리로 이동하며, 협정에 따라 구(舊)루마니아 왕국과 신(新)
루마니아 사이의 구별은 전혀 없을 것이라는 점도 밝혔다. 루마니
아 정부가 이러한 절차를 받아들인다면 헝가리는 새로운 국경선을
제시할 것이다. 각서는 다음과 같이 언급하며 끝을 맺었다. "오해를
피하기 위해 헝가리 정부는 이 부분에 대해 협상을 할 의사도, 협상
을 할 수도 없음을 명확히 밝힌다. 헝가리 정부는 합리적으로 수용
할 수 있는 국경선, 진정한 의미의 합의에 부합하는 국경선을 제시
할 것이다."[194]

　　보시는 이 정치 각서를 공식적으로 접수하려 하지 않았다. 그는
헝가리 협상단이 여러모로 설득한 끝에 단지 개인 자격으로 이 문서
를 읽었다. 그리고 협상 개시일에 대해 애매한 답변을 내놓았다. 모
든 정황으로 볼 때 루마니아가 시간을 끌려고 한다는 점이 명백했
다. 결국, 8월 8일 보시 대신 바르도시가 이 문서를 루마니아 정부에
전달했다. 보시의 거절 행위 때문에 사전 준비 회의는 상당히 냉랭
한 분위기에서 진행되었다. 헝가리 언론은 루마니아가 시간을 끌고
있다며 강도 높게 비난하면서, 보시의 임무에 내포된 진의와 그의
권한 범위에 의문을 제기했다.[195]

　　루마니아 외무장관 마노일레스쿠는 8월 10일 헝가리의 정치 각
서에 답변했다. 그는 국민 교환 문제가 앞으로의 협상을 이끌 유일
한 원칙이며, 모든 영토 문제는 이 원칙에 근거하여 진행할 것이라
고 언급했다. "국경선 변경은 기회가 될 것이며…… 양국의 거주 공

간을 확대할 것이다." 그는 협상 개시를 주저하지 않았다. 실제로 그는 여러 협상 장소를 제시하기까지 했다.[196] 헝가리 정부의 답변은 8월 12일 부쿠레슈티에 전달되었다. 이 답변에서 헝가리는 루마니아의 접근 방식을 거부했지만, 루마니아 정부의 협상 준비와 영토 이양을 완고하게 거부하지 않은 점을 높이 평가했다. 헝가리는 루마니아의 답변 중 한 문장을 강조하며, 두 나라가 민족적 관점에서 동질적 위치에 도달하여 최대한의 민족적 통합을 이루는 것이 바람직하다고 덧붙였다. 헝가리는 협상 장소로 시너여(시나이아)를 제안했고, 이전에 바르샤바와 부쿠레슈티에서 대사로 근무했던 호리 언드라시(Hóry András, 1883~1971)를 전권 대사로 임명했다. 이튿날 양 정부는 루마니아의 제안에 따라 8월 16일에 시너여 대신 투르누세베린에서 회담을 개최하기로 합의했다.[197]

　마침내 루마니아-헝가리 협상이 8월 중순에 열리게 되었다. 그러나 헝가리 정부는 이 협상에 큰 기대를 걸지 않았다. 헝가리의 최소 요구 사항이 이미 트란실바니아 지역의 반 이상을 포함하고 있었고, 헝가리가 자체 무력으로 이러한 요구 사항을 뒷받침하지 못하거나 추축국의 지원이 없다면 루마니아는 헝가리의 요구를 들어주지 않을 것이기 때문이었다. 헝가리의 군사적 압박은 독일의 금지령 때문에 불가능했고, 히틀러가 거듭해서 루마니아-헝가리 협상에 개입하지 않겠다고 밝혔기 때문에 독일의 직접적인 지원도 기대할 수 없었다.

　이런 상황에서 헝가리는 이탈리아에 의존할 수밖에 없었다. 무솔리니가 독일과의 합의에도 불구하고 발칸 지역에서 무력 충돌을 준비하는 징후가 있었기 때문이다. 헝가리 정부는 이탈리아가 군대를 동원하고 헝가리가 이에 협력하는 경우 루마니아가 헝가리의 요구를 받아들이지 않을 수 없을 것으로 생각했다. 헝가리-루마니아 협상 준비를 위한 예비 회의가 추진되고 헝가리 언론이 양국의 협력 여부에 관한 기사를 게재하는 와중에도 헝가리 정부는 이탈리아-유고슬라비아 전쟁 가능성에 대해 비밀 회담을 진행했다. 헝가리는 이탈리아의 도움을 기대하며 이탈리아에 군사적 지원을 하기로 결정했고, 이를 통해 루마니아가 헝가리의 영토 요구에 신속하게 따르기를 바랐다. 루마니아와 합의가 이루어지지 않은 상태에서 유고슬라비아에 대한 이탈리아의 공격이 실제로 발생한다면 그것을 루마니아에 대한 무력 행동의 근거로 삼을 수 있을 터였다. 치아노는 무솔리니가 로마에 부재중이던 8월 16일에 군사 담당관 서보 라즐로를 만났다. 그는 헝가리 정부의 메시지에 구체적인 답변을 내놓지 않으면서, 유고슬라비아 공격이 실제로 계획된 것은 아니지만 전반적으로 헝가리의 의도가 나쁘지 않으므로 무솔리니에게 그대로 전달하겠다고 언급했다. 치아노는 처음부터 히틀러가 이탈리아의 유고슬라비아 공격에 동의하지 않을 것으로 생각했다. 그리고 8월 16일 그는 자신의 걱정을 뒷받침할 만한 정보를 가지고 있었다. 영국이 굴복하기 전까지 유고슬라비아를 포함한 다른 어떤 나라와도 분쟁을 일으키지 말아 달라는 리벤트로프의 메시지가 와 있었던 것이다.

헝가리는 이탈리아-유고슬라비아 분쟁 가능성에 대한 희망을 더이상 고수할 수 없게 되었다. 결국, 이탈리아를 돕겠다는 제안에도

불구하고 영토 문제에 관한 한 헝가리는 루마니아와의 협상에서 우위를 점할 수 없었다.[198]

이탈리아와 헝가리의 협상이 진행되던 1940년 8월 14일, 소규모 헝가리 대표단을 태운 투르누 세베린행(行) 선박이 출발했다. 대표단은 호리 언드라시, 우이사시(Ujszászy István, 1894~1948) 대령, 부쿠레슈티에서 돌아온 바르도시 라슬로 대사, 그리고 약간의 비서로 구성되었다. 8월 11일 헝가리 대표단은 외무장관 차키에게 헝가리가 취해야 할 태도에 대해 지시를 받았다. 다음은 호리가 당시 상황을 언급한 것이다. "트리아농에서 헝가리에 강요한 입장을 우리가 대변할 수 없다는 점은 도덕적으로도 허용될 것이다. 우리는 민족적 조건에 기반을 둔 합리적이고 양심적이며 루마니아도 받아들일 수 있는 방안을 제시하려 한다. 우리는 트란실바니아 전체를 주장하는 것이 아니라, 헝가리인이 거주하는 지역은 다시 헝가리의 영토가 되고 루마니아인이 거주하는 지역은 루마니아의 영토가 되도록 트리아농 국경선을 변경하려는 것이다. 이렇게 하면 페트로샤니(페트로제니), 아니나, 레시차 등 광물과 석탄이 풍부한 지역, 트란실바니아에서 경제적으로 가장 가치 있는 지역들이 루마니아에 귀속되며, 우리는 돌 하나하나에 헝가리의 역사가 살아 숨 쉬는 여러 도시를 포기하게 되는 것이다. 그러나 이 해결책은 루마니아가 쉽게 수용할 수 있는 방안이며, 우리에게도 이익이 되는 방안이다. 수백만 명의 루마니아인을 받아들이는 것은 헝가리에도 득이 되지 않기 때문이다. 우리는 이러한 원칙에 따라 국경선을 그었다. 이 선은 대체로 머로시(무레슈)강을 따라가지만, 세케이 지역은 헝가리에 포함된다."[199] 이러한 '머로시 국경선' 계획은 이전의 '넓은 회랑 지대'의 변형이라 할 수 있었다.[200]

다음날인 8월 12일 호리는 수상 텔레키도 만났다. 수상은 루마니아가 새로운 국경을 받아들이지 않을 것이라며 우려를 표명했다. 수상은 "이런 점을 고려해서 루마니아에 조금 더 유리한 해결책을 제시할 수도 있지만, 남쪽 국경선을 조금 더 북쪽으로 긋더라도 세케이는 헝가리의 영토가 되도록 해야 할 것"이라고 덧붙였다. 이것은 '넓은 회랑 지대'를 최소한도로 변형한 형태라 할 수 있었다. 텔레키는 트란실바니아의 자치는 받아들일 수 없는 선택이라고 강조했다. "헝가리인의 재정적 파산이 발생하지 않고 폭력에 의해 헝가리인이 감소하기 전인 1919년이었다면 자치권에 관한 논의가 가능했을 것이다. 그러나 지난 20년간 루마니아 제국이 소수 민족에 어떤 영향을 미쳤는지 잘 보여주듯이, 자치권이 해결책이 될 수 없을 정도로 모든 상황이 헝가리인에게 불리하게 변했다." 루마니아가 세케이를 재배치하는 것에 대해서는 더욱 단호하게 반대했다. "그런 실험은 끔찍한 유혈 사태를 초래할 것이다. 우리 형제들을 학살하도록 놔둘 수는 없다. 우리가 개입해야 한다."[201]

헝가리 대표단을 태운 선박 소피아호(號)가 8월 16일 투르누 세베린에 도착했다. 루마니아 대표단의 수장인 전(前) 장관 발레르 포프(Valer Pop)가 헝가리 대표단을 환영했다. 그의 제안에 따라 곧바로 협상이 시작되었다. 양쪽 모두 화해 의사가 없는 듯했고, 협상은 이전에 두 나라가 추축국과 맺었던 협상과는 전혀 다르게 전개되었다. 루마니아 대표단이 헝가리 대표단의 권위를 문제 삼으며 온종일

시간을 허비하기도 했다. 그런 다음 루마니아가 "국민 교환"의 세부
사항에 대해 먼저 조율을 완료하여 의무 사항으로 만든 뒤 영토 문
제를 논의하자고 제안했다. 사람 숫자가 결정되어야 국경 지역 변경
에 관한 논의가 가능하다는 주장이었다. 헝가리 대표단은 영토 변경
에 관한 합의가 먼저 이루어져야 하며, 이론적으로 합의된 인원의
자발적 이동에 관한 사항은 그 다음에 논의되어야 한다고 주장했다.
그러면서 당초 주장했던 72,000km^2에서 브라쇼브 평원을 포기하여
3,000km^2가 줄어든 69,000km^2의 영토에 대한 영유권을 주장했다. 이
주장의 핵심은 세케이인이 살고 있는 지역을 헝가리로 이전해야 한
다는 것이었다. 협상 첫날 이러한 주장에 대한 구체적인 반론은 없
었다. 그러나 헝가리 군사 담당관이 입수한 정보에 따르면 루마니아
는 헝가리 국경선을 따라 50km 넓이의 지역만을 헝가리에 이양할
방침이었다.[202]

  합의의 가능성은 없어 보였다. 이후 두 번의 회의가 진행되었지
만, 결국 협상은 결렬되고 말았다. 두 번째 회의는 30분 만에 끝날
정도였다. 사흘 뒤인 8월 19일 협상이 재개되었다. 루마니아는 헝가
리가 국민 교환을 협상의 기본 전제로 받아들여야만 회의를 계속할
수 있으며, 영토 이양은 국민 교환에 따라 필요한 정도까지만 고려
할 수 있다는 입장이었다. 발레르 포프는 말끝마다 국민 교환을 통
해서 협의를 진행하는 것만이 유일한 해결책이라고 강조하면서, 영
토에 관한 루마니아의 여론을 받아들이기 위해서라도 자신은 절대
굽히지 않을 것이라고 말했다. 특히 세케이 지역에 대해서는 양측의
불꽃이 튀었다. 호리는 다음과 같이 회상했다. "루마니아가 우리 주

장의 핵심인 이 부분에 대해 절대 양보하지 않으리라는 점을 포프의 말을 통해 명백히 알 수 있었다."[203] 헝가리는 루마니아의 제안을 받아들이지 않았다. 양측은 각자의 입장을 고수할 뿐이었다. 발레르 포프가 또 다른 성명을 발표한 후 회담은 다시 중단되었다. 루마니아의 성명은 다음과 같다. "루마니아 정부는 이전 성명에서 발표한 내용에 어떤 것도 추가하거나 철회할 의사가 없다. 헝가리는 민족적 원칙을 전혀 고려하지 않고 영토 요구만을 하고 있다. 반면, 루마니아는 민족적 원칙을 기반으로 국민 교환을 통해 영토의 변경까지 고려하고 있다. 세케이 문제 역시 국민 교환의 기조 위에 해결할 수 있다. 이를 협상의 기본 전제로 받아들일지 말지는 헝가리 정부에 달려 있다."[204]

이후로 양국의 상황은 극도로 긴박해졌다. 협상이 계속되더라도 양국의 합의는 불가능하다는 것이 명백해졌다. 투르누 세베린 협상이 결렬된 후 발레르 포프는 부쿠레슈티 주재 독일 대사에게 루마니아의 완고한 행동에 대해 다음과 같이 설명했다(파브리치우스 보고서에서 해당 내용을 읽을 수 있다). "루마니아 정치가들은 오버잘츠베르크에서 독일 제국이 단순히 루마니아의 영토를 양도하도록 강요할 의사가 없다는 것을 알게 되었다. 히틀러 총통은 인접한 모국과 재결합하는 것을 막을 수 없는 민족적 요소에 대해 언급했다. 루마니아 정부는 총통의 연설에서 순혈의 루마니아인이 살고 있는 지역을 단지 예전에 헝가리에 속했었다는 이유만으로 다시 헝가리로 이양하는 것을 독일이 원하지 않는다고 결론지었다. 총통은 헝가리인은 국경 지역으로, 루마니아인은 내부 지역으로 이동해야만 합의에 도달할 수 있다고 생각하고 있다."[205] 루마니아 정부는 7월 26일 히틀러와 회담했던 내용을 자신들이 올바르게 해석하고 있다고 확신하고 있었기 때문에 투르누 세베린 협상이 재차 연기된 다음 날 베를린 주재 자국 대사를 통해 히틀러에게 중재자로 다시 개입해 줄 것을 요청했다. 이 개입은 다가올 사건에서 매우 중요한 변수가 되므로 국무부 차관보 뵈르만의 말을 살펴볼 필요가 있다. "오늘 루마니아 대사가 최근 부쿠레슈티에서 출판된 지도책을 나에게 주었는데, 거기에 1857년부터 1930년까지 제작된 루마니아의 민족 분포 지도, 특히 트란실바니아 지역에 살고 있는 독일인, 이탈리아인, 헝가리인의 민족 분포 지도가 실려 있었다. 그는 의전 국장이 독일 외무장관에게 준 사본도 언급했다. 그는 나에게 이 지도에 근거한 헝가리의 요구가 얼마나 용납할 수 없는 일인지 독일 외무장관에게 설명해 달라고 부탁했다. 이러한 요구를 받아들인다면 240만 명의 루마니아인이 헝가리로 이동해야 하는 데 반해 겨우 18만 명의 헝가리인이 루마니아에 남게 된다. 결국, 헝가리의 행위로 인해 총통이 할 수 있는 유일한 일은 중재가 될 것이다. 나는 헝가리가 원하는 것에 대한 자세한 설명은 생략하고, 이미 잘 알려져 있는 중재에 관한 우리의 입장을 다시 한번 언급했다. 대사는 독일이 개입하지 않는다면 이 문제는 해결할 수 없다고 말했다. 중재에 대한 대안은 불가리아 문제에서처럼 평의회가 될 것이다. 나는 그러한 제안을 거절하며 내 입장을 고집했다. 로말로(Alexandru Romalo, 1892~1947) 씨는 불가리아의 영토 요구에 호의적인 의견을 가지고 있었다."[206]

헝가리 정부는 자신들의 주장에 대해 루마니아 정부보다 비관적

이었다. 8월 20일 헝가리 대표단이 투르누 세베린에서 부다페스트
로 돌아왔다. 수상 텔레키는 상황이 절망적이라고 생각했다. 그는
받아들일 만한 제안이 더 이상 나오지 않을 것으로 예상했기 때문에
협상을 계속하는 것이 의미가 없다고 생각했다. 그는 무력만이 이
문제를 해결할 수 있는 유일한 방법이라고 생각했지만, 독일의 반대
때문에 그 방법을 선택할 수는 없었다. 그러나 협상이 재개되고 루
마니아가 역시나 헝가리의 요구를 받아들이지 않는다면, 비록 헝가
리의 무력 사용이 참담한 결과를 초래하게 되더라도 군대를 출동시
켜야겠다고 결심했다. 그럼에도 그는 헝가리의 공격이 불러일으킬
혼돈을 막기 위해 히틀러가 개입하여 루마니아 정부가 헝가리의 주
장을 받아들이도록 압박해 주기를 원했다. 그는 루마니아가 단지
전술적인 차원에서 행동할 뿐이며 해결책을 원하지 않는다는 점을
외교적인 수단을 통해 독일 정부에 알리고자 노력했다. 상황이 극도
로 긴박했기 때문에 헝가리가 효과적으로 추축국의 도움을 받지 못
한다면 루마니아의 행동은 두 나라의 충돌로 이어질 가능성이 높았
다. 헝가리는 추축국에 중재를 요청할 생각이 없었지만, 루마니아는
중재를 요청하려 했다. 이렇게 될 경우 헝가리는 유리한 쪽으로 사
전 약속을 받는 경우에만 해결책을 받아들일 수 있을 터였다. 헝가
리가 자국의 군사력을 확신하며 무장 공격을 두려워하지 않기 때문
에 희생을 감수해야 하는 쪽은 헝가리가 아니라 루마니아라고 으름
장을 놓아도 그렇게 효과가 있을 것 같지는 않았다.[207]

　루마니아 정부와 합의한 일정에 따라 8월 23일 호리는 다시 투르
누 세베린을 방문했다. 헝가리는 60,000㎢ 정도로 요구 사항을 낮

추었지만, 그 이상의 양보는 허용할 수 없었다. 헝가리는 우선 국경 선을 긋고 그 결과에 따라 국민 교환을 논의하는 것이 앞으로의 논의를 위해 필수적이라고 강조했다. 루마니아의 주장은 정반대로, 국민 교환이 우선이며 그 기반 위에 영토의 조정이 이루어질 수 있다는 입장이었다.[208]

이렇게 양측 모두 기존 입장을 반복함으로써 투르누 세베린 협상은 완전히 무산되었다. 헝가리 대표단이 떠나기 전에 발레르 포프는 소피아를 방문하여 입장을 조정한 뒤 루마니아 정부가 국경에 관해 구체적인 제안을 할 의향이 있다고 말했다. 그 제안은 국민 교환에 기초하여 정교하게 이루어질 것이며, 트란실바니아에 거주하는 모든 헝가리인(세케이인은 제외)에게 적용되고, 국경선은 트란실바니아에서 헝가리인이 실제로 이주하는 것에 따라 달라진다는 내용이었다. 발레르 포프는 공식적 입장은 아니지만, 세케이 문제도 기꺼이 제안할 수 있다고 얘기했다. 즉 세케이인의 광범위한 자치권과 영토 재배치 문제까지 포함할 수 있다는 것이다. 그렇지만 이러한 그의 제안은 아무것도 바꿀 수 없었다.[209]

상황이 나아지지 않는 것에 심기가 불편했던 텔레키는 무력 행동만이 이제 남아 있는 유일한 방안이라고 생각했다. 무력 행동은 피할 수 없는 상황이었지만, 만일 독일이 그것을 잘못된 행동이라 생각하여 헝가리에 등을 돌리게 된다면 그것은 헝가리에 재앙이 될 터였다. 협상이 결렬된 그 날 헝가리 정부는 루마니아에 대한 공격에 대비해 몇 가지 조치를 취했다. 농작물 수확을 위해 휴가를 떠난 병사들이 소집되고, 3대대·4대대·7대대 이렇게 3개 군단이 배치되었다. 그리고 2군의 우측에 3군이 편성되었다. 2군과 3군은 루마니아가 헝가리의 조건을 받아들이지 않는 경우 28일에 출동할 수 있도록 준비하라는 명령을 받았다. 40만 명의 병사가 무장을 마치고 대기 상태에 들어갔다. 동시에 부다페스트에서는 대규모 대공 공격 준비가 진행되었다.[210]

무장 공격을 준비하는 동안 루마니아를 압박하기 위한 외교적 조치도 취해졌다. 8월 23일 베오그라드 주재 헝가리 대사는 헝가리 정부의 지시에 따라 유고슬라비아 정부에 헝가리-루마니아 무력 충돌 시 유고슬라비아가 중립을 유지할지 여부를 문의했다. 유고슬라비아는 헝가리와 루마니아 두 나라 모두와 우호적인 관계를 유지하고 있으므로 자신들의 입장은 강대국의 결의에 따라 결정될 것이라고 답변해 왔다.[211]

같은 날 모스크바 주재 헝가리 대사 크리스토피 요제프도 즉시 몰로토프를 비밀리에 만나라는 지시를 받았다. 헝가리-루마니아 협상이 루마니아 때문에 실패할 것이므로 무장 공격만이 유일한 해결책이라는 입장을 전하고, 두 나라가 무력 충돌 시 헝가리가 소련의 우호적 행동을 기대할 수 있을지 물어보라는 내용이었다. 크리스토피는 1940년 8월 24일 저녁에 몰로토프를 만났다. 그들의 대화 내용을 담은 전보가 다음날 아침 부다페스트에 도착했다. 크리스토피는 몰로토프의 답변을 다음과 같이 전했다. "헝가리-루마니아 문제에 관한 소련의 입장은 몰로토프가 이전에 나에게 말한 내용과 달라진 것이 없다. 소련은 우리의 요구가 타당하다고 생각하고 있으며, 다가올 사건에서 소련의 태도는 헝가리에 호의적일 것이다." 그러나 그는 소련의 태도가 가져올 실질적인 결과에 대해서는 말하지 않았다. 그리고 그는 소련 언론이 헝가리-루마니아 문제에 관해 소련의 입장을 보도하는 것은 옳지 않다고 생각했다. 그는 군대의 이동에 관한 문제도 언급하지 않았다. 크리스토피의 보고서는 다음과 같이 끝을 맺고 있다. "몰로토프는 베르사유와 트리아농의 결정에 따라 생겨난 루마니아가 이상적이라고 생각해 본 적이 없으며 이렇게 생겨난 루마니아는 헝가리 못지않게 러시아와 불가리아에도 해를 끼친다는 점을 헝가리 정부가 확신해야 한다고 말하면서 논의를 마무리했다."[212]

그러나 루마니아와 헝가리가 전쟁을 시작하면 러시아가 몰다비아를 침공할 것이라는 소문이 돌고 있었고, 독일과 루마니아 왕 카롤 2세는 러시아에 대해 완전히 다른 의견을 가지고 있었다. 그들은 러시아가 몰다비아와 왈라키아로 진격하여 루마니아를 말살하고 중요한 유전 지역을 확보하며 이스탄불까지 진격하려는 의도로 헝가리와 루마니아의 불화를 선동하고 있다고 생각했다. 8월 25일 카롤 2세는 히틀러에게 긴급 메시지를 보내 러시아의 침공 위협을 강조하며, 합의에 도달할 수 있도록 헝가리를 설득해 달라고 부탁했다. 그는 히틀러에게 중재를 요청하지는 않았지만, 헝가리와 불가리아의 요구 사항이 일반적 기준 내에 머물 수 있도록 영향력을 발휘해 달라고 요청했다.

8월 26일 헝가리 외무장관 차키는 부다페스트 주재 독일 대사를 만나 헝가리와 루마니아가 충돌 시 독일이 이에 반대할 것인지 우호적 중립을 유지할 것인지에 대해 헝가리 정부가 독일 정부에 질문할 예정이라고 말했다. 한편 베를린 주재 루마니아 대사는 같은 날 오후 5시에 독일 외무부에 루마니아 정부는 독일이 헝가리-루마니아 문제를 기정사실로 하지 않길 바란다는 의견을 전달했다. 이미 루마니아 수상과 외무장관은 추축국이 중재자로서 양측의 주장을 경청하고 사실과 현안을 총체적으로 고려하여 중재안을 제안하면 이를 받아들이겠다는 입장을 밝히고 있었다. 따라서 루마니아 외무장관에게는 총통이나 독일 외무장관을 직접 만나 루마니아의 입장을 직접 얘기할 기회를 얻는 것이 유리한 상황이었다. 파브리치우스 대사가 직접 가져간 정치 각서는 루마니아의 입장을 간략히 요약한 것이어서 이러한 목적에는 적합하지 않았다. "루마니아 정부는 추축국 대표의 지시를 따른다."[213] 독일은 무슨 수를 써서라도 발칸의 위기를 피하고 싶었다. 중재는 언급조차 되지 않았다. 독일은 루마니아와 헝가리 양국의 외무장관이 빈에서 만나 원만한 해결책을 모색하는 것이 좋겠다고 제안했다. 치아노는 리벤트로프가 다음과 같이 얘기했다고 일기에 적어 놓았다. "물론 이것은 위험을 동반합니다. 조언을 받아들이지 않는 쪽은 그 결과에 책임을 져야 할 것입니다."[214]

8월 26일 헝가리 외무장관의 베를린 방문에 놀란 사람은 아무도 없었다. 헝가리가 군사 행동을 시작하려는 것을 인지했기 때문이라기보다는 히틀러가 헝가리와 루마니아의 영토 분쟁에 개입할 때가 왔다고 생각했기 때문이었다. 스토여이 되메(Sztójay Döme, 1883~1946)가 독일 외무장관에게 정치 각서를 전달한 8월 27일 히틀러는 이미 독일의 개입을 위한 군사 조치를 서두르라는 명령을 내리고 있었다. 히틀러가 결단을 내리기 전인 8월 25일 이탈리아 정부도 베를린과 접촉하여 무력 충돌로 이어질 헝가리의 완고한 태도에 우려를 표명했다. 치아노는 7월의 뮌헨 회의에서 얘기했던 바와 같이 헝가리 정부의 행동에 따른 법적 책임은 헝가리가 단독으로 져야 한다고 독일과 이탈리아가 합작으로 경고하는 것이 적절한지 리벤트로프에게 의견을 물었다. 그러나 히틀러는 "경고" 이상의 것을 원했다. 히틀러는 8월 26일 군 최고 지휘부에 폴란드 주둔 부대를 요새화하라는 명령을 내렸다. 그는 10개 사단을 남동부로 이동시키고, 헝가리가 루마니아의 유전 지역을 점령할 경우 신속히 개입할 수 있도록 군대를 배치하라고 명령했다. 한편, 리벤트로프는 외교적 수단을 가동했다. 그는 부쿠레슈티와 부다페스트 주재 독일 대사들을 소환하여 직접 보고하도록 했고, 상호 합의를 희망하며 치아노에게 연락했다. 8월 26일 리벤트로프는 독일의 입장을 논의하기 위해 이탈리아 외무장관에게 몇 차례 전화를 걸었다. 리벤트로프는 이때 중재안을 내놓지 않고, 헝가리와 루마니아 양국의 외무장관을 빈으로 초대하여 그들의 문제에 대한 원만한 해결책을 찾도록 권하자고 제안했다. 다음날 그는 헝가리 외무장관에게 전화를 걸어 수상 텔레키와 함께 빈으로 가라고 요청했다. 그는 루마니아 외무장관에게도 비슷한 요구를 했다.[215] 이렇게 강대국들의 개입이 시작되었다.

10. 제2차 빈 중재 판정과 그 결과

1940년 8월 30일 개최될 독일-이탈리아 중재 협상의 준비 회의가 8월 26일 시작되었다. 리벤트로프는 새로운 루마니아-헝가리 국경 결정 방법에 관해 파브리치우스(부쿠레슈티 주재 독일 대사)와 에르트만스도르프(부다페스트 주재 독일 대사)가 보내온 보고서와 주장을 검토했다. 파브리치우스의 제안은 주로 헝가리인이 거주하는 현재의 국경선을 따라 펼쳐진 지역을 포함하고 있었다. 리벤트로프는 파브리치우스가 제안한 방안이 만족스럽지 않았기 때문에 클루지-나포카(콜로즈바르) 지역을 추가했다. 파브리치우스는 이 방침에 따른 적절한 지도를 작성했다. 곧이어 에르트만스도르프가 회의에 참석하여, 자신은 헝가리의 소망을 잘 알고 있다고 말했다. 그는 세케이인이 거주하는 지역은 무슨 일이 있어도 헝가리에 병합되어야 한다고 리벤트로프를 설득했다. 리벤트로프는 두 가지 계획을 제시했다. 하나는 파브리치우스의 계획을 리벤트로프가 수정한 것으로 클루지-나포카를 포함하여 국경선 지역을 양도하는 형태였다. 다른 하나는 에르트만스도르프의 제안에 근거한 것으로 국경선을 따라 펼쳐진 좁은 지역이 병합될 세케이 지역 쪽으로 넓어지는 형태였다. 이 두 가지 방안은 8월 27일 베르히테스가든에 머물던 히틀러에게 제출되었다. 히틀러는 두 방안에서 병합될 영토를 결합하여 이전 제안보다 헝가리에 훨씬 더 큰 이익을 주는 쪽으로 방향을 정했다. 최종안이 받아들여진 회의에서 대사들은 다른 의견을 제시하지 않았다.[216]

히틀러가 헝가리와 루마니아의 대략적인 국경선을 정하자 리벤트로프는 치아노에게 전화를 걸어 총통이 루마니아-헝가리 분쟁의 해결을 위해 다음날 잘츠부르크의 베르히테스가든에서 그와 만나기를 원한다고 알렸다. 치아노는 일기에 히틀러가 헝가리에 그들이 주장한 60,000km^2 중 40,000km^2를 돌려주려 한다고 적었다.[217] 치아노는 28일 잘츠부르크로 갔다. 비행기에 타기 전 그는 부다페스트와 부쿠레슈티의 두 대사 탈라모와 기지(Pellegrino Ghigi, 1899~1995)를 만났다. 두 대사는 치아노에게 공동으로 두 가지 의견을 전달했다. 첫 번째는 헝가리에 34,000km^2를 반환하는 방안이었고, 두 번째는 37,000km^2를 반환하는 방안이었다.[218]

8월 28일 치아노가 기지와 함께 잘츠부르크에 도착했을 때 이미 지도 위에 새로운 국경선이 표시되어 있었다. 그들은 투르다를 중심으로 한 클루지-나포카 남서부 공업 지대가 루마니아에 포함되어야 한다고 히틀러를 설득했다. 힐그루버(Andreas Fritz Hillgruber, 1925~1989)에 따르면, 치아노와 파브리치우스가 함께 이렇게 수정할 것을 요청했다. 반면, 헝가리 자료에 따르면, 그들은 괴링 공장을 위해 그 지역의 가스전을 확보하고자 했다. 이것이 이 지역을 '괴링 부대(負袋)'라고 부르는 이유이다.[219] 세케이 지역으로 가는 철도는 아파히다와 루두스 사이의 루마니아 영토를 통과했는데, 이것은 나중에 헝가리와 루마니아 사이에 더 많은 갈등을 야기하는 원인이 되었다.

헝가리와 루마니아의 영토 분쟁 해결을 위한 독일의 제안이 완성되었다. 그러나 헝가리의 위협적인 행동이 얼마나 계속될지 그리고 독일의 해결책에 양국이 얼마나 만족할지는 미지수였다. 헝가리가 독일의 의지에 반하여 루마니아와 전쟁을 벌일 가능성은 없어 보였지만, 빈 회의 이전에 그 가능성을 완전히 배제할 수는 없었다. 이것이 히틀러가 헝가리와 루마니아의 무력 충돌에 대비해 신속하게 개입하게 된 이유였다.

헝가리와 루마니아의 분쟁은 히틀러의 계획에 바람직하지 않을 뿐만 아니라 방해 요인이 될 수 있었다. 루마니아 석유의 공급 및 운송을 위태롭게 할 여지가 많았기 때문이다. 그러한 이유로 히틀러는 28일 치아노와의 만남에서 이 점을 명백히 밝혔다. 그가 직접 개입한 세 가지 이유는 석유 공급이 독일과 이탈리아에 극도로 중요하다는 점, 전쟁 확산에 대한 두려움, 그리고 소련의 개입 방지였다. "발칸 반도에서 전투가 시작되면 러시아가 개입할 가능성이 매우 높다. 러시아가 자신들의 이해관계에 따라 국경선을 어떻게 그을지 알 수 없다. 어쨌든 우리는 상황이 허락하는 범위 내에서 우리의 일을 도모해야 한다."[220]

히틀러는 치아노에게 루마니아와 헝가리의 협정이 체결되면 추축국이 루마니아에 이 협정을 보증해야 한다고 말했다. 그는 이 문제와 관련하여 치아노와 리벤트로프에게 흥미로우면서도 상세한 지시를 내리고 신중하게 행동해 달라고 부탁했다. 히틀러는 두 외무장관에게 이 내용을 루마니아 외무장관에게만 이야기하고, 헝가리에 누설되지 않도록 주의해 달라고 말했다. 헝가리가 단지 시간을 번 뒤 나중에 다시 요구 사항을 주장하기 위해 타협안을 받아들이는 것일 수도 있으므로, 만약 헝가리가 추축국의 의도를 알게 된다면 결의안 자체를 받아들이지 않을 가능성도 있기 때문이었다. 추축국의 보증은 혹시 있을지 모를 헝가리의 행동을 막기 위한 것이었다.[221]

독일과 이탈리아의 개입 결정은 추축국 정책의 갑작스러운 변화를 의미했다. 이 모든 일이 미처 생각할 겨를도 없이 급하기 일어났기 때문에 루마니아와 헝가리 대표단은 사전에 통보를 받지 못했고, 그래서 그들은 추축국의 도움을 받아 협상을 재개하기 위해 초대받은 것으로 생각했다. 그들은 치아노와 리벤트로프가 제시한 조건에 따라 결정을 받아들일 생각이었다. 치아노와 리벤트로프는 8월 28일 비행기를 타고 빈으로 이동했다. 그들은 루마니아와 헝가리 대표단이 다음날 도착하여 자신들이 영토 문제를 중재로 해결하고자 한다는 점을 이해해 주기 바랐다. 헝가리 대표단이 빈으로 떠나기에 앞서 헝가리 정부는 임시 회의를 소집했다. 이 회의에서 텔레키는 클루지-나포카와 세케이 지역을 되찾지 않는다면 절대 타협하지 않을 것이라고 말했다.[222]

몇몇 전문가를 대동한 헝가리 대표단은 8월 29일 오전 10시에 특별 열차 편으로 빈에 도착했다. 그들은 채 한 시간도 지나지 않아 리벤트로프가 묶고 있는 임페리얼 호텔로 이동했다. 그곳에서 이탈리아, 독일 외무장관과 2시간 이상 논의가 진행되었다. 그들은 헝가리 대표단에게 협박과 공감 등 다양한 방법을 사용하며 아무런 조건 없이 중재안을 받아들이라고 압박했다. 리벤트로프는 지난 몇 년간 불거진 긴장 상황을 언급하며 비난하는 듯한 어투로 얘기했다. 특히 그를 곤혹스럽게 했던 일은 1939년 9월 독일군이 헝가리를 통과하여 폴란드로 진격하려던 것을 헝가리가 거부했던 사건이었다. 이 문제 때문에 텔레키와 리벤트로프는 심각한 논쟁을 벌이기도 했다. 리벤트로프는 헝가리가 루마니아에 대한 공격을 개시하고 그로 인해 루마니아로부터 석유 공급에 차질이 생긴다면 독일은 가장 강력한 수단을 동원하여 개입할 것이라고 분명하게 얘기했다. 치아노

역시 헝가리가 루마니아와 충돌을 일으키면 이탈리아는 이를 "헝가리의 위험하고 불가해한 행동"으로 해석하겠다는 입장을 밝혔다. 치아노에 따르면 차키의 행동은 '냉철'했던 반면, 텔레키의 행동은 '적대적'이었다. 독일의 기록에도 정치인들의 다양한 태도가 언급되어 있다. 차키가 '고개를 끄덕이며' 조건 없이 제안을 받아들였다면, 텔레키는 헝가리가 조건 없이 중재안을 받아들일 수 없다는 점을 계속 부각했다. 텔레키가 중재안을 거부한 데에는 크게 두 가지 이유가 있었다. 첫 번째는 중재의 결과가 '추축국의 선물'로 해석될 것이라는 점이었고, 두 번째는 헝가리에 부정적인 인식을 가진 리벤트로프가 헝가리가 원하는 것보다 훨씬 적은 영토를 제시할지 모른다는 두려움 때문이었다. 특히 세케이 지역을 돌려받지 못하는 경우에 대한 두려움이 매우 컸다.[223] 헝가리 대표단은 한발 물러나 부다페스트와 상의할 시간을 달라고 요청했다.

치아노에 의하면 리벤트로프는 헝가리에 매우 무례했다. 그는 헝가리를 거의 "위협"하는 수준으로 대했지만, 헝가리는 끝내 굴복하지 않았다. 결국, 리벤트로프는 예상되던 결정 사항을 말할 수밖에 없었다. 곧바로 차키 백작이 임시 수상을 겸하던 내무장관 케레스테시-피셔 페렌츠(Keresztes-Fischer Ferenc, 1881~1948)에게 전화를 걸어 정부의 승인을 요청했다. 차키는 리벤트로프와 치아노가 헝가리의 요구 사항을 분명하게 알고 있으며, 이를 고려하려 위해 노력했다고 말했다. 그들이 회의 도중 세케이 지역을 두 번이나 언급했다는 사실이 이런 점을 뒷받침했다. 정부는 즉각 회의를 소집하고 이 사안을 논의했다. 회의록은 다음과 같다. "내각은 상황을 면밀히 검

토한 끝에 만장일치로 독일과 이탈리아의 중재안을 무조건 받아들이기로 결정했다.[224]

오후 3시 헝가리 대표단은 중재안에 찬성했다.

1940년 8월 29일 이른 오후 리벤트로프와 치아노는 루마니아 외무장관 마노일레스쿠와도 협상을 벌였다. 리벤트로프가 회의를 주도했다. 그는 헝가리와 협상할 때보다는 유화적이었지만, 여전히 거칠고 무자비한 태도로 루마니아 외무장관을 몰아붙였다. 그는 루마니아가 영토 문제와 관련하여 추축국에 중재 판정을 요청했으며, 총통과 무솔리니가 이에 대해 논의한 끝에 결정을 내렸다고 말했다. 그러면서 총통과 무솔리니는 루마니아의 새로운 국경선을 보장할 것이라고 덧붙였다. 리벤트로프의 설득 작업을 성심껏 도왔던 치아노는 일기에 다음과 같이 적었다. "우리는 그들의 국경선을 보장하기 위해 최선을 다했다. 그에 대해 그들이 막대한 비용을 치러야 할 것이다."[225]

마노일레스쿠는 새로운 국경선 보장의 이점을 부정하지는 않았지만, 그 대가가 너무 비싸다는 의견이었다. 이러한 과정에서 루마니아가 헝가리보다 훨씬 불리한 측면이 있었다. 그들은 자신의 입장을 표명할 기회조차 없었고, 결정된 내용이 어떠한 성격인지 사전에 아무런 언질도 받지 못했다. 만약 영토 손실이 대략 어느 정도인지 미리 밝혔다면, 루마니아가 이 결정 사항을 무조건적으로 받아들이지 않았을지도 모른다. 치아노와 리벤트로프는 현명하게 이런 사실을 감추었다.

쉽사리 설득당하지 않던 루마니아 외무장관은 이러한 결정이 국민 교환의 원칙에 따라 이루어진 것임을 확인하고 싶어 했다. 리벤트로프는 확인 요청을 거부하며, 추축국이 어떠한 원칙을 적용하여 중재에 임할 수는 없다고 말했다. 그러면서도 그는 가능한 범위에서 민족주의 원칙을 적용하겠다고 덧붙였다. 오랜 논의 끝에 마노일레스쿠는 12시간 안에 루마니아 정부의 답변을 받겠다고 약속했다. 마노일레스크의 요청으로 그날 저녁 치아노와 리벤트로프는 루마니아 대표단의 일원인 발레르 포프를 만났다. 발레르 포프는 국경선 보장이 루마니아 국경 전역에 적용되는지 다시 한번 물었다. 이 만남에 대해 독일 측 자료에는 다음과 같이 기록되어 있다. "그의 행동은 마노일레스쿠보다 훨씬 건설적이었다. 그는 떠나면서 독일과 이탈리아의 중재안을 조건 없이 수락하도록 그의 국왕에게 진언하겠다고 말했다."

마노일레스쿠는 지시를 받기 위해 부쿠레슈티에 전화를 건 뒤 상황이 매우 심각하다고 설명했다. 파브리치우스는 루마니아가 추축국의 결정을 거부하여 헝가리-루마니아 전쟁이 시작된다면 추축국은 헝가리를 지지할 것이라는 사실에 주목했다. 리벤트로프는 히틀러 총통은 절대 허세를 부리지 않으므로 그것을 공허한 위협으로 간주하지 말라고 경고했다. 치아노와 리벤트로프는 러시아와 헝가리가 이미 합의한 공동 행동에 관해서도 이야기했다. 아마도 러시아가 또 다른 돌발 행동을 했기 때문에 약간의 지연이 있었을 것이다. 그날 오후 데카노초프는 자정에 자신을 보러 오라고 모스크바 주재 루마니아 대사 가펜쿠(Grigore Gafencu, 1892~1957)를 소환했다. 가펜쿠가 도착하자 데카노초프는 몰다비아 국경에서 발생한 몇 가지

"사건"에 대해 언급하며 협박적인 일정을 건네주었다. 이 내용은 다음날 타스 통신을 통해 발표되었다.[226]

루마니아 정부는 빈에 답변하기 전에 가펜쿠가 데카노초프와 자정에 만났던 결과를 알고 싶어 했다. 소련이 헝가리보다는 루마니아를 지지할 것이라는 희망을 아직 버리지 않고 있었기 때문이었다. 소련의 태도가 자신들의 기대했던 것과 정반대라는 사실이 명백해지자(독일과 이탈리아는 헝가리가 러시아와 협력하고 있다고 말하기까지 했다) 8월 29일 저녁 루마니아 왕실 회의가 소집되었다. 새벽까지 계속된 오랜 논쟁 끝에 왕실 회의는 독일과 이탈리아의 보장이 전체적인 파멸에 대한 유일한 보증 수표라는 인식 아래 찬성 11표, 반대 9표로 중재안을 무조건 받아들이는 데에 동의했다.[227]

헝가리와 루마니아가 중재안에 동의하겠다는 의사를 전달할 무렵 헝가리와 루마니아의 새로운 국경선에 관한 세부 사항이 결정되었다. 서르머셸(키시샤르마시)의 동쪽 지역은 메탄가스 매장지로 남쪽에 위치한 헤르만 괴링 공장과 산업적으로 연결되었기 때문에 루마니아 쪽에 남게 되었고, 결과적으로 국경선에 날카로운 구석이 생기고 말았다. 헝가리는 이러한 모양이 생기게 된 원인과 형태 때문에 이 지역을 "괴링의 배(腹部)"라고 불렀다. 아라드와 인근에 위치한 새 국경선 남쪽의 제철소도 비슷한 이유—적어도 헝가리인은 그렇게 생각했다—로 루마니아에 남게 되었다. 루마니아는 브라쇼브 평원도 얻게 되었는데, 히틀러가 독일인이 거주하는 지역을 가능한 한 루마니아에 남겨 두어야 한다고 주장했기 때문이었다. 다른 지역에서는 비슷한 이유—루마니아인이 그렇게 생각했다—로 헝가

리가 이득을 얻었다. 국경선은 북동쪽으로 살론타(너지설론터) 근처
까지 이어지다가 동쪽으로 방향을 틀어 클루지-나포카까지 돌아올
만큼 남쪽으로 연결되었지만, 도시의 물 공급원과 발전소는 여전히
루마니아에 남아 있었다. "괴링의 배" 너머의 남동쪽은 트르구무레
슈(머로시바샤르헤이) 지역이 헝가리에 속하고 시기쇼아라(셰게시바
르) 지역이 루마니아 쪽에 남게 되었다. 이후로 국경선은 세케이 지
역의 남서쪽 경계를 따라 뻗어 나갔다. 이로써 헝가리는 마라무레슈
(마러머로시)와 트란실바니아 북부 지역을 모두 확보했는데, 이는 문
제가 되던 102,000km^2 중 43,591km^2에 해당하는 면적이었다. 나머지
60,000km^2는 루마니아에 남게 되었다.[228] 중재안에 따라 루마니아 군
대는 2주 이내에 해당 지역에서 철수해야 했다. 중재안에는 루마니
아 지역의 헝가리인과 헝가리 지역의 루마니아인이 해당 지역에 남
을 것인지 아니면 그 지역을 떠날 것인지 스스로 결정할 수 있는
권리가 명시되었다. 그리고 중재안 집행에 따른 애로 사항의 처리
방법과 추축국에 분쟁 항목을 제출하는 방법에 대해 양국 정부가
합의한 조항도 포함되었다.

루마니아는 2주 이내에 영토를 이양해야 했다. 해당 지역의 루마
니아인은 자동으로 헝가리 시민권을 얻게 되지만, 6개월 이내에 루
마니아 시민권을 신청할 수 있으며 이 경우 1년 이내에 그곳을 떠나
야 했다. 트란실바니아 남부의 헝가리인도 비슷한 조건으로 헝가리
시민권을 신청할 수 있었다. 두 나라는 국적에 상관없이 법 앞에
거주민의 완전한 평등을 보장하기로 엄숙히 서약했다.

그들은 또한 독일 "소수 민족"에 관한 규정을 이행할 것을 독일과

헝가리에 반환된 지역의 인구 통계[229]

1910년 인구 조사 (헝가리) – 사용 언어 기준	1930년 인구 조사 (루마니아) – 국적 기준	1941년 인구 조사 (헝가리)
헝가리인 : 1,125,732	헝가리인 : 911,550	헝가리인 : 1,347,012
루마니아인 : 926,268	루마니아인 : 1,176,433	루마니아인 : 1,066,353
독일인 및 유대인: 90,105	독일인 : 68,694	독일인 : 47,501
루테니아인 : 16,284	유대인 : 138,885	유대인 : 45,593
슬로바키아인 : 12,807	기타 : 99,585	루테니아인 : 20,609
기타 : 22,968		슬로바키아인 : 20,908
		집시 : 24,729
		기타 : 4,586
합계 : 2,194,164	합계 : 2,395,147	합계 : 2,577,291

루마니아에 남은 지역의 인구 통계[230]

1910년 인구 조사		1930년 인구 조사	
헝가리인	: 533,004	헝가리인	: 441,720
루마니아인	: 1,895,505	루마니아인	: 2,031,447
독일인 및 유대인	: 465,814	독일인	: 475,158
기타	: 152,820	기타	: 150,934
합계 : 3,047,143		Total: 3,099,259	

약속해야 했다. 루마니아와의 협약은 매우 짧고, 일반적인 내용만 포함하고 있었다. 그것은 루마니아에서 독일인의 권리를 보장한 1918년 알바이울리아 선언 이상의 내용을 포함하지 않았다. 루마니아 정부는 알바이울리아 선언의 구속력을 인정하지는 않았지만, 2년 전까지도 독일 소수 민족의 광범위한 집단적 권리를 보장했었다.[231]

형가리와의 협약은 이보다 훨씬 상세했다. 헝가리에 거주하는 모든 독일인은 자기 삶의 방식을 아무런 제한 없이 유지하며, 국가 사회주의 신봉자로서 어떠한 차별도 받지 않을 권리를 가졌다. 소위 "민족 집단"의 구성원은 자신이 독일 민족의 일원임을 선언하고, 헝가리의 "독일 민족 동맹"이 주도적인 역할을 해야 한다고 주장하는 사람들이었다. 이들은 헝가리 국민이 누리는 것과 동등한 대우를 받으며, 개인 생활과 공공 행사 및 언론 등에서 자신의 모국어를 사용할 수 있고, 직업 선택 시 평등한 기회와 인구 비례에 따른 국가 행정의 참여 가능성 등을 보장받았다. 이들은 또한 스포츠·교육·문화 분야에서 그리고 경제적 자립을 위해 자체적인 조직을 설립할 수 있는 권리, 어떠한 장애물도 없이 "모국"과 접촉할 수 있는 권리도 가졌다. 헝가리 정부는 이들에게 어떠한 종류의 "마자르화(헝가리화)"도 강요하지 않기로 약속했으며, 성(姓)을 헝가리식으로 바꾼 독일인이 원래의 성이나 조상이 사용하던 독일식 성으로 바꾸는 것을 허용했다. 헝가리 정부는 또한 독일 민족 연맹 이외의 다른 독일 조직은 인정하지 않기로 구두 약속했는데, 이것은 헝가리에 반환된 영토뿐만 아니라 헝가리 전체에 적용되었다. 이 협약의 일부 내용(자유로운 언어 사용, 평등한 대우의 원칙 등)은 1868년 법 및 평화 조약에서 제시한 소수 민족 권리보다 확장된 것은 아니었지만, 아직까지 이런 부분이 실행된 적은 없었다. 독일 민족 동맹에 부여된 집단적 기업 권리는 매우 강력하며 혁신적이었기 때문에 헝가리 정치 전통에 위배될 뿐만 아니라 헝가리 국가 자체에 위험을 초래할 수 있을 정도였다.[232]

치아노와 리벤트로프는 이 모든 작업을 정교하게 수행하는 데 29일과 30일 전부를 소비했다. 중재안은 8월 30일 오후 3시 벨베데레 궁전에서 공포되었다. 헝가리 대표단과 루마니아 대표단은 서로 아무런 연락도 주고받지 않은 채 각기 다른 호텔에서 대기하다가 정확히 2시 30분에 벨베데레 궁전으로 소집되었다. 리벤트로프가 몇 마디 도입 인사를 한 후 결정된 내용이 독일어와 이탈리아어로 낭독되었다. 국경선에 관한 설명이 끝나자 완전한 침묵이 흘렀다. 결정 내용이 발표된 직후 리벤트로프와 마노일레스쿠는 루마니아의 새로운 국경선을 보증하는 문서를 교환했다. 대표단은 헝가리–독일 및 독일–루마니아 소수 민족 협정에 서명했다. 치아노는 이 상황을 다음과 같이 적고 있다. "헝가리인들은 지도를 보고 너무 기뻐서 어쩔 줄 몰라 했다. 우리는 마노일레스크가 의기소침한 채 책상에 쓰러지며 낸 쿵 하는 소리를 들었다."[233]

제2차 빈 중재 판정에 관해 많은 오해와 망상 그리고 전설 같은 이야기가 존재한다. 독일이 루마니아의 친(親)서방 정책에 불만을 품고 이를 종식하기 위해 헝가리를 부추겨 위기 국면을 조성했다는 것이 서방측의 공통된 믿음이다. 루마니아를 헝가리와 독일에 노출하기 위해 독일이 헝가리에 유리하도록 국경선을 설정했고, 결국 헝가리가 트란실바니아의 2/3를 차지하게 되었다는 것이다.[234]

앞에서 논의했듯이 이러한 관점은 모든 면에서 현실을 심하게 왜곡하고 있다. 루마니아가 친서방적인 태도를 보인 것은 사실이지만, 그들은 위기가 발생하기 훨씬 오래전부터 거의 전면적인 친독일 정책을 시행하고 있었다. 독일은 루마니아로부터 석유 공급이 차단되는 것을 두려워했기 때문에 헝가리를 상대할 때 항상 루마니아에 우호적인 태도를 보였다. 석유 공급에 문제가 생긴다면 그것은 독일에 치명적인 비극이 될 터였다. 독일은 헝가리가 어떠한 개입도 하지 못하도록 최선을 다했다. 모든 일의 발단은 무력 행동을 무기로 삼아 위협적인 태도를 보인 헝가리였던 것이다.

또 다른 오해는 헝가리와 루마니아가 중재를 요청하지 않았지만, 히틀러 또는 독일과 이탈리아의 외무장관들이 두 나라에 중재를 강요했다는 주장이다.[235] 그러나 앞에서 보았듯이 루마니아—헝가리는 그렇지 않았지만—는 쌍방의 합의보다 중재를 더 선호한다는 점을 여러 차례 언급했다.

중재자들은 마키아벨리식 방법을 따르지 않았다. 그들은 정당한 국경선을 긋기 위해 노력했다고 말했으며, 우리가 그것을 의심할 이유는 없다. 사실 중재안이 그렇게 자주 언급되는 것처럼 헝가리인에게 유리했던 것만은 아니다. 그들이 주장하던 2/3의 영토 대신 2/5 정도의 영토를 얻는 것에 그쳤으며, 100만여 명의 루마니아인이 헝가리의 지배를 받게 되고 100만여 명의 헝가리인이 루마니아의 지배로부터 자유롭게 되었지만, 여전히 상당한 수의 헝가리인이 루마니아의 지배를 받고 있었기 때문이다. 빈의 결정은 1920년 연합국이 강요했던 국경선—1946년에 다시 이 국경선으로 복원된다—보다 훨씬 덜 일방적이었다.

국경선이 세케이 지역을 포함할 것인지, 그곳을 통합하기 위해 어떻게 선을 그어야 할지 등과 같은 중요한 문제에서 중재자들이 헝가리를 지지했던 것은 사실이다. 이것은 헝가리가 군사 행동을 포기하도록 하기 위한 선행 조건이기도 했고, 국경선 자체만으로도 트란실바니아 문제를 해결할 수 있다는 가정 아래 헝가리가 먼저 자신들의 요구를 포기할 수도 있다는 사실에 기인한 것이었다. 리벤트로프와 치아노는 이러한 가정에 의문을 제기할 만큼 문제의 복잡성을 충분히 인식하고 있지는 않았다. 만약 루마니아의 제안이 그렇게 불명확하지 않았다면, 루마니아가 남쪽과 북쪽의 국경선을 더 많이 확보할 수 있었을지도 모른다.

　매카트니는 국경선이 두 나라 모두 만족하지 못하도록 고의적으로 그어졌기 때문에 독일이 훨씬 쉽게 헝가리와 루마니아를 조종하여 서로 적대하도록 했다는 것은 사실이 아니라고 주장했다.[236] 어느 정도는 그랬을지도 모르지만, 결정이 이루어진 후 히틀러가 두 나라의 만족도를 높이고 이를 활용하려 했던 것도 사실이다. 예를 들면, 그 결정이 있은 지 얼마 되지 않아 히틀러는 독일의 이해관계에 상황을 맡기는 것이 관련된 일이 계속 진행되도록 돕는 것이라고 말했다.[237] 두 나라가 중재안에 대해 만족하지 못한 것은 문제의 본질과 관련한 사항으로 관련 국가들의 심리에 따른 결과였던 것이다.

　헝가리가 독일로부터 어떠한 특혜도 받지 못했다는 사실도 간과해서는 안 된다. 헝가리는 오히려 빚을 지게 되었다. 중재안이 결정된 뒤 열흘 후에 히틀러는 헝가리 대사를 소환하여 부다페스트가 어떻게 "감사"를 표명할 수 있는지, 그리고 추가적인 영토 회복을 위해 헝가리가 어떻게 하면 독일의 지지를 얻을 수 있는지 자세히 언급했다. 히틀러가 요구한 사항은 원자재 및 식량 수송량 증가, 유대인 문제 해결을 위한 급진적 조치, 독일에 대한 확고한 지지 등이 없다.[238] 히틀러는 루마니아에도 거의 같은 사항을 요구했다. 두 나라 모두 이러한 요구를 들어주기 위해 노력했다. 헝가리와 루마니아의 이러한 독일 지지 경쟁은 전쟁이 끝날 때까지 계속되었다.

추축국 이외의 나라들은 빈 중재 판정에 대해 특별히 긍정적이거나 부정적인 평가를 내놓지 않았다. 영국 언론은 빈 중재 판정을 루마니아에 부과된 명령으로 해석하면서도 헝가리의 영토 요구가 유효하다는 태도를 보였다. 영국 언론의 시각은 전반적으로 빈 중재 판정은 강압의 결과이며 그 내용이 너무 극단적이라는 것이었다. 8월 5일 하원에서 처칠과 핼리팩스가 헝가리-루마니아 영토 문제를 평가한 후 이에 관한 첫 번째 공식 논평이 있었다. 처칠은 다음과 같이 말했다. "개인적으로 나는 헝가리가 지난 전쟁에서 적절한 대우를 받지 못했다고 생각한다. 전쟁이 발발한 이후 우리는 개별 국가의 영토가 변경될 수 없다는 입장을 취한 적이 없다. 다만, 관련 당사자들이 자유로운 토론과 선의에 따라 동의하는 경우가 아니라면 전쟁 중 발생한 영토 변경은 인정하지 않는 것이 합당하다. 영국 정부는 엄격한 현상 유지 정책을 지지하지 않는다. 오히려 우리는 현 상태를 수정하는 것이 그 자체로 공정하고 공평하며 침략과 강압 없이 당사자 간의 자유로운 평화적 협상과 합의를 거친 것이라면 현상 유지 정책을 수정하는 것에 원칙적으로 동의한다."[239]

영국은 제1차 세계 대전 때와 달리 영토 문제에 관한 다른 해법을 미리 약속하고 싶어 하지 않았다. 오히려 전쟁이 끝난 후 유럽의 재정비 문제가 제기될 때 자유롭게 행동하기를 원했다. 육군장관 로버트 이든(Robert Anthony Eden, 1897~1977)은 1941년 2월 7일 런던 주재 헝가리 대사와 만나 다음과 같이 얘기했다. "영국은 공정하고 인간적으로 실현 가능한 평화가 오래 지속하기를 원한다. 새로운 트리아농 조약의 가능성은 거의 없다고 보는 것이 좋을 것이다." 그러나 공개적으로 영국을 지지하고 독일의 폭력에 반대하는 사람들을 지원하는 것은 영국의 도덕적 의무이다. 반면에 독일의 요구를 따랐던 나라들, 특히 강제에 의한 것이 아니라 자신들의 자유 의지로 그렇게 행동한 나라들은 영국에게 자비를 기대할 수밖에 없을 것이다. 이든은 호르티가 이러한 영국의 견해를 이해하는 것이 필수적이라고 말했다.[240]

잡지 "포린 어페어스(Foreign Affairs)"에 실린 짧은 기사는 당시 미국의 산만하고 비공식적인 반응을 잘 보여주고 있다. 이 기사를 작성한 필립 모슬리는 동유럽을 전공하던 젊은 사학자로 후일 평화 준비 작업을 위해 미국 준비 위원회에서 전문가로 일하게 된다. 1940년 당시에는 미국이 아직 유럽 분쟁에 개입하지 않았기 때문에 모슬리의 의견은 단지 외부인의 의견일 뿐이었다. 그는 북부 트란실바니아의 재병합이 중대한 사태의 전환이거나 추축국을 대신한 공공연한 공격이라고 생각하지 않았다. 그는 이 지역에 영향력을 행사하는 두 강대국이 이 지역의 심각한 갈등을 해결하려는 시도로 이 모든 과정을 해석했다. 그는 두 중재자의 힘이 이 지역에 온전히 영향을 미치는 범위 안에서만 이러한 합의가 유효할 수 있다는 의견을 감추려 하지 않았다. 그들의 힘에 변화가 생긴다면 이 합의에도 변화가 생길 수 있다는 것이었다. 모슬리는 중재안을 비판하면서 영구적인 정착을 위해서는 두 가지 방법, 즉 국경을 따라 대부분의 헝가리 지역을 재병합하거나 자치권을 부여하는 것 외에는 길이 없다고 주장했다. 그럼에도 이 기사는 비판적이라기보다는 설명적이었다.[241]

트란실바니아 문제와 관련하여 1941년 6월 26일 소련이 발표한 의견은 앞서 설명한 것과 다르지 않았다. 소련은 헝가리의 주장을 전반적으로 인정했다. 그럼에도 제2차 빈 중재 판정은 독일과 소련의 관계에 긴장을 야기했다. 소련은 트란실바니아 문제에 관해 자신들의 의견을 구하지도 않고, 단지 소련의 안보에 강력한 영향을 미치는 사안에 대해서만 후속 통보를 받는 것이 못마땅했다. 크렘린의 지도자들은 깊은 상처를 받았으며 심하게 불쾌감을 느꼈다. 그들은 이웃 나라가 영토를 빼앗겼기 때문이 아니라 히틀러가 이전의 관행 및 사전에 상호 협의하기로 한 계약상의 의무와 달리 스탈린의 등 뒤에서 모든 일을 처리했다고 느꼈기 때문에 이러한 감정을 가지게 되었던 것이다. 그리고 이러한 행동은 동유럽이 소련의 이익과 관련된 지역으로 여겨진다는 사실에도 반하는 것이었다. 모스크바는 중재안이 8월 29일에 적용된다는 사실을 알고 있었다. 소비에트 외교 인민 위원회는 베를린의 충실하지 못한 조치에 대해 반론을 제기하기로 했다. 그러나 모스크바는 베를린이 소련 공격을 위한 준비 작업으로 트란실바니아 문제를 해결했다고 인정하고 싶지는 않았다. 그것은 독일이 핀란드에 군대를 배치한 것과 같은 이유였다. 최근에 발견된 문서에 따르면 1940년 11월 12일부터 13일까지 히틀러 및 리벤트로프와 협상을 벌였던 몰로토프의 주요 목표는 핀란드에서 독일군을 철수하도록 하는 것이었다. 히틀러는 독일에 핀란드의 목재와 니켈, 루마니아의 석유는 필수 불가결하다고 말하며 몰로토프의 요청을 단호히 거절했다. 그러나 발칸 반도에 관한 소련의 이해관계를 고려하여 전쟁이 끝나면 루마니아에서 즉시 독일군을 철수하겠다고 약속했다.

베를린 협상을 통해 강대국 중 어느 누구도 불가리아나 헝가리에 관심이 없다는 점이 명확해졌다. 강대국들은 전략적 위치와 원자재 때문에 오직 루마니아에만 관심을 가질 뿐이었다. 헝가리와 불가리아는 루마니아 다음이었다. 협상에 나선 소련과 독일은 거의 루마니아만 언급했다. 회의록에 따르면, 참석자들은 루마니아 문제에 헝가리가 포함되어 있음에도 불구하고 헝가리를 언급조차 하지 않았다.[242]

제2차 빈 중재 판정은 전쟁과 관련한 헝가리와 루마니아의 움직임, 특히 독일과의 관계에 결정인 요소가 되었다. 히틀러는 흡족하게 이 해결책을 활용했지만, 헝가리와 루마니아 어느 쪽도 이 해결책에 만족해하지 못했다. 루마니아는 영토를 빼앗겼다는 생각을 지울 수 없었고, 헝가리 역시 원하던 영토를 얻었음에도 이 결과가 행복하지 않았다. 헝가리와 루마니아를 자신에 더욱 얽매어 놓는데 성공한 나치 독일만이 제2차 빈 중재 판정의 유일한 승자였다. 제2차 빈 중재 판정의 결과로 이온 안토네스쿠(Ion Antonescu, 1882~1946) 원수의 친독일 정부 구성, 카롤 2세의 퇴진과 그의 아들 미하이 1세의 등극 등 루마니아의 정치는 우경화하였다. 헝가리에서는 이와 비슷한 급진적 변화는 없었지만, 내부의 역학 관계가 출렁이며 헝가리 역시 우익으로 표류하였다. 헝가리와 루마니아 내정에 심각한 변화가 있었고, 동시에 두 나라의 경쟁이 더욱 치열해졌다. 두 나라 모두 중재안 재검토를 통해 더 많은 영토를 차지하기 바라면서 독일의 지원을 강구했다.

3장
강대국의 제2차 개입과 1947년 파리 평화 조약

1. 1941~1947년 헝가리의 태도

　1941년부터 1947년까지 벌어진 여러 사건은 헝가리의 미래에 중대한 영향을 미쳤다. 1941년 4월 3일 헝가리 수상 텔레키 팔 백작이 자살했다. 이것은 헝가리가 유고슬라비아 공격에 참여하는 것이 헝가리의 의지에 어긋난다는 점을 그가 행동으로 표현한 것으로, 텔레키 등이 지지한 친독일 정책이 얼마나 처참하게 실패했는지를 인정한 것이었다. 그러나 텔레키의 희생은 무위에 그치고 말았다. 그의 행동이 헝가리를 쓸모없는 참전 및 예측 가능한 패배에서 벗어나게 하는 데 충분치 못했기 때문이었다. 외교관이었던 바르도시 라슬로가 그의 후임을 맡게 되었는데, 이것은 매우 잘못된 선택이었다. 호르티 시대에 가장 유능한 외교관이었던 바르도시는 서구 문명 옹호자였다. 그러나 텔레키의 비극적인 경고에도 불구하고, 그는 전임자가 1941년 추진했던 친독일 정책을 오히려 더 충실하게 수행하는 것 외에 다른 대안을 고려하지 않았다.

　1941년 여름 히틀러가 소련을 공격하자 바르도시는 독일의 동맹국으로 참전을 희망했고, 같은 해 미국에 선전포고를 했다. 그는 독일의 호의를 얻기 위해서라며 그의 행동을 정당화했다.

다음 해인 1942년 히틀러의 전격전이 실패하자 바르도시는 해임되었다. 그의 후임자인 칼러이 미클로시(Kállay Miklós, 1887~1967)는 헝가리의 이해관계에 관해 다른 견해를 가지고 있었다. 그는 히틀러의 몰락을 예견했다. 그는 한편으로는 헝가리의 전쟁 관여를 늦추려 노력하면서 다른 한편으로는 히틀러에게 충성심을 보이며 그를 안심시켰다. 칼러이의 요원들은 영국 정보부와 접촉해 헝가리의 전쟁 이탈에 관해 논의하고자 했다.[243]

1943년 9월 헝가리는 일정한 조건이 충족될 경우 영국과 예비 협정을 맺는 단계까지 도달했다. 그러나 가장 중요한 요구 사항은 헝가리 군대가 연합군과 접촉할 수 있는 위치를 확보하는 것이었다. 연합군이 독일의 강력한 저항에 부딪혀 더 이상 동쪽으로 진격하지 못함에 따라 칼러이의 희망은 물거품이 되었다. 처칠이 테헤란에서 열린 3대 강대국 회의에서 제안했던 발칸 상륙 계획은 실현되지 않았다. 처칠조차도 발칸에 대한 자신의 계획을 진지하게 생각하지 않았지만, 칼러이는 영국과 헝가리의 협력만이 처칠의 계획을 살릴 수 있다고 믿었다.[244]

1944년 3월 동부 전선의 전세가 빠르게 악화하자 히틀러는 내륙 보호를 위해 헝가리 침공을 명령했다. 그러나 섭정 호르티는 헝가리를 완전한 패배에서 구하려는 희망을 버리지 않았다. 주위에는 독자적인 평화 협정을 맺자는 사람도 있었다. 호르티는 독일이 패배를 계속하며 혼란에 쌓인 틈을 타 친독일적인 스토여이 되메 대신 반나치 성향의 원수 러커토시 게저(Lakatos Géza, 1890~1967)를 수상에 임명했다. 러커토시는 서방 연합국 쪽으로만 관계를 맺던 칼러이와 달리 러시아와 더 적극적으로 협상을 벌였다.

러시아 쪽으로 돌아서는 것은 훨씬 더 어려웠다. 헌병대 및 경찰 총사령관 퍼러고 가보르(Faragho Gábor, 1890~1953)가 이끄는 휴전 사절단이 슬로바키아 해방 구역 전선을 통과하여 러시아에 평화를 요청했다. 그러나 패배 직전의 독일에서 벗어나기 위한 호르티의 마지막 시도는 실패로 끝났고, 파시스트 살러시 페렌츠가 이끄는 히틀러의 추종자들이 정권을 장악했다. 그런 와중에 소련은 헝가리 동부를 해방시켰고, 데브레첸에서 반파시스트 정부가 수립되어 나치 독일에 선전포고했다. 전쟁의 마지막 해는 헝가리 역사상 최악의 해였다. 전쟁, 홀로코스트, 독일과 러시아의 침략 등으로 나라는 만신창이가 되었고, 이전의 사회 조직은 완전히 분열되고 말았다.[245]

헝가리는 1945년에 물리적·정치적으로 새로운 길을 걷기 시작했다. 1945년 가을에 몇몇 자유 선거가 시행되었는데, 이는 이 나라 역사상 최초의 총선거였다. 러시아가 보장했던 자유는 서방을 호도하기 위한 미끼에 불과했지만, 이번은 진정한 자유였다. 많은 헝가리인이 이웃 나라와의 평화 그리고 민주주의로 정의되는 새로운 시대가 도래했다고 느꼈다. 그러나 민주적인 출발에도 불구하고 공산주의자를 포함한 연립 정부는 민주주의를 유지하지 못했다. 1945년의 혁명은 제1차 세계 대전 이후에 진행되었던 1918년의 민주 혁명과 똑같은 방식으로 실패하고 말았다.

헝가리는 1947~1948년 공산당의 정권 장악으로 소련 전체주의의 지배를 받게 되었고, 소련의 영향권에 놓인 다른 중동부 유럽 국가와 마찬가지로 서방으로부터 고립되었다. 1947년 공산당의 정권 장악은 1917년 10월 혁명이 러시아에 가져온 것과 비슷한 결과를 초래했다. 그것은 민주주의 전환과 사회 현대화를 오랫동안 방해했던 지배 계급을 타파한 것이다. 이것이 공산당 정권의 유일한 긍정적 결과라고 하지만, 이것조차 의문의 여지가 많다. 치러야 할 대가는 러시아보다 훨씬 혹독했다.[246]

1945년 혁명의 또 다른 희망, 즉 헝가리가 이웃 나라들과 우호적인 관계를 맺을 것이라는 기대도 사라졌다. 전쟁 초기에는 지역적·민주적 연방주의 원칙에 따라 동유럽 민족 갈등을 해결하는 것이 유망해 보였다. 그러나 특정 집단이 지지하던 이러한 타협안보다 오랜 기간 각 민족이 고수해 온 차이점이 더 결정적인 요소라는 점이 명백해졌다. 제2차 세계 대전 이후 트란실바니아 문제에 대한 논쟁은 더욱 격화하였는데, 루마니아와 헝가리는 완전히 다른 방향으로 그 미래를 그리고 있었다.

전쟁 중 트란실바니아에 대한 헝가리의 태도는 1943년과 1944년에 헝가리가 서방 연합국에 보낸 공간 계획서를 통해 확인할 수 있다. 여기서는 슈레커 카로이(Schrecker Károly), 세게디-머사크 얼러다르(Szegedy-Maszák Aladár, 1903~1988), 버이치-질린스키 엔드레(Bajcsy-Zsilinszky Endre, 1886~1944)가 작성했던 계획서를 검토하겠다.

슈레커 카로이의 계획서는 1943년 봄에 런던으로 발송되었다. 유하스 줄러[247]와 롬시치 이그나츠[248]는 이 계획서를 슈레커가 직접

쓴 것이 아니라 베틀렌 이슈트반 등 헝가리 보수 정치인들이 작성한 것으로 추정하고 있다. 슈레커는 실제 저자에 대해 "믿을 수 있는 존경하는 신사들"이라고 말했다.[249]

이 계획서는 과거와 현재를 상당히 많이 다루었지만, 미래에 관해서는 조금밖에 서술하지 않았다. 국경과 관련하여 이 계획서는 러시아와 독일이라는 두 거대 제국 사이에 연방에 기반을 둔 안전지대를 제안했지만, 그 구체적인 내용은 실행의 측면에서 헝가리에 매우 중요한 몇 가지 사항을 담고 있었다. 헝가리는 문화적 차이와 관련하여 발칸 지역과 중부 유럽에 두 개의 광역 연방을 구성할 필요가 있으며 중부 유럽 연방은 리투아니아의 참여 여부와 관계없이 폴란드가 주도하고 헝가리도 이에 참여할 수 있다는 입장이었다. 또한, 슬로바키아와 체코의 재결합은 반대하지만, 슬로바키아가 독자적인 구성원으로 헝가리에 합류하는 것은 거부하지 않았다. 크로아티아의 독립 또는 세르비아로의 편입은 반대하지 않으며, 크로아티아가 역사적 사실을 바탕으로 중부 유럽 연방에 가입하는 것은 받아들일 수 있다는 태도도 견지했다. 계획서는 헝가리의 관점에서 짚고 넘어갈 유일한 문제는 해결되지 않은 루마니아와의 국경 문제라고 언급하면서, 1940년에 이 문제를 결정할 당시 독일은 루마니아의 편이었고 이탈리아는 이에 균형을 맞출 수 없는 상태여서 결과적으로 헝가리가 받아들일 수 없는 국경선이 획정(劃定)되었다고 주장했다. "어쨌든 헝가리는 1940년에 독일과 이탈리아가 결정한 내용에 만족할 수 없으며…… 헝가리에 유리하도록 국경선이 바뀌어야 한다. 그것이 어렵다면 트란실바니아가 역사적 국경 범위 내에서 스위스처럼 독립을 회복하고 세 동등한 민족, 즉 헝가리인, 루마니아인, 작센인이 이 지역에서 협력하며 공존해야 한다. 그러면 헝가리는 트란실바니아에 대한 지분을 포기할 것이며, 루마니아도 그렇게 해야 할 것이다."[250]

다시 한번, 헝가리 내의 트란실바니아 자치령이 최우선책이 되었고, 트란실바니아 독립 국가가 차선책이 되었다. 이것은 본질적으로 1919~1920년 평화 대표단의 최대 목표로 회귀하는 것을 의미했다.

두 번째 계획서는 1944년 6~7월에 작성되어 8월 27일 영국 외무부에 접수되었다. 저자는 헝가리 외무부 정치국장 세게디-머사크 얼러다르였다. 이 계획서는 슈레커의 계획서와 달리 연방 문제를 다루지 않은 대신 헝가리가 원하는 방향으로 국경 문제를 폭넓게 다뤘다. 이 계획서가 헝가리-슬로바키아 국경에 관해 국가적 차원에서 옳다고 받아들이며 국지적 수정 외에는 변경할 필요가 없다고 명시한 점은 매우 흥미로우면서도 현실감이 있다. 또한 이 계획서는 슬로바키아 자치가 계속 유지되어야 한다고 제안하기도 했다. 한편, 헝가리 권역 내의 카르파티아 지역 자치령을 포함하면서 국민 교환을 전제로 1920년에 정해진 국경선을 조정함으로써 남쪽 국경을 안정화하고자 했다.

이 계획서는 루마니아-헝가리 국경선과 트란실바니아 문제를 매우 자세하게 다루었는데, 1940년에 그은 새로운 국경선은 다수 민족의 원칙에 따라 배타적으로 결정된 국경선이라며 슈레커와 마찬가지로 이의 부당함을 지적했다. 그러면서 세 가지 해결책을 제시했다. 첫 번째는 머로시강을 따라 새로운 분할선을 정하는 것이었는데, 이는 1940년 헝가리 대표단이 제안했던 국경선과 동일한 것이었다. 그러나 이와 같은 해결책은 트란실바니아를 고려하고 있지 않기 때문에 국민 분포에 심각한 결과를 초래할 수 있다고 지적하며, 트란실바니아를 존중하는 것이 더 바람직하다는 의견을 덧붙였다. 두 번째는 1918년의 출발점으로 돌아가 트란실바니아가 헝가리와 연합하고, 루마니아인과 작센인은 이러한 국가의 틀 안에서 가능한 한 최대의 권리를 누릴 수 있도록 하는 방안이었다. 세 번째는 트란실바니아 자치령의 가능성이었다. "트란실바니아 독립이라는 구상이 세 민족 모두에게 매력적이라는 사실은 분명하다. 그러나 특수한 역사적 상황에서 자신들이 외부인이라고 느끼는 사람들, 자신들이 억압받고 있다고 느끼는 사람들만이 공개적으로 이러한 목표를 천명할 수 있을 것이다. 그러므로 트란실바니아는 평등한 세 민족이 공존하는 연방 주(州) 형태의 시스템 위에 건설되어야 한다." 계획서는 이러한 방안이 실현된다면 아라드 지역과 바나트 지역도 헝가리에 다시 병합될 것이라고 전망했다. 나아가 트란실바니아 자치령 또는 지배적 지위를 가진 트란실바니아가 헝가리와 동군연합 형태로 결속할 수도 있다고 부연했다.[251]

버이치-질린스키의 계획서는 매우 상세한 내용을 다루고 있는 책으로 헝가리가 전후 재정비 사업에 영향을 미치려는 의도로 제작한 홍보물이다. 비흐 카로이(Vigh Károly, 1918~2013)의 연구에서 알 수 있듯이, 버이치-질린스키는 외무장관의 요청에 따라 1943년 이 책을 집필했다. 그는 1943년 여름 이 원고를 완성했는데, 곧 부다페스트 대학의 영국인 강사가 이 책을 영어로 번역했고, 1944년 스위스에 있던 헝가리 수정주의자 연맹의 지원으로 이 책이 출판되었다. 이 연구에서 사용한 책은 1990년 부다페스트에서 출판된 책으로 괸츠 아르파드(Göncz Árpád, 1922~2015)가 번역했다.[252]

버이치-질린스키는 역사적·문화적 사실에 기초하여 트란실바니아를 헝가리 역사에서 필수적인 부분으로 간주하고 헝가리 문화를 보존하는 데 중요한 역할을 하는 지역으로 자리매김했다. 그는 헝가리인이 카르파티아 분지를 정복한 이후 트란실바니아 지역은 천 년 이상 헝가리의 땅이었고 루마니아의 영토가 된 것은 제1차 세계 대전 패배 이후인 1920년부터 1941년까지에 불과하다고 주장했다. 연합국 측으로 돌아서는 대가로 트란실바니아를 약속받은 루마니아의 외교력과 협상국 세력의 정책이 이러한 결과를 초래했지만, 그 대신 헝가리의 국익은 완전히 무시되었다는 것이다.

트란실바니아는 896년 이후 '트란실바니아 보이보디나'라는 이름으로 헝가리 왕국의 자치주로 존재했고, 오스만 제국 통치 기간에는 헝가리계 군주의 지배를 받던 헝가리 자치 공국이었다. 합스부르크 시기에는 빈이 직접 통치했지만 트란실바니아 대공국은 의심할 여지없이 헝가리적 성격을 강하게 띠었으며 1848년과 1867년 헝가리에 병합됨으로써 이러한 사실이 완결되었다. 버이치-질린스키는 이러한 관점에서 트란실바니아를 루마니아에 속하게 한 것은 역사적으로나 문화적으로 정당화할 수 없는 강대국의 인위적 결정이었다고 주장했다. 그의 계산에 따르면, 트란실바니아는 896년부터 1867년까지 헝가리의 자치령이었으며, 1867년부터 1918년까지 오스트리아-헝가리 제국 52년간은 자치권이 없는 헝가리 왕국의 일

부였다. 자치권이 없는 루마니아의 영토로는 겨우 22년밖에 존속하지 않았다. 따라서 협상국 세력에 의해 성립된 루마니아의 통치 및 트란실바니아의 자치권 종식은 정당하지 않다는 것이다. 그는 지리적 관점에서도 루마니아의 법적 연속성 주장을 받아들일 수 없다고 주장했다. 카르파티아산맥이 트란실바니아와 루마니아 공국을 분리하고 있는데, 이는 마치 영국 해협이 영국과 프랑스를 분리하여 두 나라 사이에 문화적·정신적으로 많은 차이가 발생한 것과 같다는 것이다.[253]

버이치-질린스키는 트란실바니아와 헝가리의 지속적인 문화 연결성과 상호 작용의 중요성을 강조하며 다음과 같이 의문을 제기했다. 트란실바니아 문화는 오랫동안 헝가리 정치인, 작가, 예술가 등의 영향을 받아왔고, 유럽 전역에서 이러한 사실에 의문을 제기하는 사람은 아무도 없다. 루마니아는 인구의 측면에서만 우세하다. 민족적 다수를 기준으로 독일인이 많이 사는 스위스의 한 지역을 독일에, 프랑스인이 많이 사는 스위스의 한 지역을 프랑스에, 이탈리아인 많이 사는 스위스의 한 지역을 이탈리아에 편입할 수 있는가? 다시 말하면, 루마니아인이 59%인 트란실바니아가 루마니아에 편입된 것처럼 독일인이 70%인 스위스는 독일에 편입되어야 하는가? 강대국은 국경선을 그을 때 이런 점을 고려했는가?

버이치-질린스키는 민족적 다수만을 기준으로 국경을 설정하는 것에 만족할 수 없었다. 그에게 트란실바니아 문제는 재검토와 수정이 불가피해 보였다. 스위스의 사례를 보면 이 문제가 전혀 불가능하지는 않을 터였다. 당시 스위스에는 독일인 70%, 프랑스인 21.2%,

이탈리아인 6.2%, 레토로망스인 1.1%가 살고 있었지만, 그들 사이에 어떠한 민족적 분쟁도 발생하지 않았다. 버이치-질린스키는 스위스가 트란실바니아 문제 해결에 좋은 본보기가 될 수 있으며, 역사적 트란실바니아의 복원과 자치권 확보는 정치적 합의를 통해 이룰 수 있다고 생각했다. 역사상 트란실바니아 공국의 정치 체제는 세 민족(헝가리인, 세케이인, 작센인)의 자치권에 기반을 두고 있었다. 버이치-질린스키는 이러한 과거의 사례를 현재의 요구 사항에 잘 맞게 조정한다면 이러한 방법이 오늘날에도 적용될 수 있으므로, 트란실바니아를 스위스와 동등한 형태의 정치적 장치를 갖춘 연방 형태로 전환하는 것이 성공의 열쇠라고 결론지었다.[254]

버이치-질린스키의 계획서에서 매우 중요한 부분을 차치하고 있는 것이 루마니아의 태도에 대한 비판이다. 루마니아는 처음부터 트란실바니아를 자국의 영토로 생각했다. 루마니아가 제1차 세계대전에서 협상국 세력에 가담한 것도 트란실바니아가 가장 큰 원인이었다. '대(大) 루마니아'에 대한 야망은 전쟁 이전부터 루마니아와 헝가리를 서로 적대시하도록 만들었다. 루마니아는 전쟁 내내 중립을 지켰지만, 전쟁이 막바지에 이르자 트란실바니아를 얻는 조건으로 참전했다. 버이치-질린스키는 이러한 거래가 나라를 소유하는 법적 근거가 될 수는 없다고 주장했다. 결국 해법은 스위스의 예를 따르는 것이다. 세 민족이 동등하고 평화롭게 공존하며 협력하고, 정치적으로 '소수'와 '다수'가 존재하지 않는 곳을 만드는 것이다.

버이치-질린스키는 헝가리가 이런 상황을 먼저 인식하고 그에 따라 협력할 필요가 있다고 주장했다. 그리고 문제 해결을 위한 우

선순위를 다음과 같이 제시했다.[255]

1. 지리·경제
2. 역사
3. 민족

첫 번째 문제는 트란실바니아의 영토이다. 트란실바니아의 북쪽 경계선은 역사적·경제적·지리적 상황을 고려하여 결정되어야 하지만, 남쪽 경계선은 오히려 민족적 원칙을 적용해야 한다. 그의 제안에 따르면 남쪽 국경선은 네그레니(키라이하고)와 퍼두레아 크라이울우이(키라이예르되)까지 이어지는데, 이것은 역사적 트란실바니아의 국경선과 같은 모양이다. 여기에는 문티 로드네이(러드너이 허버쇼크), 바르토프(라포시), 어버쇼크, 메세스 지역이 포함된다. 즉 새로운 트란실바니아는 근본적으로 역사적 트란실바니아를 의미하는 것이다. 이것은 또한 트란실바니아가 미래에 헝가리의 일부가 되지 않는다는 것을 의미한다. 트란실바니아의 자치권에 관한 그의 구체적인 구상은 다음과 같다.

버이치–질린스키가 초안을 잡은 트란실바니아 헌법의 가장 중요한 원칙은 이 지역의 모든 민족이 동등한 자치권을 갖는다는 것이다. 헝가리인과 세케이인이 분리되어야 할 역사적 이유가 사라졌고, 자신들은 헝가리 민족이라는 세케이인의 민족 정체성이 매우 강하기 때문에 "역사적 세 민족(헝가리인, 세케이인, 작센인)"이라는 개념은 이제 모두 과거의 역사가 되었다. 한편, 트란실바니아에서 가장 인구가 많은 루마니아 민족은 역사적으로 트란실바니아에서 민족적 권리를 가진 적이 없지만, 이제 헝가리인이나 독일인과 동등한 권리를 가져야 한다. 버이치-질린스키는 루마니아의 태도에 동조하는 입장에서 루마니아의 긍정적인 특징을 나열하면서 루마니아가 헝가리에 해를 끼쳤던 실수(예를 들면, 빈에서 벌였던 루마니아의 조작 등)를 변명하려 애썼다. 자치라는 명목으로 민족을 분리해 내기 쉬운 지역도 있지만, 아예 분리가 불가능한 지역도 있었다. 세케이 지역은 민족적으로 어느 정도 통일되어 있으므로 이곳의 자치적 성격은 의심할 여지가 없었다. 브라쇼브는 여러 민족이 혼합된 지역이지만, 지리적·경제적 특성을 고려하여 세케이 지역에 병합하도록 강력히 권고했다.

그는 역사적 경험에 기초하여 세케이 지역을 네 개의 총독령(bán-ság)으로 나누었다. 헝가리-세케이 총독령은 클루지(콜로즈) 주(州), 솔노크 주의 남부 지역, 베스테르체-너소드 주의 남부 지역, 토르더-어러뇨시 주의 거의 전 지역, 얼소-페헤르 주의 동부 지역, 키시-퀴퀼뢰 주의 북부 지역, 무레슈-투르다(머로시-토르더) 주, 치우크(치크) 주, 오도르헤이우(우드버르헤이) 주, 트레이-스카우네(하롬세크) 주, 브라쇼브(브러쇼) 주를 포함하게 된다. 다른 세 개의 총독령은 펠쇠-로만(상(上)루마니아) 총독령, 얼쇼-로만(하(下)루마니아) 총독령, 사스(작센) 총독령이 될 터였다. 당연한 이야기지만, 총독령은 지방 자치의 행정 단위이다.[256]

버이치-질린스키가 제시한 해결책은 총독령을 구성할 세 민족을 기반으로 한다. 자치란 세 민족이 트란실바니아에서 평화롭게 살

수 있도록 보장하는 조직 구조이며, 세 민족의 생존과 발전을 촉진
하는 원동력이기도 하다. 그는 스위스의 모델에서 자신의 아이디어
를 이끌어 냈지만, 이런 모델을 단지 복사하기만 해서는 기계적 결
함에 빠질 수 있다는 점도 잘 알고 있었다. 수백 년의 경험과 발전의
결과인 스위스 연방보다 트란실바니아가 더욱 많은 어려움을 가지
고 있는 것은 주지의 사실이다. 만약 트란실바니아 의회의 민족 비
율이 3 : 2 : 1(루마니아인 : 헝가리인 : 작센인)이 된다면, 루마니아 민족
이 정치적 대표성을 가지는 다수가 될 것이다.[257]

트란실바니아 문제 해결을 위한 버이치-질린스키의 계획은 논리
적 추론을 근거로 하고 있으며, 관련된 모든 당사자의 이익을 존중
하고자 했다. 그는 당시에 실행 가능한 구체적인 제안을 내놓았지
만, 그가 추구한 해법은 기본적으로 헝가리의 국익에 도움이 되는
방향이었다. 그는 헝가리의 영광스러운 역사를 바탕으로 하는 국가
정체성이 정의롭고 자연스러운 것이라고 생각했으며, 헝가리 국민
모두가 이러한 국가 존엄성을 느끼기를 기대했다. 이러한 국익의
보호가 그에게는 무엇보다 중요했다. 왜냐하면 그에게는 이것이 진
정한 애국심이었기 때문이었다.

트란실바니아의 미래에 관한 헝가리인의 관념은 당시 헝가리 주
류 정치계와 마찬가지로 역사성에 의해 지배되었다고 요약할 수 있
다. 모든 헝가리인이 트란실바니아를 헝가리에 합병하여 자치권을
부여하고 스위스처럼 내정을 관리하는 것이 최선의 해결책이라고
생각했다. 트란실바니아 독립 국가를 수립하는 것은 두 번째 해결책
이었고, 마지막은 트란실바니아를 분할하는 방안이었다.

제2차 세계 대전 이후 외교와 소수 민족 정책에 대한 헝가리 정치
사상에 급격한 변화가 있었다. 새롭게 집권한 정당들은 양차 대전
사이의 시기부터 좌익 사상을 구현하려 노력했는데, 이러한 사상은
온건하고 민족적이며 종종 트란실바니아의 이상을 따르고 있었다.
예를 들면, 1945년 선거에서 승리한 소지주당(小地主黨)은 정치적
·언어적 장벽 해소를 위한 화합을 옹호하며, 트리아농에서 정한 국
경선에서 멀리 떨어진 헝가리인 거주 지역에 영토 자치권을 부여해
야 한다고 주장했다. 소지주당은 트란실바니아에 대해 스위스식의
자치주 국가로 전환하자는 의견도 제시했다. 국가농민당 사무총장
코바치 임레(Kovács Imre, 1913~1980)도 소지주당과 마찬가지로 민
족주의 원칙을 적용하는 것이 공정하다고 생각했다. 그는 1946년
초 이 문제에 관한 논문에 다음과 같이 적었다. "천 년 역사의 낡은
국경을 주장하는 것은 맹목적 국수주의이며, 이를 요구하는 사람은
반인민적·반민주적이다. 이러한 해로운 요소는 정치에서 근절되어
야 한다. 헝가리인이 자신들의 국가를 만들고 싶어 하고, 새로운 헝
가리인의 국가가 자신들이 살던 지역에 성립하는 것을 원하는 것은
맹목적 국수주의가 아니다."[258]

국가농민당의 뛰어난 사상가이며 외무부를 대표하여 평화안을
준비하는 데 결정적인 역할을 했던 비보 이슈트반(Bibó István, 1911~
1979)은 1946년 발표한 논문에서 성(聖) 이슈트반의 국가 원칙 포
기, 역사적 국경선 포기, 주요 수정 계획안 포기, 민족주의 원칙 수
용을 주장했다. '동유럽 소국들의 고통'이라는 논문에서 그는 다음
과 같이 주장했다. "우리는 동유럽과 중부 유럽의 파편화된 여러 국

가가 서유럽처럼 역사적 국경을 따라 안정을 찾기보다는 언어적 국경을 따라 안정을 추구하도록 해야 한다. ……지리, 경제, 전략, 구역, 교통, 그 밖의 여러 요소 등은 완전히 무용지물이며, 이런 요소를 적용할 경우 엄청난 문제가 발생할 것이다."[259]

노동 계열의 두 정당은 훨씬 온건한 의견을 가지고 있었다. 헝가리 공산당의 가장 유능한 지도자 레버이 요제프(Révai József, 1898~1959)는 1945년 말부터 1946년 초까지 여러 차례에 걸쳐 역사적·민족적 경계를 요구하는 것은 비현실적이라는 의견을 개진했다. 그는 다음과 같이 말했다. "헝가리 외부의 헝가리 소수 민족과 문화적·지적(知的)·경제적 관계를 강화하기 위해 우리의 모든 힘을 집중하는 것이 가장 이성적인 행동이다."[260] 사회민주당도 비슷한 의견이었다. 설러이 샨도르(Szalai Sándor, 1912~1983)의 주도 아래 구체화한 강령 초안은 체코슬로바키아 및 유고슬라비아에 접한 국경선의 수정을 강력하게 반대했으며, 루마니아에 접한 국경선에 대해서도, 앞의 경우처럼 강하지는 않지만, 수정을 반대한다는 의견을 제시했다. 사회민주당의 강령은 본질적으로 민족, 종교, 성별과 관계없이 법 앞에서 모든 사람의 경제적·문화적·사회적 평등을 요구했다.[261]

1945년 말과 1946년 초 언론을 통한 토론과 당 내부 협의를 거치면서 공산당과 사회민주당은 1920년에 결정된 국경선의 변경에 관한 안건을 다루기로 방침을 바꾸었다. 그들은 유고슬라비아에 대해 영토를 요구하는 것은 무의미하다는 데에도 동의했지만, 슬로바키아 쪽 국경선에 관해서는 두 정당 사이에 여전히 의견이 분분했다. 소지주당과 국가농민당은 헝가리인이 몰려 사는 지역을 돌려받기를 원했다.

연립 정부가 논쟁을 벌이는 동안 외무부의 전문가들도 평화 회의를 준비하고 있었다. 그들은 이번 회의가 "현재 상태와 반대 방향으로 문제를 해결할 수 있는 기회"일지도 모른다는 생각에 주로 트란실바니아에 정책의 초점을 맞추었다.[262] 많은 계획과 아이디어 중 여기에서 언급할 만한 것은 젊은 역사학자 토트 졸탄(Tóth Zoltán, 1911~1956)의 개념과 전(前) 정치학 연구소 소장 로너이 언드라시(Rónai András, 1906~1991)의 견해이다.

오늘날 일반적으로 '파르티움 해결책'으로 불리는 토트의 개념은 국민 교환과 결부하여 이 심각한 문제에 마침표를 찍을 수 있는 국경 지역을 헝가리에 병합하는 방안에 근거하고 있으며, 대부분 지리적·경제적 사항을 고려하여 구성되었다.[263]

로너이는 1945년 10월에 작성한 보고서에서 세케이 지역과 티산툴 지역 사이에 거주하는 루마니아인 때문에 회랑 지대를 만드는 것만이 유일한 해결책이라고 강조하며, 다른 어떤 해결책도 완전할 수 없고 국민 교환은 엄청난 불행을 동반하게 될 것이라고 덧붙였다.[264]

케르테스 이슈트반(Kertész István, 1904~1986)을 위시한 외무부 수뇌부는 평화 회의를 준비하면서 소위 파르티움 해결책을 채택했다. 그리고 정치학 연구소의 젊은 연구원 여컵피 임레(Jakabffy Imre)에게 구체적인 계획안을 준비하도록 지시했다. 1946년 봄 완성된 초안에서 그는 국경 지역 22,000km^2의 병합을 제안했다. 이것은 제2차 빈 중재 판정으로 헝가리에 반환된 영토의 절반에 해당했다. 그

3장 강대국의 제2차 개입과 1947년 파리 평화 조약

러나 이 계획안은 제2차 빈 중재 판정과 달리 세케이 지역을 포함하지 않은 국경 지대만을 대상으로 했다. 여컵피 임레가 제안한 지역에는 약 150만 명의 사람이 살고 있었는데, 그중 헝가리인은 31.8%, 루마니아인은 55.7%였다. 이 계획안을 따르면 약 100만 명의 헝가리인이 루마니아의 지배를 받고, 약 88만 2천 명의 루마니아인이 헝가리의 지배를 받게 되는 것이다. 그는 계속해서 다음과 같이 적었다. "이러한 영토 제안은 헝가리와 루마니아의 영토 분쟁이 국민 교환을 통해 해결될 수 있다는 점을 염두에 두고 있는 것이다."[265]

최대 규모의 계획안 외에 파르티움 해결책의 완화된 계획안도 준비되어 있었다. 너지 페렌츠(Nagy Ferenc, 1903~1979) 수상의 지시에 따라 이 계획안 역시 여컵피 임레가 세밀하게 준비했다. 이 계획안의 대상 지역은 11,800km^2이며, 거주 인원은 루마니아인 42만 1천 명, 헝가리인 44만 2천 명으로 헝가리인이 다수였다.[266]

1946년 4월 24일 죈죄시 야노시(Gyöngyösi János, 1893~1951)는 헝가리 연립 정부 대표들과 회의를 열어 루마니아에 대한 헝가리의 요구 범위를 22,000km^2로 결정했다. 그는 1946년 8월 14일 파리 평화 회의 총회에서 최대 규모 계획안을 제시했지만, 며칠 후 미국의 조언에 따라 영토 규모를 약 4,000km^2로 축소했다.[267] 이 요구안은 1920년의 요구안 또는 제2차 세계 대전 당시의 요구안에 비해 엄청나게 완화된 것이었다.

2. 1941~1947년 루마니아의 태도

루마니아 국민은 제2차 빈 중재 판정 결과에 매우 실망하고 분노했다. 국민의 불만은 결국 왕정 독재 체제의 종식으로 이어졌다. 1940년 9월 4일 루마니아 국왕은 이온 안토네스쿠 원수를 수상으로 임명했는데, 독일과 극우 철위단, 심지어 친서방의 전 헝가리 국회의원 율리우 마니우(Iuliu Maniu, 1873~1953)까지도 그를 받아들였다. 국왕은 안토네스쿠에게 전권을 부여하고 헌법을 정지시켰으며 왕정 독재로 구성한 조합적 성격의 봉건 의회를 해산했다. 그리고 안토네스쿠의 조언에 따라 9월 7일 하야한 뒤 다음 날 루마니아를 떠났다.

9월 15일 루마니아는 국가 지도자 안토네스쿠가 지휘관의 역할을 맡은 병영 국가로 전환했다. 11월 루마니아는 헝가리와 마찬가지로 삼자 협정을 체결하고 원자재를 비롯한 독일의 여러 요구 사항을 충족시키기 위해 최선을 다했다. 한편, 루마니아의 내정은 수천 명의 유대인과 반대파가 살해당하거나 강제 수용소로 보내지는 등 폭력에 지배되었다. 1941년에는 권력자들 사이에 무력 충돌이 발생했는데, 안토네스쿠가 철위대를 박살 내며 완전한 승리를 거두었다. 이로써 병영 국가는 개방적 군사 독재로 대체되었다.[268]

루마니아는 헝가리와 달리 처음부터 독일과 함께 대(對)소련 전쟁을 수행했다. 헝가리가 동부 전선에 4~5만 명 정도를 파견했던 반면, 안토네스쿠는 거의 100만 명을 파견했다. 그중 약 30만 명이 그해가 끝나기 전에 사망했다. 히틀러가 북부 부코비나와 베사라비아뿐만 아니라 드네스트르강 건너의 영토 일부를 루마니아에 반환한 것은 이러한 이유 때문이었다. 루마니아는 대소련 전쟁의 두 번째 국면에도 적극적으로 참여했다. 1943년 여름 안토네스쿠는 전쟁에서 약 50만 명이 사망했다는 사실을 인정했다. 사망자, 부상자, 전쟁 포로를 전부 합치면 100만 명에 달할 정도였다.[269]

1943년 루마니아 정부는 헝가리의 칼러이 정부와 마찬가지로 별도의 평화 협상을 벌이기 위해 서방측과 은밀히 접촉하기 시작했다. 그러나 헝가리와는 달리 루마니아는 소련과도 매우 빠르게 접촉했다. 연락책 중의 한 사람이었던 베네시는 1943년 모스크바를 방문하여 스탈린에게 루마니아는 베사라비아를 요구하지 않을 테니 전쟁이 끝나면 트란실바니아를 루마니아에 돌려달라고 요청했다.[270] 베네시는 며칠 뒤 마니우에게 소련의 반응에 대해 다음과 같이 전했다. "러시아는 부코비나 북부와 베사라비아를 자신들의 영토로 생각하지만, 트란실바니아를 루마니아에 돌려주는 것은 매우 긍정적으로 생각하고 있다."[271]

모스크바의 약속을 근거로 루마니아가 트란실바니아 문제 재협상을 원하던 헝가리의 모든 행동을 거부했던 것은 당연한 일이었다. 이 문제를 위해 움직였던 가장 유력한 인물은 반피 미클로시였다. 그는 1943년 여름 안토네스쿠의 대리인은 물론 마니우와도 만남을 가졌다. 헝가리 정부가 반피에게 권한을 주었으며, 베틀렌도 그에게 지시를 내렸다. 반피의 출발점은 루마니아가 제2차 빈 중재 판정을 협상의 기본 전제로 받아들여야 한다는 것이었다. 반면, 루마니아는 1940년에 빼앗긴 영토를 완전히 반환받지 못한다면 두 나라 사이에 어떠한 합의나 협력도 있을 수 없다는 입장이었다. 반피와 마이누는 상대방의 얘기를 들은 체도 하지 않았다. 칼러이와 베틀렌이 마이누에게 보낸 메시지는 다음과 같았다. '독일이 전쟁에서 패하면 추축국은 붕괴할 것이다. 헝가리와 루마니아는 이러한 변화에 같이 대응해야 한다. 트란실바니아 문제는 두 나라만의 힘으로 합의에 도달할 수 없으므로 승전 강대국의 결정에 맡겨야 한다.' 반피는 마니우가 헝가리의 제안에 대해 답변을 얼버무리거나 거부했고, 트란실바니아가 어디에 속해야 할지에 대해서는 '인민의 열정'을 통제할 수 없기 때문에 합의가 어렵다는 입장이었다고 회상했다.[272]

1944년 3월 루마니아와 소련은 카이로에서 정전 협상을 시작했다. 그 기초가 된 것은 1943년 이미 이루어진 소련-루마니아 타협안이었다. 소련은 정전 협정에 옛 소련 영토와 베사라비아를 소련이 차지하는 대가로 '트란실바니아 전체 또는 대부분'을 루마니아에 반환하는 내용을 넣었다. 미국과 영국은 영토 문제를 이런 식으로 해결하는 것이 좋은 해법이라고 생각하지 않았지만, 트란실바니아 문제는 궁극적으로 정전 협정에서 확정한다는 조건으로 이에 동의했다.[273] 루마니아는 1944년 4월 12일 연합국이 합의한 조건을 통보받았다. 안토네스쿠는 서명을 거부했지만, 정당 대표들은 6월 10일 이를 받아들였다. 서명이 발효(發效)하기 위해서는 안토네스쿠와 그의 지지자들을 축출해야 했다. 결국, 8월 23일 쿠데타를 통해 안토네스쿠 세력은 숙청되었다. 권력을 잡은 젊은 국왕 미하이 1세는 독일에 단교를 선언하고, 9월 12일 몇 달째 서명되지 않던 정전 협정에 서명했다. 루마니아는 베사라비아와 부코비나 북부를 포기했지만,

트란실바니아 전체 또는 대부분을 돌려받기로 약속받았다.[274]

8월 23일의 사건으로 루마니아 전역은 전쟁의 참화를 피할 수 있게 되었다. 독일이 극도로 중요한 석유 생산지 플로이에슈티를 잃은 반면, 소련은 불가리아와 유고슬라비아로 자유롭게 진격할 수 있었고 남부 카르파티아의 안부(鞍部) 지역을 통해 헝가리로 나아갈 수 있었다. 소련과 루마니아 군대는 헝가리와 독일의 저항을 물리치며 10월 말에 트란실바니아를 점령했다. 루마니아 행정부는 군대와 함께 돌아왔다. 권력의 교체는 피비린내 나는 학살을 동반했는데, 소위 '마니우 친위대' 무리가 이러한 학살을 주도했다. 소련은 이러한 만행을 이유로 내세우며 1944년 11월 14일 트란실바니아 북부에서 루마니아 행정부를 소환했다. 곧이어 트란실바니아 북부의 헝가리인 및 루마니아인 좌파 세력이 소련 군사 정부의 비호 아래 특별 지방 행정부를 구성했다. 이 체제는 1945년 3월 6일 페트루 그로자(Petru Groza, 1884~1958)를 수반(首班)으로 하는 친소련 좌파 정부가 수립될 때까지 지속되었다. 이에 대한 대가로 스탈린은 부쿠레슈티의 루마니아 정부가 트란실바니아 북부까지 관할할 수 있도록 권한 확장을 허락했다.[275]

소련 군사 정부 시기와 그 후의 루마니아 정부 시기에 소수 민족 정책에 관한 몇 가지 긍정적인 조치가 취해졌다. 1944년 11월 14일 '소수 민족부'가 설립되었다. 1945년 2월 6일 니콜라에 러데스쿠(Nicolae Rădescu, 1874~1953) 정부는 소수 민족법으로 알려진 법령 제86호를 공포했다. 이 법령은 모든 시민이 국적, 언어, 종교에 관계없이 법 앞에 평등하다고 명시했고, 루마니아인이 인구의 30%를 넘지 않는 지역에서도 언어 사용에 관한 집단적 권리를 보장했다. 1944년 10월 16일 '루마니아의 헝가리인 노동자 연합'을 계승하여 '헝가리 인민 연합'이 설립되었다. 이 단체는 루마니아에 거주하는 모든 헝가리인의 이익을 대변하는 정치 활동을 펼쳤다. 예를 들면, 헝가리인 수천 명의 시민권 허용 문제, 부재중인 헝가리인의 재산 압류 또는 몰수에 관한 문제, 헝가리 군대 제대자의 농지 개혁 배제에 관한 문제 등이었다.[276]

루마니아의 모든 정당은 트란실바니아의 미래에 대해 동일한 의견을 가지고 있었다. 그것은 트란실바니아 전체가 루마니아에 속해야 한다는 것이었다. 이러한 관점은 1945년 '파벨 파벨'이라는 사람이 런던에서 출판한 책자에 잘 나타나 있다. 이 책의 실제 저자가 누구인지 알 수는 없지만, 평화 회의 참석자들에게 영향을 미치려는 의도로 이 책이 집필되었음은 분명하다. 본문에는 이와 관련된 내용이 여러 차례 분명하게 언급되어 있다. 헝가리 역사학계에 잘 알려지지 않았던 이 책은 1996년 대영 박물관에서 발견되었다. 독특한 작품인 만큼 이 책을 자세히 분석하겠다.

파벨 파벨에 따르면 1920년의 트리아농 조약은 "인간이 할 수 있는 최고의 조약"이었다. 그는 트란실바니아의 루마니아인 구역과 티산툴의 헝가리인 구역 사이의 민족 구분선이 거의 완벽하므로 이 조약은 매우 자연스럽다고 주장했다. 그리고 1920년 이후로 이러한 진실을 반박할 만한 그 어떤 사실도 "발견"하지 못했다고 덧붙였다.[277] 파벨 파벨은 1930년 이후의 루마니아 통계 자료를 조작하고 세케이인을 전체 인원에서 제외하는 방식으로 트란실바니아의

3장 강대국의 제2차 개입과 1947년 파리 평화 조약 **181**

주(主) 거주민이 루마니아인이라는 점을 증명하려 했다. 그는 세케이인에 대해 다음과 같이 적었다. "세케이인은 삶의 방식을 완전히 다른 방향으로 발전시켰는데, 이는 그들의 외모, 관습, 언어, 전통에 매우 강한 영향을 미쳐 헝가리 국민과는 전혀 다른 분파를 형성하도록 했다." 그는 이 때문에 세케이인이 헝가리와 밀접한 관계를 맺지 못했다고 설명했다. "반대로 세케이인은 루마니아에 대한 정치적·경제적 의존성을 깨닫고, 루마니아의 두 독립 공국과 평화롭게 살았던 것처럼 지난 800년간 트란실바니아에서 루마니아인과 평화롭게 공존해 왔다. 실제로, ……15세기 말까지 그들은 두 루마니아 공국, 특히 몰다비아와 연합하여 살았다."[278]

무엇보다도 역사 또는 역사 왜곡이 가장 중요하다. 파벨 파벨은 이 지역의 가장 오래된 민족이자 가장 인구가 많은 민족이 루마니아인이라고 기술했다. "루마니아인은 숫자도 많았고 매우 활동적이었기 때문에 18세기 초 라코치 페렌츠(Rákóczi Ferenc, 1676~1735)의 혁명에서 주도적인 역할을 했다. …… 헝가리인이 '쿠루츠의 노래'로 알고 있는 혁명 노래는 비록 헝가리어로 불리고 있지만, 루마니아 리듬과 운율을 간직하고 있다."[279]

이 책자의 주요 논지는 제1차 세계 대전 이후에 성립한 대(大)루마니아가 평화 협정 훨씬 이전에 강대국의 의도가 아니라 역사의 필연적 결과로 성립하였다는 것이다. "……도나우 분지의 새로운 국가들은 정전 협정이 체결되기 몇 주 전에 설립되었다." 파벨 파벨은 계속해서 역사를 위조하고 있다. "버이더-보이보드는 10월 18일에 이미 헝가리 의회에서 트란실바니아와 루마니아의 통합을 발표했다. 그들은 11월 13일 아라드에서 야시에게 이 사실은 알렸다. 그러므로 알바 율리아 결의안은 상징적 의미만을 가질 뿐이다. ……트란실바니아와 반샤그(바나트)는 국민의 자결권을 기반으로 옛 왕국과 연합했다."[280]

이 책자는 헝가리인이 국경 지역만을 요구한다고 간주하면서 파르티움의 역사와 민족 구성 그리고 경제적 관계에 대해 언급했다. "……경제적으로 이 지역 전체가 트란실바니아에 집중되어 있으므로 루마니아가 수정된 국경선을 받아들인다면 경제적 재앙에 직면하게 될 것이다. 이 재앙은 거의 200만 명에 달하는 사람에게 영향을 미칠 것이다."[281]

이렇게 주장한 후 저자는 여덟 개의 결론을 도출했다. 내용은 다음과 같다.

(1) 1919년 파리 평화 회의(1920년 트리아농 조약)에서 루마니아에 할양된 트란실바니아는 대부분 루마니아인이 거주해 온 지역이다. 이들은 헝가리인이 유럽에 도착하기 훨씬 전에 그곳에 정착한 반면, 헝가리인과 기타 여러 민족은 주로 지난 2세기 동안 그곳에 정착했다. 이러한 역사적 사실은 편견에 사로잡히지 않은 모든 헝가리 학자도 인정했다.

(2) 트란실바니아의 루마니아인과 헝가리인을 구분하는 민족적 경계는 트리아농보다 적어도 1세기 전에 헝가리인이 확립하였다.

(3) 줄러페헤르바르 국민 회의는 1918년 12월 1일 트란실바니아가 루마니아인에 의해 통일되어 고대 왕국과 동일한 형태가 되었음

을 선언하였고, 헝가리는 이를 공식적으로 인정하였다.

(4) 트란실바니아와 루마니아의 자유 연합은 파리 평화 회의가 시작
되기 전부터 성립하였다.

(5) 파리 평화 회의는 헝가리의 요구 사항을 거부했다.

(6) 파리 평화 회의는 또한 1916년 6월 16일 연합국과 루마니아가
체결했던 조약에 따라 루마니아가 주장했던 영토 요구 사항도
거부했다.

(7) 파리 평화 회의, 외무장관 회의, 최고 위원회 회의에 참여한 전
문가들은 헝가리의 역사적·지리적·경제적 자료 및 각종 통계
자료를 기반으로 최종 결정을 내렸다.

(8) 헝가리 관련 자료를 검토한 전문가들은 모두가 인정하는 세계적
인 학자들로 편견 없이 토론에 참여하였고, 국경 지역에 대한
면밀한 검토를 통해 객관적인 결정을 내렸다.[282]

파벨 파벨의 의견은 혼자만의 생각이 아니었다. 세부 사항은 차
치하고, 루마니아 정부는 정전 협정의 문구와 관계없이 1945년 내
내 트란실바니아 전체 지역을 요구했다. 법무장관 루크레치우 퍼트
러슈카누(Lucreţiu Pătrăşcanu, 1900~1954)는 1945년 6월 13일 클루
지-나포카에서 "트란실바니아 북부는 루마니아에 영원히 통합될
것"이라고 강조하며, 파벨 파벨과 비슷한 어조로 연설했다. "……정
전 협정의 여러 부분에 논쟁의 여지가 많지만, 소련 정부의 관대하
고 굳건한 의지 덕분에 처음부터 확고하게 결정된 사항이 있다. 트
란실바니아 북부 지역을 루마니아에 돌려주는 것이다." 그는 2월의

소수 민족 법령에 이중 언어 사용이 명기되었음에도 공공 행정에서 오직 루마니아어만이 허용될 것이라고 덧붙였다.[283] 몇 달 후인 1945년 11월 1일 루마니아 정부 수반 페트루 그로자는 헝가리 대사에게 "헝가리가 국경선 개정을 요구한다면 루마니아, 유고슬라비아, 체코슬로바키아는 헝가리의 영토마저 요구할 것"이라고 말했다.[284]

루마니아 정부는 헝가리가 처한 상황을 더욱 강조하기 위해 '헝가리 인민 연합' 지도자들에게 트란실바니아에 거주하는 헝가리인의 대표 자격으로 제2차 빈 중재 판정 이전의 국경 복원을 지지하도록 요청했다. 벌로흐 에드가르(Balogh Edgár, 1906~1996), 바녀이 라슬로(Bányai László, 1907~1981) 등 '헝가리 인민 연합'의 지도자들은 약간의 논의를 거친 뒤 그 요청에 응하기로 했다. 그들은 1945년 말 트르구무레슈 선언을 발표하여 "트란실바니아 분할" 계획을 반대하고 영토 수정 대신 "민주주의 강화"와 "국경 개방"을 통해 "트란실바니아 문제"를 해결해야 한다고 주장했다.[285]

'헝가리 인민 연합'의 소위 100번째 위원회 선언은 트란실바니아의 헝가리인 사이에 심각한 정치적 위기를 촉발했다. 헝가리인 대다수는 '헝가리 인민 연합'의 지도자들이 헝가리와 트란실바니아를 배신했다고 비난했다. 한편, 로마 가톨릭 마르톤 아론(Márton Áron, 1896~1980)과 개신교 바샤르헤이 야노시(Vásárhelyi János, 1888~1960) 등 트란실바니아의 다른 헝가리 지도자들은 1945년 12월, 소위 '넓은 회랑 지대'와 비슷한 국경을 제안한 정치 각서를 작성하여 열강의 대표들에게 보냈다. 그들은 트란실바니아 북부의 여러 주를 다수 민족인 루마니아인에게 맡기는 대신 세케이 지역을 트르구무레슈, 클루지-나포카, 오라데아를 통해 헝가리와 합병하는 방안을 제시했다. 그렇게 된다면 약 130만 명의 헝가리인과 85만 명의 루마니아인이 헝가리에 귀속될 터였다. "트란실바니아의 헝가리인은 헝가리 정부나 자신들이 아무리 작은 영토라도 자발적으로 포기할 권리를 가지고 있지 않다고 믿고 있다. 이것은 헝가리의 완전무결에 관한 근본적인 문제이다. 외부 세력이 헝가리에 포기하도록 강요할 수 있지만, 그러한 불공정은 시간이 지나면 고칠 수 있다. 그러나 자발적인 포기는 고치는 것이 불가능하다."

정치 각서의 작성자들은 트란실바니아에 살고 있는 헝가리인의 목소리가 평화 회의에 전달되어야 하며, 헝가리 정부가 "트란실바니아의 헝가리인이 만족할 수 있도록 영토 문제 정착을 위해" 모든 것을 다해야 한다고 생각했다.[286]

이러한 의견은 루마니아의 공식적인 입장에 아무런 영향을 미치지 못했다. 헝가리와 마찬가지로 1945년 이후에 이루어진 루마니아 정치의 좌익으로의 전환도 이 문제에 관한 생각에는 전혀 영향을 미치지 못했다. 상황은 1920년과 동일했다. 트란실바니아는 루마니아에 속해야 한다. 루마니아의 입장은 좁은 국경 지역을 반환하려 했던 1940년보다도 유연하지 못했다.

3. 미국의 계획

진주만 공습으로부터 3주 후인 1941년 12월 28일 프랭클린 D.

루스벨트 미국 대통령은 미국 국무부 내에 특별 위원회를 설치했다. '전후 외교 정책에 관한 자문 위원회'로 불렸던 이 위원회는 전쟁 후의 미국 평화 프로그램을 정교하게 만들어 내는 임무를 담당했다. 이 위원회의 의장은 국무장관 코델 헐(Cordell Hull, 1871~1955), 부의 장은 국무차관 서머 웰스(Summer Welles)였고, 실무는 러시아계 경제학자 레오 파스볼스키(Leo Pasvolsky, 1893~1953)가 맡았다. 파스 볼스키는 헐의 조언자이기도 했다. 위원회의 핵심 위원 중 한 명인 이사야 보먼(Isaiah Bowman, 1878~1950)은 지리학 교수로 1915년부터 1935년까지 미국 지리 학회의 이사를 역임했던 인물이었다. 그는 자문 위원회 산하의 지역 문제 소위원회 위원장을 맡았으며, 나중에 정치 과학 프로그램으로 유명한 존스 홉킨스 대학의 총장을 지냈다. 그 외에 속칭 '외교 문제'라고 불리던 국무부 정기 간행물의 편집자 해밀턴 피시 암스트롱(Hamilton Fish Armstrong, 1893~1973), 뉴욕 타임스의 외교 분석가 앤 오헤어 맥코믹(Anne O'Hare McCormic, 1882~1954), 냉전에 관한 가장 유명한 연대기 작가이며 국무부 경제 고문이었던 허버트 페이스(Herbert Feis, 1893~1972), 하버드 대학에서 동유럽을 전공한 젊은 역사가로 제2차 빈 중재 판정에 관한 평가서를 작성했던 필립 E. 모즐리(Philip E. Mosely, 1905~1972), 1947년에 미국 평화 대표단의 간사를 맡게 되는 젊은 동유럽 전문가 존 C. 캠벨(John. C. Campbell) 등이 이 위원회의 주요 구성원이었다. 이 위원회는 전쟁이 끝날 때까지 여러 이름으로 운영되었는데, 정기적으로 회의를 개최하는 한편 상황 분석과 사실 조사를 위해 수시로 연구 모임을 가졌다.[287]

루스벨트 대통령과 자문 위원회는 어떤 지역에서 침략 행위가 발생한다 해도 국제기구가 현 상황을 유지할 수 있는 충분한 힘을 가지고 전후의 장기적 평화를 보장하는 데 최상의 역할을 할 수 있을 것으로 믿었다. 그들은 국제기구가 제1차 세계 대전의 결과인 영토 불평등 문제를 시정한다면 장기간에 걸쳐 효과적으로 현상을 유지할 수 있으리라는 점을 잘 알고 있었다. 따라서 자문 위원회의 가장 중요한 임무는 세계의 영토 분쟁을 도식화하고 이러한 긴장을 완화하는 방안을 정교화하는 것이었다. 긴장이 고조된 50개 지역이 조사되었는데 그중 34개 지역이 유럽에, 24개 지역이 동유럽에 분포했다. 헝가리의 국경 중 오스트리아-헝가리 국경만이 공평하고 지속 가능한 것으로 판단되었으며, 나머지 국경(슬로바키아-헝가리, 루마니아-헝가리, 유고슬라비아-헝가리)은 논쟁의 여지가 많은 것으로 평가되었다.[288] 이 분석 자료 중 트란실바니아에 관한 의견 및 결정 사항을 인용하겠다.

위원회는 1943년 2월 5일, 12일, 19일 세 번 연속으로 트란실바니아 문제를 다루었다. 당시 32세였던 역사가 존 C. 캠벨이 이 주제를 맡았다. 그는 모즐리와 마찬가지로 하버드 대학에서 수학했고, 1940년 같은 대학에서 박사 학위를 받았다. 캠벨은 네 가지 해결책을 제시했지만, 그중 어느 하나도 그의 마음에 들지 않았다. 그는 트리아농 조약에 따른 국경선으로 복귀하는 것은 좋은 해결책이 아니라고 생각했다. 1930년 루마니아 인구 조사에 따르면, 150만 명의 헝가리인이 루마니아의 통치를 받게 되며 "까다로운 소수 민족 문제가 고착화될 수 있기" 때문이었다. 국경선을 트리아농 조약 이

전으로 복원하는 것은 훨씬 더 심각한 문제, 즉 트란실바니아 전체를 헝가리에 반환해야 하는 어려움이 있었다. 이때에는 약 300만 명의 루마니아인이 헝가리에 남겨질 터였다. 세 번째 방안은 1940년의 국경선이었다. 이 방안은 교통 문제와 경제적인 측면에서 약점이 있었고, 세케이 지역과 파르티움 지역에서 100만 명의 루마니아인이 헝가리인 다수 지역에서 헝가리의 통치를 받아야 하는 문제가 있었다. 네 번째 방안은 트란실바니아의 자치권을 확립하는 것이었다. 이 방안에 대해 그는 이렇게 말했다. "……트란실바니아에 자치권을 부여하는 것은 굉장히 매력적으로 보인다. 그러나 그것이 어떻게 작동할 것인지 예측하기는 매우 어렵다. 그것은 헝가리와 루마니아 양국 모두에게 뿐만 아니라 이 지역의 헝가리인, 루마니아인 모두에게도 불만족스러운 해결책이기 때문이다." 그는 이 지역에 일종의 "지역 애국주의"가 있다고 가정했지만, 결국 두 민족의 대다수는 자치권을 가진 트란실바니아가 헝가리나 루마니아로 합병되기를 원한다고 생각했다.

위원회의 다른 위원들도 캠벨과 마찬가지로 이 문제에 대해 어려움을 느꼈다. 앤 오헤어 맥코믹은 "이 지역이 루마니아나 헝가리의 지배 아래 들어가지 않는 것", 즉 트란실바니아가 자치국이 되는 것이 이 지역의 긴장을 최소화할 수 있는 방안이며, 모든 나쁜 방안 중에서 가장 나쁘지 않은 방안이라는 의견을 견지했다. 그러나 이사야 보먼과 해밀턴 피시 암스트롱은 이 의견에 강하게 반대했다. 암스트롱은 트란실바니아 독립국에 관한 구상은 오토 폰 합스부르크(Otto von Habsburg, 1912~2011)가 사람들의 이목을 끌지 않고 루마니아로부터 이 영토를 얻으려 고안해 낸 방법이라며 "우스꽝스럽고 미친" 방안이라고 비난했다. 보면은 이 방안이 이 지역을 차지하려는 루마니아와 헝가리의 투쟁을 영구적인 것으로 만들 뿐이라는 의견을 제시했다. 그러나 아무도 건설적인 반대 제안을 내놓지는 못했다. 트란실바니아 문제를 다룬 첫 번째 위원회 모임은 아무런 결정도 내리지 못했고 권고 사항을 채택하지도 못했다. 이 회의에서 도달한 유일한 합의는 트란실바니아에서의 적대감과 무력 충돌 방지를 위해 이 지역을 연합국 군대의 감독, 즉 군사 정부의 통치 아래 두는 것이었다. 이 방안을 제안한 국무부 차관보 아돌프 베를리(Adolf Berle, 1895~1971)는 루마니아와 헝가리의 적대감은 몇 년의 과도기가 지나면 완화될 것이며, 두 당사국은 강대국의 중재 없이도 상호 간에 받아들일 수 있는 합의에 도달할 수 있을 것이라는 미래상을 염두에 두고 있었다.[289]

2월 12일의 회의에서도 어떠한 결정이나 권고 사항을 이끌어내지 못했다. 캠벨과 모즐리는 트란실바니아의 민족 관계를 자세히 검토한 후 세케이 지역과 헝가리인이 다수인 국경 지대는 별도로 다루어야 하며 각각의 문제에 대해 각각의 해결책을 제시해야 한다고 결론지었다. 이에 비해 아돌프 베를리는 트란실바니아 문제를 해결하기 위해서는 인구를 기반으로 하는 방안 대신 국가를 기반으로 하는 방안을 연구해야 한다는 예상외의 제안을 내놓았다. "이 방법론을 따르면 인구의 가장 강력한 요소, 즉 집단으로서 자신을 가장 잘 보존하는 것으로 추정되는 단위에 초점을 맞춰야 한다. 그런 다음 이 요소에 그 안정성을 최대한 보장하는 영토가 주어져야 한

다. 이것은 헝가리가 카르파티아산맥까지 팽창하거나 루마니아가
베르사유 이후의 영토를 회복하는 것을 의미한다."[290]

위원회는 세 번째 회의에서 트란실바니아에 관해 생각할 수 있는
모든 해결책을 논의했다. 국무부 동(남)유럽 책임자인 C. W. 캐넌은
트란실바니아 독립국, 즉 루마니아-트란실바니아-헝가리의 삼국
체제를 지지했는데, 이는 오래된 베틀렌 이슈트반의 방안과 비슷한
개념이었다. 보면, 모즐리, 캠벨은 헝가리에 국경 지역을 할양하고,
루마니아의 세케이 지역에 자치권을 부여하는 방안을 지지했다. 암
스트롱은 트란실바니아 독립에 반대하면서 좁다란 파르티움 지역
을 제외한 모든 지역을 루마니아에 넘겨주자고 주장했다. 마지막으
로, 코델 헐의 고문인 맥머리는 루마니아-헝가리 영토 분쟁에서 공
정하고 정당한 해결책은 불가능하므로 원래의 트리아농 국경선으
로 복귀하자는 의견을 제시했다. 위원들이 합의에 이르지 못하자
보면은 회의를 종료하고, 위원들에게 이 문제를 계속 연구해 달라고
요청한 뒤 결정을 다음 회의로 미루었다.[291]

그러나 위원회는 더 이상 트란실바니아 문제를 다루지 않았다.
결국, 위원회가 권고한 내용은 1943년 3월 2일 작성된 요약본이 전
부였는데, 이 요약본은 궁극적으로 두 가지 방안에 초점을 맞추고
있었다. 첫 번째는 트란실바니아를 루마니아에 넘겨주고, 세케이 지
역에 광범위한 자치권을 부여하며, 헝가리에 이익이 되도록 국경선
을 언어 사용자에 따라 또는 약간 동쪽으로 이동하는 방안이었다.
두 번째는 트란실바니아 자치국을 설립하여 도나우 또는 동유럽 연
합의 일원으로 하거나 루마니아-헝가리의 공동 통치권 아래 두는

방안이었다.[292]

자문 위원회는 토론과 연구를 거쳐 비교적 짧은 최종 권고안을 국무부에 제출했다. 1943년 8월 23일 자로 작성된 트란실바니아에 관한 권고안은 기본적으로 1943년 3월 2일 작성된 요약본과 거의 같은 내용이었다. 이 권고안은 헝가리에 이익이 되는 방향으로 국경선 변경, 세케이 지역에 자치권 부여, 그리고 트란실바니아를 독립 국가로 만드는 방안에 초점이 맞춰졌다. 그러나 트리아농 조약 이전의 국경선으로 복귀하는 것은 권고하지 않았고, 제2차 빈 중재 판정의 결과도 인정하지 않았다. 이 정책 보고서는 헝가리에 귀속될 국경선 서쪽 지역을 특정했다는 점에서 이전 자료에 비해 진일보한 것이었다. 이에 따르면, 1930년의 루마니아 인구 조사 및 민족주의 원칙을 적용할 때 약 9,000km^2의 영토가 헝가리에 반환되어야 했다. 해당 영토의 인구는 591,000명이었고, 그중 50%가 헝가리인이었다. 언어에 따른 국경선을 덜 엄격하게 적용할 경우 헝가리에 반환해야 할 영토는 14,500km^2, 인구는 110만 명으로 늘어나지만, 헝가리인의 비중은 36%로 줄어들었다. 보고서를 준비한 캠벨은 후자를 지지했는데, 두 가지 이유가 있었다. 하나는 아라드와 오라데아(너지바러드) 사이의 철도를 헝가리에 남겨두어 철도가 국경을 반복해서 넘지 않도록 할 필요가 있었다. 다른 하나는 트란실바니아를 별도로 한다면, 각 지역에 소수 민족으로 남게 되는 헝가리인과 루마니아인이 약 50만 명 정도로 거의 같은 수가 되므로 국민 교환 문제가 비교적 쉽게 진행될 수 있을 것이기 때문이었다. 8월의 보고서는 전쟁이 끝날 때쯤이면 연합군이 미래에 있을 적대 행위를 막기 위해

트란실바니아를 점령할 것으로 추정했다.[293]

1944년 봄 국무부의 전문가들이 트란실바니아 문제를 다시 검토했다. 4월 20일 공개된 보고서에는 제2차 빈 중재 판정으로 획정(劃定)된 국경선이 전후 과도기에도 유지되어야 한다는 의견이 적시되어 있었다. 이 보고서는 파르티움으로부터 14,000㎢의 영토를 양도하고 루마니아 내의 세케이 지역에 자치권을 부여하는 것을 제안하면서, 당시 가장 선호되는 방안이었던 트란실바니아 자치국 설립은 불가능한 것은 아니지만 별로 권장하지 않는 해결책이라고 명시하였다. 트란실바니아가 그 일원이 될 동유럽 연합 계획이 소련의 반대로 현실화할 수 없다는 것이 그 이유였다.[294]

1944년 내내 헝가리 국경 문제에 대한 미국의 정책이 짧은 요약문으로 계속해서 발표되었다. 트란실바니아 문제와 연관 지어 이 요약문을 검토할 필요가 있다.

- 1944년 5월 1일: 미국은 헝가리의 트란실바니아 북부 지역 획득을 인정하지 않으며, 상호 적대적인 두 국가의 영토 분쟁 문제인 트란실바니아 문제는 일반적인 평화 협정의 틀 안에서 검토되어야 한다고 생각한다. ······민족주의 원칙을 적용하여 간단히 또는 만족스럽게 영토를 분할하는 것은 불가능하다. 민족주의 원칙에 따라 트란실바니아의 서쪽 국경선을 수정하는 것은 아라드에서 서트마르(사투마레)에 이르는 좁은 지역을 헝가리에 반환하는 결과를 초래할 것이다. 거주민 대다수가 루마니아인인 거대한 지역이 헝가리의 통치 아래 놓이지 않는다면 세케이 지역을 헝가리에 병합하

는 것은 불가능하다. 우리는 트란실바니아 자치국이 발칸 반도나 도나우강 유역의 연합에 가입하는 시나리오를 배제하지 않는다. 그러나 헝가리나 루마니아 모두 트란실바니아 자치권에 동의하지 않고 있다. 연방제는 소련이 반대하고 있다.[295]

- 1944년 7월 26일: 미국은 트란실바니아의 헝가리-루마니아 국경이 민족주의 원칙에 따라 수정되는 것을 지지한다. 이에 따라 아라드 북쪽부터 서트마르(사투마레)까지의 지역은 헝가리에 반환되어야 한다. 연합군이 이 논쟁 지역을 점령하지는 않겠지만, 이 문제가 해결될 때까지는 연합군이 이 지역을 통제하게 될 것이다.[296]

- 1944년 9월 1일: 우리는 트란실바니아의 헝가리-루마니아 국경선 수정을 지지할 것이다. 이에 따르면, 아라드 북쪽에서 시작하여 사투마레에서 끝나는 지역은 헝가리에 반환되어야 한다. 헝가리와 루마니아가 다투는 이 지역은 문제가 해결될 때까지 연합군의 통제를 받게 될 것이다.[297]

- 1944년 10월: 루마니아 국경에 대해서 미국은 루마니아 휴전 조건에 따를 것이다. 즉 평화 협정의 승인 조건에 따라 트란실바니아 전체 또는 대부분은 루마니아에 반환될 것이다. 최종 결정 과정에서 미국은 전쟁 이전의 국경을 민족주의 원칙에 따라 수정하는 것, 즉 제1차 세계 대전 종전 당시 루마니아에 주어졌던 좁은 지역을 헝가리에 반환하는 것을 지원할 예정이다.[298]

처음에는 긴 안목에서 관대한 방향으로 정책을 고려하던 미국이 1944년 말 무렵에는 소련의 태도와 군사적 승리로 인해 트란실바니아에 관한 정책 목표를 축소하는 쪽으로 선회했음을 알 수 있다. 그러나 미국은 예상치 못했던 1944년의 헝가리 우경화에도 불구하고 여전히 국경선을 따라 펼쳐진 좁은 지역을 헝가리에 반환할 생각이었고, 이후로도 이 계획에 변함은 없었다. 1945년 여름 포츠담 회담에서 미국은 "영국, 소련, 미국 3개 연합국이 루마니아와 헝가리의 국경선에 관해 사전 협상을 시작"하자고 제안하면서 "전쟁 이전의 국경을 민족주의 원칙에 따라 헝가리에 유리한 방향으로 수정"하는 것을 지지했다.[299]

4. 영국의 계획

영국은 제2차 빈 중재 판정에 대해 유보적인 태도를 보였다. 영국이 이러한 태도를 보인 것은 판정의 내용보다는 상황 때문이었다. 1940년 12월 10일 대사에게 전달된 지시는 다음과 같았다. "일반적 지침으로는…… 헝가리가 루마니아로부터 얻은 영토에 관해 영국이 반대하지 않으리라 기대한다는 점을 가정할 수 있다."[300] 영국 외무장관 이든은 1941년 2월 7일 런던에서 헝가리 대사에게 다음과 같이 말했다. "영국은 인간적으로 가능하고 공정하며 지속적인 평화를 원한다. 그러므로 새로운 트리아농 평화 조약은 가능하지 않을 것이다."[301]

1941년 4월 영국의 거듭된 경고에도 불구하고 헝가리가 독일의 유고슬라비아 공격에 가담하자 상대적으로 우호적이었던 영국의 태도가 변하기 시작했다. 이후 영국은 "헝가리가 연합국에 대항하여 추축국 편을 든다면 영국의 동정이나 자비를 기대할 수 없을 것"이라고 반복해서 의사를 표명했다.[302]

1941년 4월 영국과 헝가리의 외교 관계가 중단되었지만, 몇몇 영향력 있는 영국 정치인은 여전히 헝가리에 호의적이었다. 대표적인 인물이 처칠 총리였다. 그는 끝까지 헝가리에 대한 전쟁을 선포하지 않았다. 1941년 11월 처칠은 스탈린에게 "지금은 헝가리, 핀란드, 루마니아를 상대로 전쟁을 선포할 때가 아니라고 생각한다."라고 말했다.[303]

제1차 세계 대전 후 평화를 준비하며 모순과 불평등을 느꼈던 영국 정부는 제2차 세계 대전 중 미국과 마찬가지로 철저한 과학적 방식으로 전후의 "새로운 질서"를 구축하는 것에 최대의 역점을 두었다. 이를 위해 외무부는 1938년 아널드 토인비에게 특별 연구 그룹을 조직해 달라고 요청했다. 1939년 외무부 산하의 자문 및 정보 기관으로 옥스퍼드에 본부를 둔 '외국 조사 보도국'이라는 준(準)정부 기구가 설립되었다. 수많은 대학 교수, 외교 정책 분석가, 언론인, 기타 여러 분야 전문가 등이 이 연구 그룹에 합류했고, 곧 100명 이상의 회원이 모이게 되었다. 그중에는 로버트 시튼-왓슨과 칼라일 아일머 매카트니도 있었다. 1940년 말에 토인비는 이 전문가들을 11개의 그룹과 위원회로 나누고 세계 각지의 긴장 지역을 할당했다. 이 문제 지역 중 하나가 도나우 분지였는데, 과거의 향수에 젖어 이 지역을 오스트리아-헝가리 제국이라고 부르는 사람들도 있었다. 이 위원회들은 1942년 말까지 영국이 원하는 바에 따라 각 지역의 바람직한 전후 질서에 관한 사실 조사 연구와 보고서를 준비했다. 물론, 여기에는 중부 유럽에 관한 보고서도 포함되어 있었다. 1943년 토인비와 연구원들은 외무부에 직접 배속되었고, 런던의 외무부 교육국으로 재조직되었다. 그들은 전쟁이 끝날 때까지 이러한 조건 아래 자문과 분석 작업을 계속했다.[304]

옥스퍼드는 평화 준비 기구의 소위원회를 구성하고 도나우 지역과 관련한 민족 긴장, 국경 분쟁, 정치적·경제적 협력 문제, 일반 안보 정책 등을 다루었다. 시튼-왓슨을 비롯한 소위원회 구성원은 실증 연구에 근거하여 민족 국가 구조가 경제적·사회적·민족적 문제뿐만 아니라 안전 정책에 관해서도 기대에 부응하지 못했음을 인정했다. 그들은 여러 작은 국가 체제로 말미암은 분열과 적대감을 해소하기 위해서는 근본적으로 어떤 종류의 협력을 통해 지속적으로 작동할 수 있는 미래 구조로 변화하는 것이 필요하다고 생각했다. 이에 따라 영국은 미국과 마찬가지로 (발칸 반도) 남부와 북부에 연방을 구상했다.

옥스퍼드의 전문가들은 두 연방이 제대로 운영되기 위해서는 연방의 일원이 될 국가들 사이의 충돌, 특히 민족 분쟁이 중단되거나 완화되어야 한다고 생각했다. 그들은 이 어려운 작업을 위해 다음 세 가지 사항을 제시했다.

1. 정치적 국경의 수정
2. 국민 교환, 상황에 따라서는 한쪽만의 재배치
3. 소수 민족 보호

민족주의 원칙보다는 경제적·전략적 고려가 많았던 1919년의 실행안과 달리 이번에는 민족적·언어적 요소를 국경선 수정의 기본 전제로 내세웠다. 이런 점은 전쟁 중인 상황에서 연방과 관련하여 정당성을 가질 수 있었기 때문에 경제적·전략적 측면은 상대적으로 미래와의 관련성이 작았다. 미래에도 패전국과 끝없는 적대감 속에서 살아야 한다면 민족주의 원칙을 위반하며 얻은 경제적·전략적 이익은 아무런 가치가 없을 터였다. 옥스퍼드의 전문가들은, 오스트리아는 별도로 하고, 1938년 이전의 상황과 비교하여 헝가리의 이웃 국가들에 손해가 가는 쪽으로 국경선을 수정하도록 권고했다.

그들은 트란실바니아 문제가 이 지역에서 가장 복잡한 안건이라고 생각했으며, 헝가리와 루마니아를 모두 만족하게 하는 해결책은 존재하지 않는다고 믿었다. 그들이 고려한 여러 해결책 중 가장 그럴듯한 방안은 트란실바니아가 자치권을 가진 정치 단위로서 루마니아와 헝가리가 속한 연방의 일원이 되는 것이었다. 그러나 이 방안은 기본 전제 조건에 위배되었다. 역사적·문화적 차이를 고려하면 루마니아는 남부 연방에, 헝가리는 북부 연방에 소속되어야 했기 때문이다. 이러한 이유로 그들은 트란실바니아를 두 지역으로 나누는 방안을 자세하게 연구했다. 그들은 경제적인 문제와 교통의 어려움 때문에 1940년의 결정 사항은 배제했다. 그 대신 "더 합리적이고 더 옹호할 수 있는" 두 개의 국경선을 정교하게 가다듬었다. 첫 번째는 루마니아인이 다수인 세케이 전 지역을 루마니아가 갖고, 헝가리는 (심하게 편견에 사로잡혀 있었던 시튼-왓슨을 제외한) 모든 전문가가 헝가리에 반환하는 것을 권고했던 대로 국경선을 따라 펼쳐진 좁은 지역을 갖는 방안이었다. 그러나 이 방안은 헝가리에서 분노를 불러일으키고 두 국가 간에 불균형을 초래할 것이 예상되었기 때문에 이에 대한 선택적 변형으로 국경선을 훨씬 동쪽으로 이동하는 두 번째 방안을 제시했다. 이 국경선은 대략 "비호르산맥의 축"을 따라 트란실바니아를 나누게 되며, 헝가리는 트란실바니아의 1/3 정도를, 루마니아는 2/3 정도를 갖게 될 것이었다. "루마니아인이 다수인 지역이 헝가리에 속하게 됨으로써 세케이 지역이 루마니아에 속하게 되는 것과 균형을 맞출 수 있을 것이다." 이 방안은 민족적 관점에서는 너무나 부당했지만, 일견 타당해 보이는 점도 없지 않았다. 국경선을 사이에 두고 양쪽 지역의 소수 민족이 각각 75만 명으로 균형을 이룰 것이기 때문이었다.

루마니아와 헝가리 사이에 민족적으로 올바르고 합리적인 국경선을 설정하는 것이 불가능하다는 관점에서 위원회는 트란실바니아를 "완전한 독립 완충국"으로 만드는 쪽에 비중을 두었다. 이 독립 완충국은 북부 또는 남부의 어느 연방에도 속하지 않지만, 필요하다면 한쪽 연방과 독자적으로 혹은 두 연방 모두와 관계를 맺는 것이 가능할 터였다. 이를 위해 그들은 트란실바니아를 언어와 민족에 따라 주(州)로 나누고 지역 자치 체계를 조합하도록 권고했다. 아무리 작은 행정 단위라도 민족의 혼합이 불가피하기 때문이었다. 그들은 개인적·문화적 자치를 도입함으로써 이러한 목표를 달성할 수 있을 것으로 평가했다.

옥스퍼드에서 평화 준비 작업을 하던 사람들은 아무리 신중하게 국경선을 긋고 국민 교환을 진행한다 해도 중부 유럽 및 동유럽에서 소수 민족 문제가 사라지지 않을 것이라는 점을 잘 알고 있었다. 따라서 그들은 소수 민족 보호에 심혈을 기울였는데, 이것이 국가 간 또는 국가 내의 민족 분쟁을 완화할 수 있는 핵심 열쇠라고 생각했다. 그들은 국제기구에 감독권을 주었던 양차 대전 사이의 시스템과 달리 연방의 최고 통치 기구가 될 소수 민족 위원회에 감독권을 주는 방안을 선호했다.[305]

헝가리 전문가로 구성된 이 위원회가 1942년 가을까지 구체화했던 권고안은 비교적 공정하며 호의적인 방안으로, 1938년부터 1940년까지 외무부가 준비했던 내부 해결책과 매우 유사했다. 이것은 헝가리가 추축국에 등을 돌리지 않는 한 자비나 인정에 기댈 수 없다는 점을 강조했던 1941년 이후의 주된 방침과는 정반대였다. 실제 정책과 장기 계획 사이의 모순, 외부 선전과 내부 입장 사이의 불일치는 1942~1943년 헝가리의 평화 노력에 대한 반응으로 1943년 초에는 많이 줄어든 상태였다. 1943년 2월 24일, 영토 문제를 담당하던 차관 옴 사전트(Orme Sargent, 1884~1962)와 신임 외무부 중부 유럽 국장 프랭크 K. 로버츠(Frank K. Roberts, 1907~1998) 그리고 외무부의 다른 유능한 관료들은 영국이 헝가리에 대해 강경한 자세를 유지하는 것은 불필요하며 비합리적인 태도라고 결론지었다. 그들은 헝가리가 다른 어떤 남동 유럽 국가보다 더 성공적으로 독립을 유지할 수 있으므로 영국의 강경한 자세는 필요하지도, 합리적이지도 않다고 주장했다. 거리를 너무 엄격하게 유지하는 정책은 헝가리 친영 그룹의 영향력을 증대하거나 헝가리가 추축국으로부터 멀어질 가능성을 높이는 데 도움이 되지 않는다는 것이었다. 그러므로 이전의 완고한 거부 정책 대신, "헝가리가 연합국에 배상 책임이 있지만, 헝가리 정부의 어리석음 때문에 헝가리 국민을 벌하거나 헝가리를 약하게 만들어서는 안 된다"는 사실에 중점을 두어야 한다고 강조했다.[306]

소련의 태도는 미국이나 영국의 태도와 완전히 달랐다. 몰로토프가 1943년 6월 7일 모스크바 주재 영국 대사에게 보낸 유명한 서한에는 소련의 태도가 명확하게 명시되어 있었다. 그는 남동 유럽 국가들과의 협상을 반대하지 않았지만, "무조건 항복 원칙, 점령지 반환, 전쟁 피해에 대한 배상금, 전쟁 범죄자 처벌"을 조건으로 내세웠다. 헝가리에 관한 사항은 다음과 같았다. "전쟁 활동에 대해서 헝가리 정부는 물론이고, 헝가리 국민 역시 많든 적든 책임을 져야 한다. 소련 정부는…… 1940년 8월 30일 독일에 의한 소위 빈 중재 판정을 정당한 것으로 생각하지 않는다."[307]

1943년 여름과 가을에 외무부의 조사관들은 소련과 영국의 태도 차이에 관해 다각도로 검토했다. 이 작업의 결과를 외무부 중부 유럽 국장 프랭크 K. 로버츠가 1943년 9월 22일 자 문서로 정리하여, 테헤란 회담에 앞서 모스크바에서 열리는 외무장관 회의에 참석하는 로버트 이든에게 전달했다. 이 문서는 "소련의 태도가 호의적이지 않다"는 점을 강조하면서, 헝가리를 포함한 "포괄적 연방을 설립"하는 것이 영국에 이익이라는 점을 지적했다. 헝가리 국경과 관련하여 1938~1940년의 내부 해결책 및 1941~1942년의 옥스퍼드 권고안과 비교할 때 이 문서의 내용은 상당히 후퇴한 격이었다. 이 문서는 다음과 같이 시작하고 있다. "적국인 헝가리는 우리 연합국의 일원인 체코슬로바키아 및 유고슬라비아와 관련한 국경을 논의할 때 자비를 기대해서는 안 된다."로버츠는 비록 국민 교환이나 일부 영토의 재합병을 통해 헝가리인 상당수를 헝가리로 돌려보냄으로써 트리아농으로 야기된 상황을 완화하는 것이 바람직하다는 것에 이론적으로는 동의하였지만, 체코슬로바키아나 유고슬라비아에 역행하면서까지 그것을 수행하는 것이 영국의 이익에 도움이 되지는 않는다고 생각했다. 루마니아와 헝가리의 영토 분쟁에 관해서는 두 나라가 서로 적대적이기 때문에 영국은 타협을 목표로 하고 있다고 밝혔다. 로버츠는 지속 가능한 유일한 해결책으로 트란실바니아 독립국을 제시하면서, 이것이 실행 불가능한 일이라면 트란실바니아를 분할하고 광범위한 국민 교환을 해야 한다고 제안했다. "트란실바니아의 자치 또는 헝가리와 루마니아의 지역 지정을 통해 이 문제를 해결하지 못한다면…… 수정주의의 공포를 없애고, 헝가리를 평화롭고 신뢰할 수 있는 도나우 분지의 일원으로 통합하는 것은 불가능하다."로버츠는 트란실바니아 문제에 대한 공정하고 안정적인 해결책의 최대 방해물은, 연방의 경우와 마찬가지로, 1941년부터 친루마니아 경향을 보인 소련이라고 생각했다.[308]

전쟁이 막바지로 치달으면서 영국의 동유럽 정책은 러시아와 보조를 맞추는 쪽으로 기울었고, 러시아에 대한 태도는 더욱 관대해졌다. 1944년 10월 모스크바 외무장관 회의에서 처칠의 제안에 따라 동유럽 국가들이 러시아와 영국의 영향권으로 나뉘었다. 소위 '백분율 협정'이라 불리는 이 제안은 영국 총리 처칠이 다음과 같이 쪽지에 적은 사항이었다.

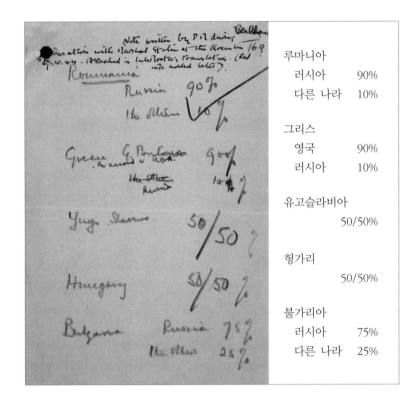

루마니아	
러시아	90%
다른 나라	10%
그리스	
영국	90%
러시아	10%
유고슬라비아	
	50/50%
헝가리	
	50/50%
불가리아	
러시아	75%
다른 나라	25%

　스탈린은 이 쪽지에 납득한다는 표시를 했지만, 몰로토프와 이든은 퍼센티지 조정 협상을 계속했다. 결국 영국이 손해를 보고 소련이 이득을 보는 쪽으로 수정되어 불가리아와 헝가리에 대한 지분이 러시아 80%, 다른 나라 20%로 수정되었다. 1944년 12월 그리스 공산주의자들이 반란을 시도했을 때, 스탈린은 최대한으로 백분율 협정을 준수했다. 부담을 던 처칠은 로널드 스코비(Ronald Scobie, 1893~1969) 장군에게 유혈 사태를 감수하더라도 아테네를 지켜내라고 명령할 수 있었고, 결국 영국군이 반란을 진압했다. 스탈린은

모든 상황을 감지하고 있었지만 단 한마디도 하지 않았고, 러시아 언론에서도 이에 관해 부정적인 단어 하나 쓰지 않았다. 영국 군대가 그리스와 오스트리아에 주둔했던 것이 매우 중대한 결과를 가져왔다는 점이 나중에 판명되었다. 스탈린은 전쟁 말기에 강력한 힘을 지녔던 벨기에, 이탈리아, 프랑스의 공산당을 지원하지 않았지만, 불가리아와 루마니아에서는 공산 정권을 수립하는 데 그 누구의 입김도 작용할 수 없게 함으로써 자신만의 방식으로 백분율 협정을 준수했다. 처칠은 동유럽에서 러시아 군대를 앞서는 것이 명백히 불가능해지자, 비록 강하게 유감을 표명했지만, 전후 (친공산주의가 아니라) 친러시아 체제가 동유럽에 서게 되리란 점을 인정했다. 친러시아 체제는 체코슬로바키아와 헝가리에서 한동안 지속되었지만, 스탈린은 이 정도로 만족할 수 없었다. 결국, 1~2년 후 이 두 나라에서도 공산당이 정권을 잡게 되었다.[309]

영국은 동유럽 영토 분쟁과 관련하여 1944년 말부터 관대하고 쉽게 포기하는 경향을 보였다. 1945년 외무부의 여러 부서가 모여 루마니아, 불가리아, 헝가리와 체결할 평화 조약을 논의했다. 합리적인 차원에서 러시아의 견해를 받아들이자는 전제하에 영국의 협상력을 높이기 위해 백분율 협정을 활용하자는 의견이 주를 이루었다. 그들이 준비한 자료는 로버츠가 1943년에 정리했던 문서와 마찬가지로 체코슬로바키아-헝가리 국경 및 유고슬라비아-헝가리 국경의 수정 가능성에 대해 언급하지 않았다. 좀 더 정확히 말하자면, 각 국경에 대해 언급은 했지만, 체코슬로바키아와 유고슬라비아의 영토를 트리아농 국경선 이상으로 확장하는 것은 권하지 않는다고 명시했다. 트란실바니아에 관해서는 명백한 후퇴였다. 그들은 나중에 소련이 일시적으로 트란실바니아 전체를 루마니아에 재통합했다는 사실을 인정했고, 최종 확정안에 대해 "전쟁 이전의 국경은…… 완전하게 만족스러운 것으로 간주할 수 없다."라고 언급했을 뿐이었다. 그러나 그들은 무엇이 "만족스러운" 것인지에 대해 답변하려는 몸짓조차 하지 않았다.[310] 프랭크 K. 로버츠는 회고록에서 그들이 완전히 후퇴한 이유를 다음과 같이 설명했다. "……우리는 아무것도 줄 수 없었다. 동유럽 영토 문제가 논의될 무렵, 이미 붉은 군대가 헝가리를 포함하여 모든 곳을 점령해 버렸다."[311]

1945년 9월 평화 조약을 논의할 외무장관 회의에 참석하는 영국 대표단을 위해 준비된 지침서는 소련에 대한 예의와 "네가 주기 때문에 나도 준다(do ut des)"는 상호주의에 입각해 마련되었다. 이탈리아와 평화 조약을 논의하는 과정에서 영국과 미국 측이 "상대적 우위"를 가질 것이라는 전제 아래 루마니아, 불가리아, 헝가리와의 평화 조약은 "소련의 제안"에 따라 논의되리라는 것이 당연한 사실로 받아들여졌다. 연합국 측이 전쟁 이전의 국경선 복원 원칙을 정할 때 베사라비아와 부코비나 북부를 소련에 병합하는 데 반대하지 않았던 이유가 여기에 있었다. 루마니아와 헝가리의 국경에 관해서는 루마니아 휴전 협정 조건을 고려하여 "트리아농 국경선으로 복귀하는 데 동의"한다는 것이 이 지침서의 입장이었다. 이 지침서는 오직 러시아가 헝가리에 이익을 주기 위해 사소한 조정을 원할 때만 다른 해결책을 적용할 수 있다고 제안했다. 이 지침서가 대규모 수정에 대해서는 소련이 동의한다 해도 합리적이라고 보지 않았던 점

3장 강대국의 제2차 개입과 1947년 파리 평화 조약

도 흥미롭다. "대규모 양보"가 헝가리와 루마니아 모두에게 협박이
될 수 있으며, 두 국가가 "소련의 똘마니"가 될 수도 있다고 보았기
때문이다.[312]

1941~1947년 영국은 헝가리를 포함한 동유럽의 상황에 대해 비
교적 현실적인 견해를 가지고 있었다. 영국이 미국과 함께 좀 더
공격적으로 전쟁에 임했더라도 유럽의 분열은 피할 수 없었을 것이
다. 철의 장막이 동쪽으로 조금 더 이동했을지는 모르지만, 확실하
지는 않다. 잘 조율된 영국과 미국의 정책이 헝가리, 체코슬로바키
아, 폴란드에 핀란드식(친러시아적이지만, 공산주의는 아닌) 시스템을
이식하도록 스탈린을 설득했을지도 모른다. 그러나 영국이 헝가리
에 선의의 그러나 비현실적인 조언을 하고 구체적인 지지를 거부한
이유를 다음과 같이 설명한 롬시치 이그나츠의 의견은 매우 타당하
다고 생각한다. "영국은 해가 지지 않던 제국의 붕괴로 자국이 세계
최강대국의 지위를 상실하고 동유럽에 대한 이전의 영향력도 잃게
된 쓰라린 사실을 어렵사리 인정해야만 했다. 영국은 수백 년 동안
바다를 지배하면서 경쟁적인 유럽 강대국 사이에서 해결사 역할을
자임해 왔다. 발칸 지역은 영국이 전통적으로 가장 많은 관심을 기
울이며 지중해에서 영국 무역로의 안전 확보를 위해 가장 많은 자원
을 투여했던 곳이었지만, 중동부 유럽에서 영향력 약화와 완전한
영토 상실로 영국은 발칸 지역에서 더 이상 자국의 이익을 보호할
능력이 없음을 명확히 보여줬다. 미국의 군사적·경제적 도움이 없
었다면 영국은 스탈린과 처칠이 합의했던 것과 달리 그리스에서도
설 자리를 잃었을 것이다."[313]

5. 소련의 계획

소련은 독일이 루마니아-헝가리 분쟁 해결을 위한 제2차 빈 중재 판정에 소련을 참여시키지 않은 것을 받아들이지 않았다. 그러나 이 중재 판정을 통해 헝가리가 일부 영토를 획득한 것에는 반대하지 않았다. 1941년 여름 정확히 검증되지 않은 뉴스가 전해졌다. 소련과 그 동맹국들이 소련과 헝가리 사이의 루마니아 영토를 분할하려 한다는 뉴스였다. 헝가리 주재 소련 대사가 1941년 5월 28일 몰로토프에게 보낸 보고서에도 이 내용이 포함되어 있었다. 이 보고서에 따르면 헝가리와 소련 사이에 루마니아 분할에 대한 협상이 있었다. 이 뉴스의 첫 번째 버전은 소련이 몰다비아를 갖고, 헝가리가 트란실바니아 남부와 왈라키아를 차지하는 것으로 되어 있었다. 두 번째 버전에는 헝가리가 트란실바니아 남부의 옆쪽인 유고슬라비아의 반샤그 지역을 받는 것으로 되어 있었다.[314] 이 뉴스의 사실 여부는 차치하더라도, 1941년 6월 독일이 소련을 침공했을 때 모스크바가 부다페스트에 제2차 빈 중재 협약의 영토 규정을 인정한다고 했던 점은 분명한 사실이다. 모스크바 주재 헝가리 대사였던 크리스토피 요제프는 1941년 6월 23일 다음과 같이 몰로토프의 메시지를 부다페스트에 전달했다. "몰로토프는 이전에도 여러 번 말했듯이 소련 정부가 헝가리를 공격할 어떠한 요구나 의도가 없으며, 헝가리의 요구를 충족하는 것이 루마니아에 손해를 입히는 것은 아니라고 생각하며, 앞으로도 이런 생각에 변함이 없을 것이라고 나에게 말했습니다."[315] 소련이 매우 어려운 상황에서 이러한 결정을 했다는 점은 논쟁의 여지가 없다. 이보다 더 나은 상황에서 소련이 어떤 태도를 보였을지, 헝가리가 러시아에 우호적인 태도를 유지하거나 최소한 중립을 지켰다면 어떤 일이 일어났을지 알 수는 없는 일이다. 헝가리가 소련의 기대를 저버리고 독일과 함께 대소련 전쟁에 참전했기 때문에 소련이 트란실바니아 문제에 대해 헝가리에 손해를 입히는 쪽으로 방향 전환한 것이 그리 놀라운 일은 아니다.

우호적이지만 직접적인 관계가 없는 먼 관찰자의 욕망처럼 형성된 미국과 영국의 이 지역에 대한 개념과 달리, 유럽을 재편하려는 소련의 구상은 독일의 계획처럼 이 지역과 직접적인 관련이 있는 강대국의 전략적·안보적 이해관계의 초석으로 해석할 수 있다. 이러한 관심은 근본적으로 지정학적 상황에서 생겨난 것으로 수 세기 동안 거의 변함이 없었다.

1941년 12월 로버트 이든의 모스크바 방문을 계기로 서방측은 소련이 전쟁에서 승리할 경우 어떤 행동을 할 것인지 알게 되었다. 소련은 독일이 공격하기 전의 옛 러시아 제국 국경선을 주장할 것이며, 겨울 전쟁에서 획득한 핀란드 동부 지역을 포기하지 않을 것이며, 발트해 국가들과 폴란드 동부, 부코비나 북부, 베사라비아 지역도 단념하지 않을 것이었다. 스탈린은 완전한 유고슬라비아 회복, 이탈리아까지 유고슬라비아의 서쪽 국경 확장, 알바니아와 오스트리아의 독립 보장, 그리스의 옛 국경선 복원, 헝가리의 희생을 전제로 루마니아 서쪽 국경 확장, 그리고 러시아의 협곡 지역 통제를 언급했다. 그는 이어서 체코슬로바키아를 1938년 이전 상황으로 복구하고, 폴란드에 대한 보상으로 동프로이센의 남부 지역을 할양해

주기 원한다고 말했다. 그는 루마니아와 핀란드에 군사 기지를 세우고 싶다고 덧붙이면서, 영국도 북유럽과 서유럽 국가들에 그렇게 할 것을 제안했다. 다시 말해서, 그는 관심 영역에 따라 유럽을 나누자고 제안했던 것이다.[316]

1941년의 국경을 얻는 것 외에 소련은 더 서쪽으로 영향권을 확대하는 계획을 세웠다. 이것은 독립적이고 자치적인 연방을 계획했던 영국과 미국의 생각과는 전면적으로 배치되는 계획이었다. 1942년 여름 런던 주재 소련 대사관 무관인 알렉산더 보고몰로프(Alexander Bogomolov)가 소련은 국경을 따라 연방을 설립하는 계획에 반대한다고 처음으로 말했다. 1943년 3월 소련 대사 이반 마이스키(Ivan Maisky, 1884~1975)는 로버트 이든에게 소련 국경의 어느 지역이든 연방이 설립되는 것에 반대한다고 직접 얘기했다. 몰로토프는 1943년 6월 7일 작성한 계획서에 이 의견을 반복해 표명했다. 1943년 11월 테헤란에서 스탈린은 최종적으로 모든 종류의 "억지 통합"에 반대한다고 말했다.[317]

트란실바니아 문제에 대한 소련의 태도는 꽤 오랫동안 불확실했는데, 거기에는 충분한 이유가 있었을 것이다. 1941년 12월 스탈린은 루마니아가 헝가리보다 훨씬 적극적으로 소련에 맞서 싸웠음에도 루마니아에 이익이 되는 수정안에 관해 언급했다. 반면에 유명한 1943년 6월 7일 자 몰로토프의 계획서에는 다음의 내용이 포함되어 있었다. "우리는 트란실바니아를 헝가리에 준 1940년 8월 30일 독일의 중재 판정을 검토하지 않았다. 그 결정은 명백히 정당한 것이라 할 수 있다."[318] 그러나 이 계획서는 그들이 무엇을 "정당한" 것으로 판단하는지 구체적으로 밝히지는 않았다.

체코 정치인 베네시는 1943년 12월 마니우에게 스탈린 및 몰로토프와 회담했던 내용을 다음과 같이 전했다. "러시아는 베사라비아와 부코비나 북부를 자신들의 땅이라고 생각하지만, 트란실바니아를 루마니아에 돌려주는 것에 대해서는 매우 긍정적으로 생각하고 있다." 그는 스탈린이 헝가리에 대해서는 몹시 화를 냈다고 덧붙였다.[319] 한편, 그와 연락을 취하던 소련군 최고 사령관은 루마니아 전쟁 포로 위원회에 다음과 같이 말했다. "트란실바니아는 루마니아가 갖게 될 것이다."[320] 이런 사정을 고려하면, 1943년 말쯤에 소련은 트란실바니아 북부 또는 그 대부분을 루마니아에 주기로 결정했고, 이 원칙에 따라 1944년 봄 협상을 시작했음이 분명해 보인다. 이미 공개된 소련 평화 준비 위원회 자료를 통해 이보다 조금 더 유연하긴 하지만 결국은 동일한 결론을 유추할 수 있다.

모스크바의 '평화 조약 및 전후 문제 해결을 위한 위원회'는 전후의 중동부 유럽 국가 간 문제 및 소수 민족 관계를 다루었다. 1942년 설치된 이 위원회는 전 외교 인민 위원회 정치 위원이었던 리트비노프가 위원장을 맡았으며, 유명한 역사학자 예프게니 타를레(Yevgeny Tarle, 1874~1955), 드미트리 마누일스키(Dmitry Manuilsky, 1883~1959), 위원회 비서 사크신(D. F. Saqsin) 등이 위원으로 활동했다.[321]

이 위원회가 남긴 자료 중 1944년 봄(4월)에 쓰인 것으로 추정되는 흥미로운 문서가 남아 있다. 문서의 제목은 "트란실바니아 문제"이다. 이 문서의 작성자인 발터 로만(Valter Roman, 1913~1983)은 범상한 인물이 아니었다. 그는 양차 대전 사이에 루마니아 공산당의 지도자였고, 스페인 내전에 참전했으며, 이후 스탈린이 국제 공산주의 운동 집행부를 해산할 때까지 코민테른 집행 위원회에서 일했다. 외무부 공식 자료에 따르면, 이 문서 작성 당시 발터 로만은 (기본적으로 코민테른의 후계자였던) 소련 공산당에 부속되어 운영되던 기관 205호의 루마니아 편집국 편집장이었고, 국제 공산주의 운동에서 중요한 역할을 한 (후일 당과 국가 지도자가 될 수많은 인물이 방문했던) 룩스 호텔 265호에서 살았다.

트리아농 조약을 따를 때 루마니아에 속하는 파르티움 지역에서 태어난 발터 로만은 헝가리어에 매우 능숙했으며, 트란실바니아의 모든 어려움과 이질적이며 독특한 성격을 충분히 목격해 왔기 때문에 티서강과 카르파티아산맥 사이의 이 지역에서 루마니아인과 헝가리인이 분리할 수 없는 거대한 하나의 집단으로 살고 있다는 사실을 완벽하게 인식하고 있었다. 그가 작성한 문서의 핵심 논제는 분리할 수 없는 트란실바니아의 통일성이 히틀러에 의해 두 부분으로 갈라졌다는 것이었다. 자의적인 분리 행동은 경제적·역사적·민족학적 관점에서 그리고 소수 민족 문제에서 자연스러움을 역행한 것으로, 떨어져서는 살 수 없는 쌍둥이를 강제로 떼어 놓는 것과 같다는 주장이었다. 그는 이런 관점에서 첫째, 트란실바니아는 합쳐져야 하며, 둘째, 트란실바니아는 자치권과 주권을 가진 국가가 되어야 한다고 제안하면서, 다음과 같이 말했다. "트란실바니아에 거주하는 루마니아인과 헝가리인 모두에게는 트란실바니아 자치에 관한 뿌리 깊은 이념적 전통이 있다. 역사적 사실은 루마니아인과 헝가리인이 수백 년간 평화롭게 공존해 왔음을 증명하고 있다." 공산주의

자임을 자임하던 발터 로만은 이러한 자치권이 "일시적이고 과도기적인 해결책"이며, 도나우 계곡의 국가들이 소비에트 체제 내에서 밝은 미래를 성취할 수 있다고 굳게 믿었다. 이 루마니아 공산당 지도자는 트란실바니아 전체를 헝가리나 루마니아에 주는 것을 강하게 반대했다. 그것은 히틀러의 전쟁에 참여한 대가로 "훈장"을 받는 것과 다름없기 때문이라는 이유에서였다.[322]

예프게니 타를레도 이 문제에 관해 명확한 의견을 표명했다. 트란실바니아의 사정에 정통했던 발터 로만과 달리 예프게니 타를레는 강대국 러시아의 장·단기 이해관계에 기초하여 자신의 의견을 정리했다. 그는 트란실바니아가 헝가리나 루마니아 어느 한쪽에 귀속되면 그곳은 첫째, 사악한 파시스트 세력의 강력한 도구가 될 것이고, 둘째, 끊임없는 갈등의 근원이자 새로운 전쟁의 원천이 될 것이라고 확신했다. 예프게니 타를레는 발터 로만과 마찬가지로 트란실바니아가 루마니아나 헝가리에 귀속되어서는 안 된다는 결론을 내렸다. 그는 다른 나라가 공식적으로 인정하는 트란실바니아 자치 국가를 건설하는 것이 가장 좋은 해결책이라는 의견을 제시했다. 그리고 그 외의 다른 해결책은 해로운 결과를 초래할 것이라고 말했다. 그러나 나쁜 해결책과 나쁜 해결책 사이에서 굳이 선택해야 한다면 좀 덜 나쁜 해결책을 선택해야 한다면서, 트란실바니아를 루마니아에 주고 그 대가로 확실한 보상을 받아내는 것이 그것이라고 덧붙였다.[323]

'평화 조약 및 전후 문제 해결을 위한 위원회'의 자료 중 트란실바니아에 관한 매우 중요한 문서가 있는데, 이 문서에는 아무나 쉽게 접근할 수 없었다. "트란실바니아에 관하여"라는 제목이 붙은 27페이지 분량의 이 문서는 단지 10부만 준비되었고, 당과 국가의 최고 지도자인 스탈린, 몰로토프, 마누일스키, 리트비노프, 마이스키, 로조프스키(Solomon Lozovsky, 1878~1952)만이 이 문서를 볼 수 있었다.

이 문서는 다음과 같은 근거 위에 작성되었다. "(1) 트란실바니아에 관한 헝가리와 루마니아의 주장은 모두 설득력이 있다. (2) 두 국가를 모두 만족하게 하는 상황은 현실적으로 불가능하다. 어떠한 해결책도 어느 한쪽 또는 두 나라 모두에게 불만족스러울 것이다. (3) 두 나라 국민이 완전히 섞여 살고 있는 점을 고려할 때 민족주의 원칙에 따른 분리는 일말의 가능성도 없다. 모든 지역에서 루마니아인보다 헝가리인이 적다. 헝가리계 세케이인 약 50만 명이 모여 사는 지역은 헝가리 동쪽 국경에서 너무 멀리 떨어져 있다. 빈 중재 판정으로 인한 현재 상황은 전혀 만족스럽지 않다." 이 문서는 이러한 근거 위에 다음과 같이 결론을 내리고 있다. "(1) 정치적 관점에서 빈 중재 판정은 더 이상 유효할 수 없다. 이 판정이 독일과 이탈리아에 의해 이루어졌으며, 이에 따라 헝가리만이 유일한 승자가 되었기 때문이다. (2) 헝가리는 트란실바니아 전체 또는 트란실바니아 남부 지역을 얻을 수 없으며, 제1차 세계 대전 이전의 국경선으로 돌아갈 수 없다. 헝가리가 소련과 좋은 관계를 유지하려는 최소한의 노력도 하지 않았으며, 오히려 폴란드의 반(反)소련 음모에 가담했기 때문이다."

이 마지막 부분은 사실이 아니다. 양차 대전 사이와 1940년대 초반에 헝가리가 소련과의 협력을 모색했던 순간이 있었기 때문이다. 반면에 헝가리가 대소련 전쟁에 돌입할 만한 아무런 이유가 없었다는 주장은 사실이다. 그러나 "헝가리는 핀란드와 루마니아처럼 대소련 전쟁에 참여한 것을 정당화하려는 노력조차 하지 않고 있다."라고 서술한 이 문서의 주장은 루마니아와 핀란드를 상당히 자의적으로 활용한 측면이 있다. 1940년 겨울, 소련의 침략으로 희생자가 되었던 핀란드의 정당한 영토 요구와 루마니아의 영토 요구(베사라비아는 1812년부터 1920년까지 러시아의 땅이었다)가 본질적으로 같다는 주장은 공정하지 않다. 그러나 헝가리의 전쟁 돌입에 관해서는 소련이 주장이 확실히 옳았다. "헝가리의 가장 중요한 영토 요구를 충족시킴으로써 헝가리에 보상을 준 것은 완전한 잘못이다."

이 문서의 결론은 정치적 이해관계에 따라 결정될 수 있도록 몇 가지 다른 버전이 정교하게 만들어졌다. 예를 들면, 트란실바니아와 헝가리를 통합하는 방안은 헝가리가 소련과 오랜 기간에 걸쳐 밀접하게 협력할 때에 가능할 터였다. 그러나 이런 가능성은 거의 없었기 때문에 헝가리에서 공산당이 정권을 잡는 경우에만 이런 기회가 올 것이라는 의견이 지배적이었다. 그러나 모스크바의 정치인들은 헝가리에 그렇게 강한 공산당이 존재하지 않는다는 사실과 헝가리 정치계의 상황을 잘 알고 있었다. 그들은 오히려 헝가리의 모든 정당이 반소련주의자가 되기 위해 서로 경쟁하고 있다고 결론지었다. 헝가리의 정당에 대한 모스크바의 평가는 다음과 같았다. "헝가리의 정당이 트란실바니아를 대가로 소련에 협력하겠다는 의사를 표명한다 해도, 그러한 제안과 약속을 절대로 신뢰해서는 안 된다."[324]

한편, 1944년 여름에 루마니아는 소련에 무엇을 기대할 수 있었을까? '평화 조약 및 전후 문제 해결을 위한 위원회'는 루마니아-소련의 관점에서 루마니아 문제도 분석했다. 위원회는 루마니아를 적대적인 국가로 규정하고 보상이 아니라 처벌의 대상으로 평가했지만, 이런 평가와는 달리 트란실바니아 북부 지역을 루마니아에 재병합하는 쪽으로 방향을 잡았다. 그 대가로 루마니아는 베사라비아와 부코비나 북부를 포기하고 소련과 긴밀한 협력을 유지해야 할 터였다. 즉 루마니아가 소련에 빼앗긴 영토를 헝가리가 보상해야만 했던 것이다. 루마니아를 소련에 의존하게 만든다는 점에서 이 방안은 소련에 매우 유리한 해결책이었다. 정치적으로도 루마니아가 헝가리보다 유리한 측면이 많았다. 루마니아의 정당이나 단체 중에는 소련이 믿고 의지할 만한 정당이나 단체가 다수 존재했는데, 트란실바니아 북부를 받는 대가로 소련에 협력하는 방침을 세운 마니우의 국가농민당도 그러한 정당 중 하나였다. 소련은 트란실바니아가 루마니아에 병합되는 경우 인민의 자치권에 대해서도 언급했다. 그러나 루마니아인에 버금가는 헝가리인이나 작센인, 그 외 다른 민족의 자치권에 대해서는 전혀 언급이 없었다. 이 위원회는 루마니아가 부코비나와 베사라비아에 대한 소련의 권리를 인정하는 것은 물론 이 권리를 확실하게 보장할 것까지 요구했다.

이 위원회가 선호했던 방안은 스탈린과 몰로토프와 마찬가지로 트란실바니아 북부를 루마니아에 주는 것이었다. 그러나 확실히 하기 위해 두 번째 해결책으로 트란실바니아 자치국을 만드는 방안도 준비했다. 위원회는 트란실바니아 자치국이 많은 측면에서 "훨씬 긍정적"이라고 강조했다. 이 자치국은 5백만 명의 인구와 10만*km²*의 영토를 가진 국가로 여러 유럽 국가를 능가할 것이며, 엄청난 경제적 잠재력을 가질 터였다. 그러나 트란실바니아 자치국은 헝가리와 루마니아 갈등의 근본 원인이 될 것이며, 만약 국경을 접하고 있는 이웃 국가(이 경우 소련)의 후원이 없다면 이러한 갈등 때문에 결국은 생존하지 못하리라는 것이 이 두 번째 방안의 골조였다. 위원회는 트란실바니아가 제3국과 동맹을 맺거나 연방 체제를 형성하는 것은 강하게 거부하면서, 이러한 변형된 형태의 체제가 실현된다면 인민의 자치권이 문제가 된다는 점을 내세웠다. 그러나 소련이 생각하던 트란실바니아 자치국은 트란실바니아의 루마니아 공산주의자가 생각하던 자치국이나 평화 협정을 준비하던 미국–영국의 전문가가 생각하던 자치국과는 근본적으로 달랐다. 소련은 이 지역에서 자신의 정치적 주도권을 확립하는 것에 초점을 맞추고 있었다. "우리는 신생 자치국에 대한 통제력으로 헝가리와 루마니아를 동시에 압박할 수 있으며, 두 나라가 우리에게 적대적인 어떤 세력권에 편입하는 것도 막을 수 있다. 또한 이러한 통제력은 발칸 반도 및 바나트 인근 유고슬라비아에 대한 우리의 영향력을 강화할 것이다." 이러한 전략은 '분리하여 정복하라'는 제국주의 원칙의 전형적인 본보기이다. 소련의 정치계와 역사학계는 공식적으로 이러한 원칙을 부정했지만, 사실은 나치 독일과 마찬가지로 소련도 이러한 원칙을 활용했거나 활용하려 노력했다.[325]

결국, 트란실바니아 문제는 소련 외교 정책에서 확정된 사항이 아니었다. 헝가리가 대소련 전쟁에 동참하기 전까지 모스크바는 헝가리에 비교적 우호적이었다. 그러나 루마니아의 소련 공격이 훨씬 대규모였음에도 불구하고 헝가리의 참전 이후 모스크바는 루마니아 쪽으로 방향을 틀었다. 그 이유는 무엇이었을까? 여러 이유가 있었겠지만, 가장 중요한 원인은 베사라비아였다. 루마니아가 이 지역을 포기하도록 소련은 트란실바니아 전체 또는 대부분 지역을 루마니아에 줄 준비가 되어 있었다. 소련은 전략적인 측면도 고려했다. 소련이 보기에 루마니아는 소련의 직접적인 영향권 내에 있었다. 핀란드와 마찬가지로 루마니아는 공군 기지와 해군 기지를 설치하고 미사일을 비롯한 전략 무기를 배치하여 모스크바에서 직접 또는 영향력을 행사하여 운용할 수 있는 곳이었다. 이에 비해 헝가리는 전략적 가치가 낮았다. 헝가리에 대한 소련의 생각이 비밀리에 작성된 비망록에 나타나 있다. "강력한 헝가리는 소련에 도움이 되지 않는다……. 소련의 대헝가리 정책은, 헝가리의 국체는 유지하지만 그 영토는 민족주의 원칙에 따라 최소화하는 쪽으로 방향을 잡아야 한다. 해당 원칙을 적용하는 데 의문이 생긴다면 헝가리에 반대하는 쪽으로 결정하면 된다. 트란실바니아에 대한 3자 협정은 소수민족 원칙을 따르되 루마니아에 이익이 가도록 한다. 루마니아는 소련과 상호 원조 협정을 체결할 것이며, 이를 통해 루마니아는 소련의 남동부 방어에 중요한 방패막이가 될 것이다. 전쟁이 끝나면 헝가리는 적어도 몇 년간 국제적으로 고립될 것이다."[326]

1944년 8월 23일 미하이 1세가 안토네스쿠를 숙청하고 연합국과 동맹을 맺음으로써 모스크바에서 루마니아의 지위는 더욱 높아졌고, 루마니아는 추축국에서 떨어져 나온 첫 번째 나라가 되었다.

루마니아는 연합국 측에 합류하고 연합국의 승리에 이바지함으로써 정치적 지혜와 통찰력을 보여주었다. 헝가리는 당시에도 그리고 그 이후에도 이와 같은 변화를 보여주지 못했다. 오히려 헝가리는 독일 편에서 싸우며 소련 군대의 진격을 저지했고, 독일의 마지막 승리에 힘을 보탰다. 이런 상황에서 소련이 루마니아에 손해를 끼치며 헝가리의 영토 요구를 지지할 이유는 없었다. 서방 연합국, 특히 미국이 1944년 말까지 견지해 왔던 태도를 어느 정도까지 고수할 것인가, 이것이 남은 문제였다. 평화 회의는 이 문제를 결정하기 위한 것이었다.

6. 파리 평화 조약

지금까지 양차 대전 사이와 제2차 세계 대전 중 트란실바니아에 대한 강대국들의 태도 및 외교적 반응을 살펴보았다. 제2차 세계 대전 이전에 강대국들은 헝가리 영토 문제를 다루면서 대체로 국경선을 수정하려는 경향을 보였지만, 그 의도는 각양각색이었다. 프랑스는 제1차 세계 대전 이후의 현황을 그대로 유지하고 싶어 했는데, 그래야 할 군사적·전략적 이유가 충분했다. 영국은 헝가리 영토 문제에 대해 공정한 해결을 주장했지만, 그 태도는 전쟁 내내 일관성이 없었다. 멀리 떨어진 강대국 미국은 편견이 가장 적었고 주된 관심사는 다른 사항이었기 때문에 헝가리 영토 문제에 대해서는 민족적으로 합리적인 해결책을 모색했다. 지리적으로 가장 가깝고 비

218 뒤틀린 운명의 메타모포시스: 헝가리 현대사의 격동기

밀스러운 야망을 지녔던 소련은 헝가리 문제에 대해 완전히 신뢰할
수 있는 태도를 보이지 않았다. 전쟁 전 그리고 1941년 6월까지 소
련은 헝가리를 지지했지만, 그 후 점점 루마니아를 지지하는 쪽으로
변해갔다.

3개국 정상이 참석한 포츠담 회담(1945년 7월 17일~8월 2일)에서
평화 과정에 대한 논의가 이루어졌고, 외무장관 협의회가 설치되었
다. 세 정상은 외무장관 협의회를 설치하는 데 쉽게 합의했다. 실질
적인 문제에 대한 협상이 지연되고 있었기 때문이었다. 협의문에는
평화 조약에 참여할 사람을 명시했다. 이에 따르면, 외무장관 협의
회는 "특정 적대국에 지시한 항복 조항에 서명한…… 국가의 대표로
구성"될 것이었다. 헝가리의 경우에 이것은 소련, 영국, 미국의 세
국가를 의미했다. 그러나 헝가리 평화 조약을 위한 예비모임에 프랑
스도 초대되었다. 이것이 가능했던 것은 협의문의 다음 조항 때문이
었다. "다른 회원은 자신에게 직접적인 영향을 미치는 문제가 논의
될 때 회의에 초대될 수 있다." 포츠담 회담에서는 3~4개 강대국이
서로 협상하여 평화 조약을 준비하기로 했는데, 이는 패전국이 평화
조약 초안 작성에 관여하지 못한다는 것을 의미했다."[327]

외무장관 협의회는 1945년 9월 20일 런던에서 처음으로 헝가리
국경 문제를 다루었다. 미국 국무장관 제임스 번스(James F. Byrnes,
1882~1972)와 영국 외무장관 어니스트 베빈(Ernest Bevin, 1881~
1951)이 다음과 같이 제안했다. "헝가리 국경선은 1938년의 국경선
으로 회귀해야 한다. 다만, 루마니아에 반환하는 지역을 트란실바니
아 전체로 할 것인지 대부분으로 할 것인지에 관해서는 양국의 요구

를 분석한 뒤 결정해야 한다. 그래야만 미래의 충돌을 피할 수 있
다." 프랑스 외무장관은 미국과 영국의 제안을 지지했는데, 그러한
행동은 1919년 프랑스가 취했던 태도에 대한 자기비판의 성격을
띠고 있었다. 프랑스 외무장관 조르주 비도(Georges Bidault, 1899~
1983)는 다음과 같이 말했다. "유고슬라비아-이탈리아 국경선에 적
용한 정책을 헝가리-루마니아 국경선에도 적용해야 한다. 현장 조
사 후에 헝가리에 루마니아인이 가장 적게 남도록 하는 민족적 경계
선을 찾아야 한다." 소련 대표인 몰로토프는 트리아농 조약으로 정
한 국경선을 상징적인 수준으로 수정하는 것조차도 강력하게 반대
했다. 그는 자신의 주장을 뒷받침하기 위해 1919~1920년 서구 연
합이 결정했던 사항을 포함하여 가능한 모든 이유를 내세웠다.
"……트란실바니아 주민 대부분은 루마니아인이지만, 헝가리인과
독일인도 이 지역에 많이 살고 있다. 이 민족들은 완전히 섞여 살고
있으므로 많은 루마니아인이 헝가리에 남지 않도록 또는 많은 헝가
리인이 루마니아에 남지 않도록 경계선을 긋는 것은 불가능한 일이
다." 몰로토프는 부정확하거나 가짜 자료를 다수 언급한 뒤 다음과
같이 덧붙였다. "트란실바니아는 1919년에 미국, 영국, 프랑스의 승
인 아래 루마니아에 속하게 되었다. 소련은 이 결정에 동의했다. 히
틀러는 이에 동의하지 않고 이 결정을 폐지했다. 미국, 영국, 프랑스
는 히틀러의 결정을 무효화하고 자신들의 결정을 재시행해야 한다.
루마니아 휴전 조약 19조는 이러한 새로운 상황에 신중하게 대처하
도록 작성되었지만, 아무도 새로운 상황에 대해 언급하고 있지 않
다. 그러므로 우리는 트리아농 조약에서 정한 국경선을 그대로 적용

할 것을 제안한다." 몰로토프가 이렇게 길게 이유를 설명하자 조르주 비도가 마음을 바꿔 이 제안을 받아들이며 소련의 입장을 지지했다. "빈의 결정을 폐지하고 트리아농의 결정을 채택해야 한다." 그러자 제임스 번스가 다시 발언 기회를 요청했다. 그는 미국이 트리아농 회의에 입회인으로 참여했기 때문에 트리아농 국경선에 관해서는 책임이 제한적이라고 언급한 뒤 다음과 같이 덧붙였다. "당신들은 트란실바니아 국경을 조금만 변경하면 50만 명의 헝가리인이 헝가리로 돌아갈 수 있다고 생각하지만, 그 지역에는 상당한 헝가리인이 살고 있으며 철도가 그곳과 헝가리를 연결하는 거의 유일한 수단이다. 그들을 루마니아에 귀속하는 것은 그들의 행복뿐만 아니라 루마니아의 행복과 번영에도 도움이 되지 않는다. 당신들이 고려하는 면적은 트란실바니아 전체 면적 102,000km^2 중 8,000km^2를 넘지 않을 것이다.[328] 개인의 삶에 지대한 영향을 미치는 결정이므로 철저한 현장 조사가 선행되어야 한다."[329]

런던에서는 이 문제에 관해 어떠한 결정도 이루어지지 않았다. 1946년 4월 다시 런던에서 열린 외무차관 회의에서도 이 문제가 언급되었다. 이 회의가 열리기 전인 1946년 2월 영국 외무부는 루마니아-헝가리 문제와 관련하여 트리아농 국경선 복원, 즉 미국 대신 소련의 계획을 지지하는 쪽으로 방향을 정했다. "헝가리, 루마니아, 러시아 사이에 국경선 수정보다는 트란실바니아 자치로 문제를 해결하는 방안이 현실화하기 시작"한 것이 주된 이유였다. 외무부는 1919~1920년에 자주 인용되었고, 1941~1942년에도 토인비를 위시한 전문가들이 매우 타당성 있게 지적했던 경제 및 교통 문제도

3장 강대국의 제2차 개입과 1947년 파리 평화 조약 **221**

언급했다. "국경선 변경에 관한 모든 논의는 루마니아 지역의 남북 철도 노선과 불가분의 관계에 있다. 경제적 측면을 고려할 때 중단 없는 철도의 운영이 가장 중요하다. 민족주의 원칙에 근거한 다른 중요한 변화는 불필요해 보인다." 영국은 자신들의 태도 변화를 미국에 알렸다. "그들이 문제를 제기한다면 국경선 변경에 반대하지는 않겠지만, 현재의 루마니아-헝가리 국경선을 변경하는 것이 정말로 바람직한지 확신할 수 없다."[330]

4월 16일 외무차관 회의에서 소련은 다시 트리아농 국경선 복원을 주장했다. 1946년 봄, 영국과 프랑스의 지지를 얻지 못한 미국은 단호한 태도를 보이지 못했고 소련과의 "불필요한" 대립을 피하고 싶어 했다. 그러나 미국은 여전히 "타국의 통치를 받는 국민의 수를 최대한 줄일 수 있도록 관련 당사국이 합의할 수 있는 국경선 수정"에 관해 루마니아와 헝가리가 직접 협상하기를 원했다. 소련 대표단은 이 제안 역시 받아들이지 않았다.[331]

의견 일치를 보지 못한 외무차관들은 1946년 5월 7일 파리에서 개최될 외무장관 회의를 대비해 루마니아-헝가리 국경선에 관한 두 가지 대안(소련 안과 미국 안)을 제시했다. 만약 제임스 번스가 영국과 프랑스의 지지를 얻었다면 최소한 상징적인 타협이라도 주장했을 것이다. 그러나 그는 양국의 지지가 없다면 이 문제는 희망이 없다고 생각했고, 이미 긴장이 고조되던 소련과의 관계를 이런 "하찮은" 문제 때문에 더 악화시키고 싶지 않았다. 제임스 번스는 소련이 다른 사소한 문제를 양보한 대가로 미국의 방안을 철회하고 소련의 방안을 받아들였다. 이에 따라 그는 제안서에 다음의 내용을 포함했다. "1940년 8월 30일 독일의 중재 판정에 따른 빈의 결정은 무효임을 선언한다. 이로써 헝가리와 루마니아의 국경선은 1938년 1월 1일의 국경선으로 복원한다."[332] 미국 평화 대표단의 간사였던 존 C. 캠벨은 제임스 번스의 행동을 다음과 같이 정당화했다. "평화 조약과 관련하여 미국과 소련 사이에 너무나 많은 조항이 논쟁의 대상이 되었으므로 이 문제는 더 이상 논할 가치가 없어 보였다."[333]

1946년 봄, 헝가리 정부는 전쟁에서 승리한 네 강대국이 헝가리의 옛 국경선 복원에 합의한 것을 모르고 있었다. 헝가리-루마니아 국경선에 관한 결정이 이루어졌다는 소식을 들은 헝가리는 평화 회의에서 이 결정 사항을 변경할 기회를 얻고자 했다. 헝가리는 네 강대국 수도에 너지 페렌츠 수상이 직접 수장을 맡은 대표단을 파견하여 자신들의 입장을 호소하고자 했다.

1946년 4월 9일부터 18일까지 헝가리 대표단은 모스크바를 방문했다. 대표단은 애초의 계획대로 모스크바에 최대 규모와 최소 규모의 방안을 제시했다. 최대 규모는 22,000km^2의 땅을 재병합하는 방안이었고, 최소 규모는 파르티움 지역에서 11,800km^2를 재병합하는 방안이었다. 최소 규모의 경우 병합 지역의 헝가리인은 루마니아인 421,000명을 약간 웃도는 정도이지만, 최대 규모의 경우 병합 지역 전체 인구 150만 명 중 헝가리인은 약 50만 명밖에 되지 않을 터였다. 소련은 헝가리 대표단을 따뜻하게 맞이했다. 그러나 소련은 평화 회의를 위한 사전 모임에서 자신들이 취했던 입장에 대해 헝가리 대표단에게 아무런 언급을 하지 않았다. 그 대신 소련은 헝가리-루마니아 국경선 문제를 직접 협상으로 해결해 달라고 요청했다.

몰로토프는 "루마니아와 논의하지 않은 채 이 문제를 평화 회의에 상정하는 것은 바람직하지 않다."라고 강조해서 말했다.[334]

소련의 요청에 따라 4월 말 외무차관 셰베슈티엔 팔(Sebestyén Pál)이 헝가리 정부를 대표하여 부쿠레슈티를 방문했다. 그리고 4월 27일 외무장관 게오르게 터터레스쿠(Gheorghe Tătărescu, 1886~1957) 및 수상 페트루 그로자와 회담했다. 그 자리에서 셰베슈티엔 팔은 다음과 같이 말했다. "헝가리는 도나우강 유역의 모든 나라 중 자국 영토 안에 거주하는 자국민의 비율이 가장 낮은 나라로 상당수의 헝가리인이 타국 영토에서 타국 사람과 살고 있습니다. 헝가리 정부가 가장 중요하게 생각하는 것은 루마니아에 거주하는 헝가리인입니다. ……이런 상황에서 헝가리 정부는 루마니아에 거주하는 헝가리인 문제를 제기할 수밖에 없으며, 이 문제를 해결하기 위해 제안서를 제출할 것입니다. ……헝가리 정부는 평화 회의에 앞서 이 문제에 대해 루마니아 정부와 비밀리에 우호적인 회담을 하기 원하고 있습니다. 이 회담에서 영토 재설정 문제를 포함한 모든 문제를 다룰 것입니다. 영토 재설정이 없다면 루마니아에 거주하는 헝가리인 문제 해결은 불가능합니다." 이에 대해 터터레스쿠는 다음과 같이 답변했다. "……루마니아의 서쪽 국경을 협상이나 비밀회의의 대상으로 삼으려는 루마니아 정치인은 아무도 없습니다. 아니, 루마니아의 영혼을 가진 자라면 단 한 사람도 그런 것을 원하지 않을 것입니다. 루마니아의 요람인 트란실바니아는 소중하고 신성한 곳이기 때문에 루마니아는 평화 회의에서 트란실바니아 국경을 확정하는 것 외에 그 어떤 것도 요구하거나 기대하지 않을 것입니다." 그로자는 터터레스쿠보다 조금은 유연한 태도를 보였지만, 그가 말한 내용의 본질은 다르지 않았다. 그 역시 헝가리의 제안을 거부했던 것이다. "국경 문제는 이미 강대국들의 논의 대상으로 선정되었기 때문에 루마니아가 헝가리와 공식적으로 영토 문제를 협상할 수는 없습니다. 작은 두 나라가 강대국들의 결정보다 앞서가는 것은 적절해 보이지 않습니다. ……루마니아는 국경에 관해 협상하는 것이 불가능하다고 생각합니다. 그것은 트란실바니아의 통합을 방해하는 치명적 오류가 될 것이기 때문입니다. ……달리 바람직한 영토 문제 해결책을 생각할 수 없습니다. 회랑 지대를 통해 세케이 지역을 병합하는 것이 트란실바니아 해체로 이어진다는 생각은 부조리해 보입니다. 그러나 국경을 따라 약 20,000km^2의 땅을 헝가리로 병합한다면 너무나 많은 루마니아인이 헝가리에 속하게 될 것입니다."[335] 결국, 세베슈티엔 팔의 임무는 가망이 없는 것이었고, 양차 대전 사이와 비교하여 상황이 많이 달라지긴 했지만 효과적인 외부의 압력 없이는 루마니아와 헝가리의 영토 분쟁이 여전히 타협 불가능하다는 점만을 다시 한번 확인했을 뿐이었다. 세베슈티엔 팔의 방문이 성과 없이 끝나고 얼마 뒤인 1946년 5월 7일 파리에서 개최된 외무장관 회의에서 헝가리-루마니아 국경선에 관한 결정이 이루어졌다는 소식을 들은 헝가리는 충격에 휩싸였다.

너지 페렌츠 수상과 헝가리 대표단은 미국으로 향했다. 그들은 6월 8일 워싱턴에 도착했다. 헝가리 대표단은 이곳에서도 따뜻한 환영을 받았다. 게다가 미국은 소련보다 훨씬 솔직했다. 너지 페렌츠는 미국 정치인들과 회담하면서 소련이 그를 오도했다는 사실,

적어도 그에게 국경에 관한 환상을 갖도록 했다는 사실을 깨달았다. 미국 국무장관 제임스 번스는 "5월 7일 파리의 결정은 소련의 의지가 반영된 결과로 헝가리-루마니아 문제의 열쇠는 소련이 쥐고 있다."라고 말했다. 이어서 그는 "소련이 트란실바니아 문제를 다시 꺼내 든다면 미국은 기꺼이 헝가리를 지지할 것"이라고 덧붙였다.[336] 소련의 실제 생각을 확인한 것, 그것은 루마니아와 헝가리의 국경선이 예전의 상태로 복원되고 미국이 이 문제에 더 이상 관여하지 않게 된다는 것을 의미했다.

　헝가리 대표단은 1946년 6월 21일과 22일 런던에서 영국 총리 클레멘트 애틀리(Clement R. Attlee, 1883~1967), 국무차관 옴 사전트, 정무차관 J. B. 노엘-바커(J. B. Noel-Barker)와 회담했다. 회담의 주제는 헝가리 대표단의 제안에 따라 헝가리-루마니아 국경 문제 및 트란실바니아의 헝가리 소수 민족 문제로 압축되었다. 영국 측 참석자는 이 문제에 대해 솔직하고 공정한 영국의 견해를 밝히면서 헝가리 대표단이 환상을 갖지 않도록 신중한 태도를 유지했다. 노엘-바커는 "소련이 너무나 가차 없는 태도를 보이므로 헝가리-루마니아 국경 문제에 반론을 제기하는 것은 무의미할 것"이라고 말했다. 영국은 루마니아 내 세케이인의 자치권에 대해서는 뚜렷한 태도를 보이지 않고, 단지 "양국 정부가 합의에 도달하면 영국은 그 결정을 지지할 것"이라는 약속만 되풀이했다.[337]

　6월 26일 헝가리 대표단은 귀국길에 파리에 들렀다. 그러나 파리 방문은 워싱턴이나 런던의 성과에도 미치지 못했다. 프랑스 외무장관 조르주 비도는 "프랑스는 중요한 문제에 관해 강력한 발언권을 가질 수 있는 위치에 있지 않다."라고 말하며 현실 문제에 대한 대답을 회피했다. 너지 페렌츠 수상은 몰로토프도 만났는데, 몰로토프는 4월에 모스크바에서 보여 주었던 긍정적인 태도를 완전히 잊은 듯 행동했다. 그러면서 5월 7일 파리에서 결정했던 내용의 모든 책임을 미국에 전가하려 했다.[338]

조르주 비도는 1946년 7월 29일 파리의 룩셈부르크 궁전에서 전후 처리를 위한 평화 회의를 개최했다. 평화 회의가 개최되고 평화 조약 초안이 공개되면서 헝가리 정부는 목표를 확정하고 파리 평화 회의에 참석할 대표단의 과제를 최종적으로 결정해야 했다. 너지 페렌츠 정부는 오랜 검토와 토론을 거쳐 이전의 평화 회의 준비 과정을 주의 깊게 복기하고 헝가리 평화 조약 초안에 대한 의견을 정교하게 준비했다.

1946년 8월 3일 헝가리 의회 외무 위원회에서 처음으로 평화 조약 초안에 대한 논의가 이루어졌다. 그러나 이날 회의에서는 "체코슬로바키아 문제"만을 다루었다. 헝가리-루마니아 국경 문제는 1946년 8월 5일 외무 위원회에서 다루어졌다. 외무장관 죈죄시 야노시는 헝가리-루마니아 국경 문제에 대해 외무 위원회가 이미 승인했던 결정 사항을 수정하자고 제안했다. 국경선 수정 규모를 약 5,000km^2로 줄여 평화 회의에 제시하자는 내용이었다. "민족 균형"을 목표로 헝가리 정부가 제시했던 국경선 수정안을 그 어떤 강대국도 지지하지 않았기 때문이었다. 소지주당 의원들이 죈죄시 야노시의 제안을 날카롭게 공격했다. 셜라터 칼만(Saláta Kálmán)은 소지주당이 원래의 민족적 국경을 포기한 것은 오로지 "실질적 실행 가능

3장 강대국의 제2차 개입과 1947년 파리 평화 조약 **227**

성"만을 고려했기 때문이라고 주장했다. 그는 이러한 "실질적 실행 가능성"이 사실은 기만과 환상에 불과한 것이며, 국경선이 오히려 헝가리에 불리한 방향으로 정해질 것이므로 소지주당의 당론인 민족적 국경을 포기해서는 안 된다고 말했다. 데셰피 줄러(Dessewffy Gyula, 1909~2000)는 외무장관의 제안이 특히 전술적 차원에서 잘못되었다고 말하면서 헝가리의 입장은 "깨끗한 암반"에 기초해야 한다고 주장했다. 퍼러기 죄르지(Parragi György, 1912~1963) 역시 외무장관의 제안을 거부하면서, 외무 위원회가 체코슬로바키아를 포함한 모든 사안에서 "민족적 근거"를 바탕으로 헝가리의 입장을 정한다면 받아들일 수 있다고 말했다. 외무 위원회의 소지주당 의원들은 죈죄시 야노시의 논리를 논박하면서 평화 회의 준비 작업에 소지주당의 원칙을 반영하라고 한참 동안 요구했다.

노동당 의원들도 외무장관의 제안이 충분한 근거가 있다고 생각하지 않았다. 사회민주당의 케틀리 언너(Kéthly Anna, 1889~1976)는 죈죄시 야노시에게 평화 회의에서 정말로 수정안을 제안할 것인지 확답을 원했다. 헝가리 공산당의 퍼르커시 미하이(Farkas Mihály, 1904~1965)는 연합국과 주변국 모두가 헝가리의 평화 목표를 알고 있으므로 헝가리의 원래 견해를 고수하자고 주장하면서 "전술적·심리적" 이유로 외무장관의 수정안에 반대했다. 공산당의 다른 외무 위원회 위원인 호르바트 마르톤(Horváth Márton, 1906~1987)도 비슷한 의견이었지만, 원래 안과 수정안 사이의 모순점을 해결하려 노력했다. 죈죄시 야노시의 제안과 행동을 가장 잘 이해했던 사회민주당의 쉬퍼 팔(Schiffer Pál, 1911~2001)은 외무 위원회가 전술적인 문제를 결정하지 말고 외무장관에게 모든 걸 맡겨야 한다고 말했다. 그는 외무장관이 "헝가리가 원하는 것을 얻기 위해 원칙을 지킬 것인지, 현실을 고려할 것인지, 다른 대안을 모색할 것인지, 현 상황에 대한 최선의 지식을 동원하여 숙고해야 할 것"이라고 덧붙였다. 국가농민당 위원은 이 논쟁에 참여하지 않았다. 이 자리에 참석했던 너지 페렌츠 수상은 아무 말 없이 다른 사람들의 토론을 경청했다.

외무 위원회 위원장 레버이 요제프는 외무장관에게 수정안에 대해 좀 더 철저하고 설득력 있는 이유를 제시해 달라고 요청했다. 죈죄시 야노시는 자신이 수정안을 내놓게 된 실질적인 배경을 설명하기 시작했다. "만약 제가 이 문제에 대해 질문을 받고 22,000km^2의 영토 병합을 그 대답으로 내놓는다면 5분도 안 되어 21개국 전원이 거부할 것입니다. 모든 외교 정보를 분석한 결과, 이러한 수정안을 내놓게 된 것입니다. 제가 평화 회의에서 22,000km^2는 언급도 하지 않고 국경 수정만을 얘기한다 해도 놀라지 마십시오." 외무 위원회의 모든 위원이 놀라움을 금치 못했고, 외무장관의 수정안을 다시 검토하기 시작했다. 결과적으로 가장 논란이 됐던 헝가리의 평화 목표에 관한 문구도 공식적으로 잘 마무리되었다.[339]

평화 회의에 참석할 헝가리 대표단이 파리로 떠나기 전인 1946년 8월 6일 정부는 평화 조약 초안에 관한 입장을 논의하고 문서로 정리했다. 정부는 국경 문제와 관련한 의회 외무 위원회의 의견을 수용했다. 정부는 또한 헝가리 대표단이 평화 회의에서 경제적 합의 및 배상에 대해 헝가리가 국제적 의무를 수행할 수 있는 범위 안에서 권한을 가지며, 강대국 역시 이 범위 안에서 헝가리의 몫을 결정

해야 한다는 점도 명시했다.[340]

　　헝가리 언론은 헝가리 대표단에 넘겨진 평화 조약 초안을 상세히 보도했다. 레버이 요제프는 "파리와 미슈콜츠"라는 제목의 사설에서 독일의 다른 동맹국들보다 헝가리의 평화 조약이 훨씬 불리한 이유와 헝가리가 평화 회의 "의사 결정자들"의 지지를 기대할 수 없는 이유에 관해 설명했다. 이에 따르면, 반혁명 체제의 정책과 전쟁 책임, 헝가리 해방 이후의 내정 상황, 소지주당으로 대표되는 강경책 등이 헝가리 주변국들과 소련의 불신을 키우는 요인이 되었다. 사회민주당 기관지 '인민의 소리(Népszava)'도 평화 조약 초안에 관해 논평했다. "우리는 평화 조약안이 과거의 실수로부터 아무런 교훈도 담지 못하고 있다는 점에 우려를 금할 수 없다. 우리는 우리의 권리뿐만 아니라 유럽의 안보와 이해가 위태롭다는 것을 부인하지 않는다. ……마지막에는 우리가 승리하리라는 희망을 잠시도 포기할 수 없다. 만약 우리의 기대가 어긋난다면……상황이 좀 더 안정되고 차분해지면 그들이 무엇을 잘못했는지 반추해 볼 수 있을 것이다." 국가농민당의 베레시 페테르(Veres Péter, 1897~1970)는 당 기관지 '자유의 외침(Szabad Szó)'에 "우리는 포기할 수 없다."라는 제목의 사설을 실었다. 그는 평화 조약안이 효력을 발휘하면 민주주의가 고통을 받게 된다며 민족주의 원칙을 적용하라고 촉구했다. 좌파인 헝가리 급진당도 당 기관지를 통해 평화 조약안을 비판했다. 좌파 정당들 사이에서도 의견이 분분했지만, 가장 큰 책임은 반혁명 체제에 있다는 점에서는 목소리가 일치했다. 연립 정부의 최대 정당인 소지주당과 야당인 시민민주당의 시각은 달랐다. 시민민주당은 당 기관지 '세계(Világ)'에 "우리는 비난하고 요구한다."라는 제목의 사설을 싣고, 루마니아를 "배은망덕"하다고 비난했다. 그리고 헝가리인의 밀도가 높은 지역이 외국의 통치를 받게 된다면 헝가리는 생명을 잃게 되는 것이라고 덧붙였다. 소지주당은 당 기관지 '작은 소식(Kis Újság)'을 통해 평화 조약안이 아직은 수정의 여지가 있다는 냄새를 풍기는 외국 정치인의 발언을 소개했다.[341]

연립 정부에 참여한 정당들은 파리 평화 회의와 헝가리의 평화 목표에 관한 국내외 여론에 영향을 미치기 위해 여러 수단과 방법을 동원했다. 1946년 8월 2일 중앙 지도부 회의를 개최한 헝가리 공산당은 "지난 몇 주 동안 헝가리의 평화 전망이 매우 나빠졌다."라고 정부를 비판하면서, 정부가 워싱턴과 런던에서 벌였던 협상으로 오히려 헝가리가 더욱 고립되었다는 점을 지적했다. 사회민주당은 8월 9일 유럽 사회주의 정당과 세계 노동자 조직에 선언문을 제출하고, 자신들은 진보와 사회주의를 위한 투쟁에서 항상 소수자의 평등을 염두에 두고 있다고 주장했다. 파리 평화 조약으로 헝가리 국경 밖에 남겨지게 될 약 300만 명의 헝가리인은 그 어디에서나 민족적 편견 때문에 생명과 재산 그리고 안전에 위협받으며 근심 걱정 속에 살아갈 수밖에 없을 터였다. 소지주당은 헝가리 주변국에 거주하는 헝가리인의 법적 보호를 최우선 과제로 삼았다. 그리고 평화 조약이 가져올지 모를 부정적 결과에 주목했다.

너지 페렌츠 수상은 비츠케시(市)에서 비슷한 기조로 연설했다. "전쟁이 다시 발발하기를 원치 않는다면 평화 조약이 일방적인 계약이나 명령이 되어서는 안 됩니다. 평화 조약은 모든 국가가 공평하게 만족하는 바탕에 근거해야 합니다."

헝가리 자유당 대표 슈요크 데죄(Sulyok Dezső, 1897~1965)는 1946년 8월 8일 의회 연설에서 평화 조약안에 대해 이의를 제기하고 전 세계에 공정하고 합리적인 평화안을 촉구하기 위해 평화안에 관한 입법을 논의하자고 제안했다. 그는 특히 다음의 세 가지 사항이 헝가리에 불리하다고 주장했다. (1) 헝가리의 영토가 더욱더 줄어드는 문제. (2) 외국에 소수 민족으로 남게 될 헝가리인을 위한 제도적 안전 보장의 부재. (3) 배상을 포함한 경제적 의무. 계속해서 그는 각 정당이 각각의 견해 차이를 잊고 국가 내부의 갈등을 제거하여, 파리에서 헝가리에 부과하게 될 불공정에 맞서는 정책을 만드는 데 힘을 모으자고 제안했다. "나는 헝가리가 역사에서 비난받는 자가 되지 않도록 일어서 큰 목소리로 외치며 행동할 것이다." 대다수 의원은 슈요크 데죄의 말에 동의했다. 슈요크 데죄의 태도는 소지주당의 당론과 매우 비슷했다. 그러나 항의의 목소리가 더는 이어지지 않았다.[342]

평화 회의에 참석할 헝가리 대표단이 선출되면서 연립 정부 내의 의견 차이와 불확실성이 분명하게 드러났다. 헝가리 대표단을 죈죄시 야노시가 이끄는 것을 모든 당이 받아들였지만, 그가 외교 분야에서는 초보자이고 러시아어나 프랑스어 또는 영어를 하지 못한다는 사실이 평화 회의에서 그의 행동을 제약했다. 죈죄시 야노시는 어우에르 팔(Auer Pál, 1885~1978), 세게디-머사크 얼러다르 같이 경험 많은 사람들에게 의존해야 했다. 그러나 그들도 서방측 인맥만을 가지고 있었기 때문에 어떤 면에서는 매우 취약할 수밖에 없었다. 많은 사람이 카로이 미하이가 헝가리 대표단을 이끌 최적임자라고 생각했다. 그러나 카로이 미하이를 지지한 정당은 연립 정부에 참여하지 않은 헝가리 급진당과 사회민주당뿐이었다. 카로이 미하이가 헝가리 대표단을 이끌었다 해도 다른 결과를 가져오지는 않았을 것이다. 그는 단지 대표단의 일원으로 동행했다. 대표단은 부대표 게뢰 에르뇌(Gerő Ernő, 1898~1980), 사무국장 케르테스 이슈트반, 세크퓌 줄러, 세베슈티엔 팔, 퍼러고 라슬로(Faragó László, 1896~1967), 베틀렌 오스카르(Bethlen Oszkár) 등 22명으로 구성되었다.[343]

1946년 8월 14일 파리 평화 회의 총회에서 헝가리 외무장관 쥔죄시 야노시는 이탈리아, 루마니아, 불가리아에 이어 평화 조약 초안에 대한 헝가리의 견해를 밝혔다. 그는 서두에 이번 평화 회의가 25년 전의 평화 회의와는 그 성격이 다르며, 이 회의에서 유럽에 항구적인 평화를 가져오는 합의가 이루어지기를 바란다고 말했다. 특히 미국과 소련이 회의에 적극적으로 참여하여 평화 조약을 정교화하기 위해 힘쓰고 있는 점이 합의를 이루는 데 가장 중요한 요소라 생각한다고 덧붙였다. 쥔죄시 야노시는 자신이 새롭고 민주적인 헝가리를 대표한다고 강조하면서, 헝가리의 운명은 평화 회의의 결정에 크게 좌우될 것이라고 얘기했다. "우리는 헝가리 민주주의의 미래를 수호하면서, 방금 끝난 전쟁에서 헝가리가 반동 정권, 사회 구조 문제, 지도자들의 어리석음 때문에 전 세계인과 헝가리인의 대의에 역행하는 쪽에 섰음을 부정하거나 잊지 않을 것입니다." 이렇게 말한 연후에 그는 조약을 구성하는 원칙에 특정한 자유만 언급되어 있을 뿐 개인이 거주지를 선택할 권리, 주된 사용 언어를 선택할 권리, 노동할 권리, 기업을 경영할 권리 등이 포함되어 있지 않다는 의견을 제시했다. 그리고 종전 이후 보편적 평화의 관점에서 볼 때 특히 루마니아와 체코슬로바키아, 이 두 나라와의 관계에서 헝가리가 매우 슬픈 위치에 놓여 있다고 주장했다. 그러면서 그는 외국에 소수 민족으로 남게 될 헝가리인의 보호 문제에 초점을 맞추었다. "모든 헝가리인이 한 국가의 테두리 안에 통합되기를 원하는 것은 당연한 일일 것입니다. 그럼에도 쉽게 해결되지 않는 지리적·정치적 장애물 때문에 이러한 희망을 실현하기는 매우 어려워 보입니다. 국경선을 수정할 수 없으므로 외국에 사는 헝가리인에게 민주주의의 기본 요건인 자유를 보장하는 데에 첨예한 문제가 끊임없이 발생하고 있습니다." 그러나 죈죄시 야노시는 루마니아에 대해 강력하고 구체적인 영토 요구안을 제시했다. 8월 초에 그가 제안했던 최소 규모 대신 애초의 최대 규모인 22,000 km^2였다. 충분한 자료가 없기 때문에 그가 왜 마음을 바꾸었는지 알 수는 없다. 죈죄시 야노시는 제시된 조약안을 최종 산물이 아닌 협의의 시작점으로 생각하고 있었다. "우리는 양국에 최소한의 희생을 수반하는 합리적인 해결책을 받아들일 준비가 되어 있습니다. 그 해결책은 양국 사이에 지속적인 평화와 우정을 담보하는 행동으로 이어질 것입니다. 그러므로 이 회의에서 헝가리와 협상할 루마니아 대표단의 파견을 요청해 주십시오. 당사자가 이 문제를 해결해야 합니다. 만약 협상이 실패한다면 이 회의가 현장 조사 권한을 가진 위원회를 파견해야 합니다."[344]

연합국 대표들은 헝가리 외무장관의 열변에 별다른 반응을 보이지 않았다. 체코슬로바키아 외무장관 얀 마사리크(Jan Masaryk, 1886~1948)는 8월 15일 상당히 공격적인 태도로 죈죄시 야노시의 의견을 반박했다. 헝가리 평화 조약 안건은 '헝가리 정치·영토 위원회'에 넘겨졌다. 위원회는 8월 17일 처음으로 이 조약 초안에 대해 논의했다. 위원회의 요청에 따라 헝가리 대표단은 8월 20일 서면으로 반론을 제출했다. 루마니아에 대한 22,000km^2 영토 요구안은 그대로 유지한 채였다. 반면, 루마니아는 헝가리의 영토 요구를 완전히 거부함은 물론이고 5억 달러의 전쟁 배상금까지 청구했다. 위원회는 24일 각각의 제안을 검토하기 시작했다. 제안 검토에 앞서 위원회는 위원 중 한 명이라도 검토에 동의하는 안건에 대해서만 논의하자는 매우 중요한 결정을 내렸다. 이에 따라 1946년 8월 28일 '헝가리 정치·영토 위원회'는 불과 몇 초 만에 트란실바니아의 운명을 결정했다. 13명의 위원 중 단 한 사람도 헝가리의 국경 수정 제안을 지지하지 않았기 때문이었다. 같은 시각 '루마니아 정치·영토 위원회'도 회의를 열고 헝가리 대표단의 안건을 비교적 합리적으로 논의했다. 4시간 반의 회의를 마친 뒤 위원회는 트란실바니아 문제를 심도 있게 논의하기 위해 '헝가리-루마니아 공동 정치·영토 위원회'를 개최해서 헝가리와 루마니아의 의견을 듣기로 했다.[345]

1946년 8월 31일 개최된 공동 위원회에서 헝가리 대표단의 대변인 어우에르 팔은 트란실바니아에 대한 헝가리의 요구안을 발표했다. 전날 미국 외교관들과 만나 조언을 들었던 헝가리 대표단은 그들의 권고에 따라 영토 요구안의 규모를 3,942km^2로 줄였다. 이 영토의 인구 50만 명 중 67%가 헝가리인이었다. 어우에르 팔은 이 지역 외에 루마니아 정부가 아라드, 오라데아(너지바러드), 카레이(너지카로이), 사투마레(서트마르네메티) 등에 거주하는 헝가리인 120만 명의 권리를 보장하고, 국제 연합(UN)이 세케이 지역의 자치권을 보장해 달라고 요청했다. 루마니아 외무장관 게오르게 터터레스쿠는 9월 3일 개최된 공동 위원회에서 헝가리의 요구안을 거부했다. 그는 문제의 영토가 헝가리로 반환된다면 트란실바니아의 경제와 교통 체계가 막대한 타격을 입게 된다고 말했다. 또한, 트란실바니아의 자치권과 헝가리–루마니아의 직접 협상도 반대했다. 터터레스쿠는 루마니아가 히틀러와 독일을 물리치기 위해 엄청난 희생을 치렀다고 설명하면서, 루마니아는 전쟁 전에 이미 많은 땅을 잃었기 때문에 누구도 루마니아에 더 이상의 땅을 포기하라고 강요할 수 없다고 "비공식적으로" 덧붙였다. 그는 4월에 루마니아를 방문한 세베슈티엔 팔에게 "트란실바니아는 루마니아에 요람과도 같은 땅이며, 루마니아 국민은 그곳의 어느 한 부분도 포기할 수 없다."라고 말한 바 있다는 점도 언급했다. 터터레스쿠의 발언 후, 미국과 호주 위원들의 제안으로 회의가 잠시 연기되었다.[346]

평화 회의를 준비하는 과정에서 트란실바니아 부분을 맡았던 미국 평화 대표단 간사 존 C. 캠벨은 어우에르 팔이 제시한 국경 수정안이 순수하게 민족적 원칙에 따라 작성된 것이며, 미국 국무부의 최종 의견과 정확히 맞아떨어진다고 보았다. "아라드와 그 인근 지역에 관한 주장을 제외하면 헝가리의 주장이 합리적이라고 생각한다."[347] 영국 외무부 담당 부서장 헤이터(William Goodenough Hayter, 1906~1995)도 같은 의견이었다. 그는 9월 3일 런던 주재 헝가리 대사에게 다음과 같이 말했다. "소련이 루마니아에 조금 관대한 태도를 보이도록 설득할 의사가 있다면 헝가리의 축소된 영토 요구가 수용될 수도 있을 것이다."[348] 그러나 소련이 그런 해결책을 받아들이거나 그런 노력을 시도할 가망성은 전혀 없었다. 미국은 헝가리 국민을 향한 마지막 몸짓으로, 1946년 5월 7일 파리 외무장관 회의의 결정이 어떠한 배경에서 이루어졌는지 공개하고 그 내용을 회의록에 기록하기로 했다. 9월 5일 개최된 '루마니아 정치·영토 위원회'에서 미국 대표단의 윌리엄 해리먼(William Averell Harriman, 1891~1986)이 그 역할을 맡았다. "외무장관 회의에서 미국은 국경선 변경 가능성에 관한 연구를 제안했습니다. 외국의 지배 아래 놓이게 될 국민의 수를 줄임으로써 헝가리와 루마니아의 안정과 상호 협력에 이바지할 수 있기 때문입니다. 그러나 외무장관 회의의 다른 참석자들이 이 견해를 공유하지 않았고, 미국은 회의의 최종 결정을 위해 만장일치가 바람직하다는 생각으로 이 견해를 고수하지 않았습니다. 미국은 현재 제안된 방안을 강력히 지지하지는 않지만, 외무장관 회의에서 합의한 내용이므로 이 안에 찬성할 것이라는 점을 분명히 밝힙니다."[349] 이로써 헝가리 평화 조약 초안은 수정 없이 최종안이 되었다.

헝가리 국민은 엄청난 충격에 빠졌다. 여러 정치인의 주장과 낙관적인 언론의 태도로 그들은 뭔가 다른 것을 기대하고 있었다. 너지 페렌츠 수상은 한 영어 신문과의 인터뷰에서 "평화 회의에서 모든 것이 헝가리에 불리했다."라고 말했다. 9월 12일 개최된 헝가리 의회 외무 위원회에서 소지주당의 에뢰시 야노시(Erőss János, 1889~

1962)는 평화 대표단을 소환하자고 주장했다. 공산당 소속의 외무 위원회 위원장 레버이 요제프는 강하게 반대했고, 그의 의견은 결정적인 것이 되었다. 그는 헝가리가 평화 조약에 서명하지 않는 것은 무의미한 일이며, 헝가리에 선택지는 없다고 강조했다. 공산당 기관지 '자유 인민(Szabad Nép)'도 같은 의견이었다. 이 신문은 9월 21자 사설에서 "고통스럽기는 하지만, 트리아농 국경선이 트란실바니아 국경선으로 남게 될 것이다."라고 논평했다.[350]

헝가리 평화 조약에 관한 세부적인 논의를 마친 후, 1946년 10월 12일 파리 평화 회의 총회에서 평화 조약의 최종 문안이 통과되었다.[351] 1947년 2월 10일 센강 기슭의 프랑스 외무부 건물에서 연합국과 헝가리의 대표들이 평화 조약에 서명했다. 트리아농 국경선의 헝가리가 다시 한번 현실이 되었다. 그러나 문제 자체가 사라진 것은 아니었다. 이러한 문제는 새로운 환경에서 새로운 방식으로 헝가리와 이웃 국가들 사이에 긴장을 불러일으켰다. 헝가리와 루마니아 사이의 트란실바니아 문제는 과거에도 가장 심각했고 현재도 여전히 가장 심각한 문제로 남아 있다.

결론

    트란실바니아는 중동부 및 남동부 유럽에서 민족 및 국가 간에 영원히 풀지 못할 이견이 존재하는 지역 중 하나이다. 이 지역에서 이러한 의견 차이가 발생하는 것은 언어적·문화적으로 이질적인 민족이 혼재해 살고 있으며, 가장 큰 두 민족 집단인 루마니아인과 헝가리인이 이 땅을 자신들의 땅으로 생각하기 때문이다. "동료 민족"이 공존하는 소위 스위스 국가 모델은 아직도 이루어지지 않고 있다. 트란실바니아를 둘러싼 강력한 영토 투쟁이 본격적으로 대두한 것은 민족주의가 태동하던 19세기에 트란실바니아 인근에 근대 루마니아 국가가 탄생하면서부터였다. 이때부터 이 땅을 차지하기 위한 루마니아와 헝가리의 싸움은 끊임없이 이어져 왔다.

    트란실바니아는 수백 년간 독자적인 상태를 유지하다가 1867년의 오스트리아–헝가리 '대타협'을 계기로 헝가리 왕국의 일부분이 되었다. 그리고 이 지역에 살던 루마니아인은 낮은 수준에서 언어적·문화적·행정적 권리를 부여받았다. 트란실바니아의 루마니아인뿐만 아니라 이들의 모국 루마니아도 이러한 대우에 만족할 수 없었다. 루마니아인의 최소 목표는 이 지역에서 정치적·영토적 자치권을 얻는 것, 즉 "동료 민족"으로 대우받는 것이었고, 최대 목표는 이 지역을 헝가리가 아니라 루마니아 왕국에 귀속시키는 것이었다. 루마니아는 제1차 세계 대전에서 트란실바니아를 얻는 대가로 협상국 측에 가담함으로써 이러한 목표를 실현할 기회를 잡았다. 그 결과물이 1920년의 트리아농 평화 조약이었다.

1920년부터 두 나라 사이의 역사에 새로운 장이 시작되었다. 루마니아인이 중심부를 차지하고 헝가리인은 1918년 이전의 루마니아인처럼 주변인이 되었다. 루마니아와 헝가리의 상황도 반대가 되었다. 이전에는 부다페스트가 현상 유지를 강변하고 부쿠레슈티가 분리를 주장했지만, 이제는 루마니아가 협상국의 일원으로 현상 유지를 주장하고 헝가리는 수정주의로 태도를 바꾸었다.

루마니아에 대한 헝가리 수정주의의 목표는 분명하지 않았다. 한쪽 끝에 "모든 것을 돌려받자."라는 태도와 다른 한쪽 끝에 루마니아 내에서 "동료 민족의 지위를 얻자."라는 태도가 공존하고, 그 사이에 트란실바니아 자치국을 조직하자거나 트란실바니아를 루마니아와 헝가리로 나누자는 주장 등이 존재했다. 헝가리는 전술적 이유로 명확한 태도를 보이지 않았다. 오히려 일부러 문제 상태를 유지하면서 상황에 따라 이런 태도 또는 저런 태도를 보였다. 반면에 루마니아는 항상 명확한 태도를 유지했다. 그것은 트란실바니아를 지키고, 이 지역의 헝가리 소수 민족에게 "동료 민족"의 지위를 주지 않는 것이었다.

강대국들은 여러 양상을 보였다. 프랑스는 현상 유지 정책을 옹호하며 루마니아를 지지했다. 반면, 이탈리아와 소련은 헝가리의 수정주의를 지지했다. 이탈리아는 유고슬라비아에 대항하기 위해, 소

련은 루마니아로부터 베사라비아와 부코비나 북부 지역을 반환받
기 위해 헝가리의 지원이 필요했기 때문이다. 영국은 루마니아와
헝가리의 국경선이 불공평하다고 생각했지만, 1930년대에 들어와
서야 헝가리의 수정주의를 지지했으며 오직 평화적인 방법만을 지
향했다. 유럽의 질서를 완전히 재편하고자 했던 독일은 루마니아에
대한 헝가리의 수정주의를 오랫동안 지지하지 않았다. 루마니아의
원유를 얻기 위해 루마니아와 밀접한 관계를 맺어야 했기 때문이다.
미국은 1930년대 말까지 트란실바니아에 별다른 관심을 보이지 않
았다.

이탈리아와 독일은 1940년의 국경선 획정(劃定)에 중재자로 나
섰고, 소련도 간접적이기는 하지만 중요한 역할을 했다. 소련과 헝
가리의 공세적 태도 때문에 강대국의 개입을 피할 수 없는 상황에서
이탈리아와 독일은 세케이 지역을 헝가리로 돌려주어야 한다고 생
각했다. 이러한 생각은 루마니아인 상당수가 헝가리 국민이 되는
반면, 50만 명의 헝가리인이 헝가리로 돌아오지 못하는 결과로 이어
졌다. 이것은 루마니아와 헝가리 모두에게 만족스럽지 못한 결정이
었지만, 히틀러에게는 꽃놀이패와 같은 것이었다. 트란실바니아의
남은 반쪽을 준다는 구실로 루마니아와 헝가리를 효과적으로 통제
할 수 있기 때문이었다.

제2차 세계 대전의 승전 강대국들은 트란실바니아의 미래에 대
해 자세한 계획을 공들여 마련했다. 미국과 영국을 이끈 동기는 "정
의 추구"였다. 그러나 트란실바니아 연방의 실현 가능성이 사라지
자 그들은 트란실바니아 자치국 계획을 폐기했다. 그리고 국경선을

따라 펼쳐진 좁은 지역(파르티움)을 헝가리에 반환하고, 세케이 지역
은 자치권을 주되 루마니아에 귀속하는 계획을 세웠다. 소련은 베사
라비아와 부코비나 북부를 돌려받는 대가로 트란실바니아를 루마
니아에 주는 거래의 대상으로 활용했다. 루마니아를 소련의 군사
기지로 만들고 싶었던 소련은 루마니아가 소련과 전쟁을 벌였던 사
실보다 루마니아와의 우호 관계를 더 중시했다.

소련의 이러한 행동 때문에 1947년 파리 평화 조약은 루마니아
와 헝가리의 1920년 국경선 복원이라는 결과를 낳고 말았다. 이로
써 루마니아는 기대한 바를 이루었다. 그러나 이미 "대규모 수정"을
포기하고 국경을 따라 펼쳐진 좁은 지역만이라도 반환받고 싶었던
헝가리는 울분을 삼킬 수밖에 없었다. 이로써 150만 명 이상의 헝가
리인이 트란실바니아에서 소수 민족의 지위에 놓이게 되었고, 이러
한 상황은 루마니아와 헝가리의 관계에서 여전히 첨예한 문제로 남
아 있다.

참고문헌

원전 문서

헝가리 국립문서보관소

K 27. Minisztetanácsi jegyzőkönyvek. 1940. április 1.

K 27. Minisztertanácsi jegyzőkönyvek. 1940. augusztus 29.

K 28. A Miniszterelnökség Nemzetiségi és Kisebbségi Osztályának ir. 64. Csomó, 20179-O-1939.

K 28. A Miniszterelnökség Nemzetiségi és Kisebbségi Osztályának ir. 230. csomó, 3. dosszié.

K 28. A Miniszterelnökség Nemzetiségi és Kisebbségi Osztályának ir. 230. Csomó, 4. dosszié (Pásint Ödön gyűjteménye).

K 64. Külügyminisztérium res. pol. iratai. 1918/1920-vegyes-8/1919.

K 64. Külügyminisztérium reservált politikai ir. 1939-33/a-1432.

K 64. Külügyminisztérium reservált politikai iratai. 1940-23-31. A tárgyalások magyar dokumentéciójára (Csáky jelentése).

K 64. Külügyminisztérium reservált politikai iratai. 1940-23-465.

K 64. Külügyminisztérium reservált politikai iratai. 1940-23-szám nélk. (Teleki Pál feljegyzése).

K 67. 14. csomó 223. tétel.

K 429. Kozma Miklós iratai. Adatgyűjtemény, Berlini út, 1928. november 18-27.

A Kormányzó Kabinetirodájának iratai.I.E.8. (Rónai András: Erdély nemzetiségi viszonyai).

Külügyminisztérium Békeelőkészítő Osztálya. XIX-J-1-a.

Az erdélyi kérdés (63.).

Külügyminisztérium. Békeelőkészítő Osztály iratai. 1216-1217/bé 1946.

Szám nelk. (Sebestyén Pél 1946. április 30-i jelentései).

Külügyminisztérium. Békeelőkészítő Osztály iratai.

영국, 런던 Public Record Office, Foreign Offic

Public Record Office : 371/10775. C 15915.

Public Record Office : 371/11365. C 479.

Public Record Office : 371/16783. C 9408.

Public Record Office : 371/24428. C 13562.

Public Record Office : 371/34504. C11310.

Public Record Office : 371/48192. R 10059.

Public Record Office : 371/57153. U 2345.

Public Record Office : 371/59025.

외교문서집

헝가리

Az 1943. decemberi Benes-Sztálin-Molotov megbeszélések dokumentumai.
Szeged, 1993.

*A Wilhelmstrasse és Magyarország. Német diplomáciai iratok Magyarországról
1933-1944.* Szerk. Ránki György, Pamlényi Ervin, Tilkovszky Loránt,
Juhász Gyula. Bp., 1968.

Diplomáciai iratok Magyarország külpolitikájához. I - V. kötet, 1936-1941.
Főszerk. Zsigmond László, Bp., 1962-1982.

Diplomáciai iratok Magyarország külpolitikájához 1936-1945. II. köt. Szerk.
Ádám Magda, Bp., 1965.

*Iratok az ellenforradalom történetéhez I. Az ellenforradalom hatalomrajutása
és rámuralma Magyarországon 1919-1921.* Szerk. Nemes Dezső, Bp.,
1953.

Iratok az ellenforradalom történetéhez. IV. köt. Szerk. Karsai Elek, Bp., 1967.

Magyarország külpolitikája 1938-1939.

*Magyarország külpolitikája a II. világháború kitörésének időszakában 1939-
1940.*

*Magyarország külpolitikája a nyugati hadjárattól a Szovjetunió megtámadásáig
1940-1941.*

Teherán, Jalta, Potsdam. Dokumentumgyűjtemény. Bp., 1972.

베스프렘 도립 문서보관소

Kratochwill Károly Hagyatéka. 3. doboz.

미국

Papers Relating to the Papers Relating to the Foreign Relations of the United States. Paris Peace Conference 1919. Vol. IV.

Papers Relating to the Foreign Relations of the United States, Diplomatic Papers 1944. Vol. II.

Papers Relating to the Foreign Relations of the United States, Diplomatic Papers 1944. Vol. V.

Papers Relating to the Foreign Relations of the United States. 1946. Vol II. Council of Foreign Ministers.

Papers Relating to the Foreign Relations of the United States, 1946. Vol. III.

Papers Relating to the Foreign Relations of the United Sates, 1946. Vol. IV.

Potsdam Conference Documents 1945. Reel 1. The Berlin Conference Territorial Studies. July 6, 1945. University Publicatrions of America, No. 407.

영국

Documents on British Foreign Policy 1919-1939. First Series, Vol. VI. Ed. by E. L. Woodward and R. Butler, London, 1956.

Documents on British Foreign Policy 1919-1939. First Series, Vol. VII. Ed. by J.P.T. Bury and R. Butler, London, 1958.

Documents on British Foreign Policy. Third Series. Vol. III. Ed. by E. L. Woodward and R. Butler, London, 1950.

Documents on British Policy Overseas. First Series. Vol. I. Ed. by R. Butler, M.E. Pelly, London, 1984.

Documents on British Policy Overseas. First Series. Vol. II. Ed. by R. Butler, M. E. Pelly, London, 1985.

독일

Akten zur deutschen auswartigen Politik, Band VIII.

Akten zur deutschen auswartigen Politik. Serie B. Band III. 354.

Auswartiges Amt, Bonn. Büro des Staatssekretars. Ungarn. Band II. Nr.3. 1940. július 16.

Auswartiges Amt, Bonn. Politische Abteilung. II. Ungarn. Pol. 2. Band IV. 1932 november 26. és 1932. december 1.

단행본

Ádám Magda: *A Kisantant 1920-1938.* Bp., 1981.

Ádám Magda: Dunai konföderáció vagy kisantant. In: *Történelmi Szemle*, 1977/3-4.

Ádám Magda: *The Little Entente and Europe 1920-1929.* Bp. 1993.

Arató Endre: *Kelet-Európa története a 19. század első felében.* Bp., 1971.

Bajcsy-Zsilinszky Endre: *Erdély múltja és jövője.* Bp., 1990.

Bajcsy-Zsilinszky Endre: *Transylvania: Past and Future.* Geneve, 1944.

Balogh Piroska: Transzilvanizmus: revízió vagy regionalizmus? In: *Trianon és a magyar politikai gondolkodás.* Szerk. Romsics Ignác és ifj. Bertényi Iván. Bp., 1998.

Balogh Sándor: Erdély és a második világháború utáni békerendezés. *Külpolitika*, 1987/5.

Balogh Sándor: *Magyarország külpolitikája 1945-1950.* 2. kiad. Bp., 1988.

Bán D. András: *Illúziók és csalódások. Nagy-Britannia és Magyarország 1938-1941.* Bp., 1998.

Bán D. András: Radomir király. Széphistória a Rothermere-akcióról. *2000*, Bp., 1990.

Bán D. András (Szerk.) *Pax Britannica. Brit külügyi iratok a második világháború utáni Kelet - Közép - Európáról, 1942-1943.* Bp., 1996.

Bán D. András, Diószegi László, Fejős Zoltán, Romsics Ignác, Vinnai Győző. (Szerk.) *Magyarok kisebbségek és szórványban. A Magyar Miniszterelnökség Nemzetiségi és Kisebbségi Osztályának válogatott iratai, 1919-1944.* Bp., 1995.

Barabás Béla - Diószegi László- Enyedi Sándor - Sebők László - R. Süle Andrea.: *Hetven év: A romániai magyarság története 1919-1989.* Bp., 1990.

Baráth Magdolna: *„Hogy egyetlen hatalomnak vagy hatalmi kombinációnak se jusson eszébe a Szovjetunió elleni agresszió"* Kézirat, 3.

Baráth Magdolna: *„Hogy egyetlen hatalomnak vagy hatalmi kombinációnak se jusson eszébe a Szovjetunió elleni agresszió."* Kézirat, 12.

Barker, Elisabeth: *British Policy in South-East Europe in the Second World War.* London, 1976.

Benda Kálmán: *Ráday Gyűjtemény Évkönyve.* III. Bp., 1984.

Bethlen Béla: *Észak-Erdély kormánybiztosa voltam.* Bp., 1989.

Bethlen István Angliai előadásai. Bp., év nélk.

Bethlen, István: *The Treaty of Trianon and European Peace.* London, 1934.

Bibó István: *Válogatott tanulmányok.* Serk. Huszár Tibor, III. köt. Bp., 1986.

Bíró, Sándor: *The Nationalities Problem in Transylvania 1867-1940.* New York, 1992.

Borbándi Gyula: *Magyar politikai pályaképek 1938-1948.* Bp., 1997.

Borsi-Kálmán Béla: *Együtt vagy külön utakon.* Bp., 1984.

Borsody István: A Szovjetunió külpolitikája. *Európai évek.* Bp., 1991.

Borsody, Stephen (ed.): *The Hungarians: A Divided Nation.* Yale Center for International and Area Studies, New Haven, 1988.

Bowman, Isaiach: *The New World. Problems in Political Geography.* Washnut, 1928.

Broszat, Martin: Deutschland-Ungarn-Rumanien 1938-1941. *Historische Zeitschrift*, 1968.

Brass, Paul R.: Ethnic Groups and Nationalities: The Formation, Persistence, and Transformation of Ethnic Identities. In: *Ethnic Diversity and Conflict in Eastern Europe.* Ed. by Peter F. Sugar, Santa Barbara, Oxford, 1980.

Campbell, John C.: The European Territorial Settlement. *Foreign Affairs*, Vol.26.No.1. 1947/Oct.

Ciano naplója 1939-1943. Gróf Galeazzo Ciano olasz külügyminiszter, Teljes, rövidítés nélküli naplói. Bp., év nélk.

Czettler Antal: *Teleki Pál és a magyar külpolitika 1939-1941.* Bp., 1997.

Csatári Dániel: *Forgószélben. Magyar-román viszony 1940-1945.* Bp., 1968.

Csatári Dániel: *Román - magyar kapcsolatok - történelmi vázlat.* Bp., 1958.

Dami, Aldo: *La Hongrie de demain.* Paris, 1929.

Davis, Lynnh: *The Cold War Begins. Soviet-American conflict over East Europe.* Princeton, 1974.

Deák István: *Kossuth és a magyarok.* Bp., 1983.

Deak, Francis: *Hungary at the Paris Peace Conference.* New York, 1942.

Deakin, F. M.: *Anglo - French Policy to South - East Europe 1936-1939. Les relations franco - britanniques de 1936 a 1939.* Paris, 1975.

Dej, Gheorghiu: *A román kormányküldöttség álláspontja a békeértekezlettel kapcsolatban.* Bukarest, 1946.

Der Hitler-Stalin-Pakt. Die sowjetische debatte. Hrsg. von Achim Bühl. Köln, 1989.

Dernői K. László: *Bajcsy - Zsilinszky.* Bp., 1996.

Desbons, Georges: *Les erreurs de la paix. La Hongrie apres le Traité de Trianon.* Paris, 1933.

Diószegi István: *Két világháború árnyékában. A nemzetközi kapcsolatok története 1919-1939.* Bp., 1974.

Diószegi László, R. Süle Andrea: *Hetven év. A romániai magyarság története 1919-1989.* Bp., 1990.

Dirk Stegman: „Mitteleuropa" 1925-1934: Zum Problem der Kontinuitat deutscher Aussenhandelspolirtik von Stresemann bis Hitler. *Industrielle Gesellschaft und politisches System.* Hrsg. von I. Stegman, B.-J. Wendt, P.-C. Witt, Bonn, 1978.

Dombrády Lóránd: *Hadsereg és politika Magyarországon 1938-1944.* Bp., 1986.

Dupuis, René: *Le probleme hongrois.* Paris, 1931.

Dr. Pavel Pavel. *Transylvania and Danubian Peace.* London, 1943.

Dr. Pavel Pavel. *Transylvania at the Peace Conference of Paris.* London, 1945.

Dupuis, René: *Le probleme hongrois.* Paris, 1931.

Elekes Dezső: *Hazánk, népünk, szomszédaink. Az ezeréves, a trianoni és a háromszor megnagyobbodott Magyarország ismertetője.* Bp., 1941.

Fejes Judit: *Magyar-német kapcsolatok.* Bp., 1981.

Fejtő, Francois: The Sovjet Union and the Ungarn Question. In. *The Hungarians: A Divided Nation.* Ed. by Stephen Borsody, New Haven, 1978.

Fenyo, Mario: *Hitler, Horthy and Hungary: German - Hungarian Relations, 1941-1944.* New Haven, 1972.

Francis Deák: *Hungary et the Paris Peace Conference.* New York, 1942.

Fülöp Mihály: *A befejezetlen béke.* Budapest, 1995.

Fülöp Mihály, Vincze Gábor(Szerk.): *Revízió vagy autonómia? Iratok a magyar-román kapcsolatok történetéről 1945-1947.* Bp., 1998.

Fülöp Mihály: A Sebestyén-misszió. Petru Groza és a magyar-román határkérdés. In. *Tanulmányok Erdély történetéről.* Szerk. Rácz István, Debrecen, 1988.

Galántai József: *A trianoni békekötés 1920.* Bp., 1990.

Galántai József: *Magyarország az első világháborúban, 1914-1918.* Bp., 1974.

Galántai, József: *Trianon and the Protection of Minorities.* Bp., 1992.

Gati, Charles. *Magyarország a Kreml árnyékában.* Bp., 1990.

Gellért Andor: Magyar diplomaták Moszkvában, 1934-1941. *Új Látóhatár,* 1975/1.

Gergely Jenő - Pritz Pál: *A trianoni Magyarország.* Bp., 1998.

Gergely Jenő, Pritz Pál: *A trianoni Magyarország, 1918-1945.* Bp., 1998.

Gergely Jenő. *A párizsi magyar békeszerződés és magyarázata.* Bp., 1947.

Gerő András (Szerk.) *Sorsdöntések.* Bp., év. nélk.

Gosztonyi Péter: Benes-Sztálin-Molotov tárgyalások Moszkvában 1943 decemberében. A magyar-szovjet fegyverszüneti tárgyalások és a Moszkvai Magyar Bizottság akciói. In: Gosztonyi Péter: *Magyarország a második világháborúban.* I. köt. München, 1984.

Gosztony, Peter: *Hitlers fremde Heere.* Düsseldorf, 1976.

Gratz Gusztáv: *Európai külpolitika.* Bp., 1929.

György Péteri: *Revolutionary Twenties. Essays on International Monetary and Financial Relations After World War I.* Trondheim, 1995.

Halmosy Dénes: *Nemzetközi szerződések 1918-1945.* Gondolat, Bp., 1983.

Henri Pozzi: *A háború visszatér.* Bp., 1935.

Hillgruber, Andreas: Deutsche Südosteuropapolitik im Donauraum von 1930 bis 1939. In: Hillgruber, A.: *Die Zerstörung Europas.* Frankfurt/Berlin, 1988.

Hillgruber, Andreas: Deutschland und Ungarn 1933-1944. *Wehrwissenschaftliche*

Rundschau, 1959/11.

Hillgruber, Andreas: Hitler, König Carol und Marchall Antonescu. In: *Deutsch-rumanische Beziehungen*. 1938-1944. Wiesbaden, 1965.

Hillgruber, Andreas: *Die Zerstörung Europas*. Frankfurt/Berlin, 1988.

Hitchins, Keith: *Rumania 1866-1947.* Claredon Press, Oxford, 1994.

Hori András: *A kulisszák mögött, a második világháború előzményei - ami és ahogy a valóságban történt.* Wien, 1965.

Hory András: *Még egy barázdát sem - az Erdély-kérdés. A magyar kormány által 1940- ben Romániának tett kiegyezési ajánlat. A turnu severini magyar - román tárgyalások.* Wien, 1967.

Hory András: *Bukaresttől Varsóig.* Szerk. Pritz Pál. Bp., 1987.

Horthy Miklós titkos iratai. Szerk. Szinai Miklós, Szűcs László, 4. kiad. Bp., 1972.

Höpfner, Hans-Paul: *Deutsche Südosteuropapolitik in der Weimarer Republik.* Frankfurt/ Bern, 1983.

Hughes, Stuart: The Early Diplomacy of Italian Fascism, 1922-1932. In: *The Diplomats 1919-1939.* Ed. Gordon A., Felix Gilbert. 8. ed. Princeton, 1974.

Hunya Gábor, Réti Tamás, Süle Andrea, Tóth László: *Románia 1944-1990.* Bp., 1990.

Illyés Elemér: *National Minority in Romania - Change in Transylvania.* New York, 1982.

Izsák Lajos: *Rendszerváltástól rendszerváltásig.* Bp., 1998.

Jászi Oszkár: *Magyar kálvária - magyar föltámadás. A két forradalom értelme, jelentősége és tanulságai.* Bp., 1989.

Jehuda, Lahav. A szovjet Erdély politika 1944-1946. *Múltunk*, 1989/3-4.

Jelinek, Vera: *The Hungarian Factor in Italian Foreign Policy.* New York, 1977.

Juhász Gyula: *A Teleki - kormány külpolitikája 1939-1941.* Bp., 1964.

Juhász Gyula: *Magyar - brit titkos tárgyalások 1943-ban.* Bp., 1978.

Juhász Gyula: *Magyarország külpolitkája 1919-1945.* 3.kiad. Bp., 1988.

Juhász Gyula: *Hungarian Foreign Policy 1915-1945.* Bp., 1979.

Juhász Gyula: *Magyarország nemzetközi helyzete és a magyar szellemi élet*

1938-1944. Bp., 1987.

Juhász Gyula: A második bécsi döntés. In: *Magyarságkutatás.* Főszerk. Juhász Gyula. Szerk. Kiss Gy. Csaba, Bp., 1987.

Juhász Gyula: Second Vienna Award. In: *Danubian Historical Studies,* No. 1. 1987.

Jungerth-Arnoth Mihály: *Moszkvai napló.* Szerk. Sipos Péter, Szűcs László, Bp., 1989.

K. Lengyel Zsolt: *Auf der Suche nach dem Kompromiss. Ursprünge und Gestalten des frühen Transssilvanismus 1918-1928.* München, 1993.

K. Lengyel Zsolt: A meghiúsult kompromisszum. A húszas évek transzilvanizmusáról. *Magyar Szemle,* második évf. 2. 1993.

K. Lengyel Zsolt: Transzilvanizmus és regionalizmus a húszas évek Erdélyében. Különbségek és hasonlóságok. *Korunk,* harmadik évf. 4. 1993.

Kállay Miklós: *Magyarország miniszterelnöke voltam 1942-1944.* I-II. köt. Bp., 1991.

Kann, Robert A.: *A History of the Habsburg Empire 1526-1918.* London, év nélk.

Kemény G. Gábor: *A magyar nemzetiségi kérdés története.* I. rész. Bp., 1946.

Kerekes Lajos: Bánffy Miklós politikai küldetése Romániában 1943-ban. *Történelmi Szemle,* 1963/2.

Kertész István: *Magyar békeillúziók 1945-1947.* Bp., 1995.

Kertész István: *Az Amerikai Egyesült Államok külpolitikája.* Bp., 1941.

Kertesz, Stephen: Comments on Hungary and the Third Reich. Ed. Ránki Gy., *Hungarian History,* Bp., 1984.

Kertesz, Stephen: *Between Russia and the West. Hungary and the Illusions of Peacemaking 1945-1947.* Notre Dame, 1984.

Kertesz, Stephen: *Diplomacy in a Whirlpool.* London, 1953.

Kertesz, Stephen: *The Last European Peace Conference - Paris, 1946.* University Press of America, Lanham, 1985.

Keyserling, Robert H.: Austro-Hungary's Revival during World War II. Anglo-American Planning for the Danube Region. *Études Danubiennes,* 1987/1.

Kiáltó szó Erdély, Bánság, Körös-vidák és Máramaros magyarságához. Kolozsvár, 1921.

참고문헌 251

Kim, Jiyoung: Tervek és elképzelések Erdély jövőjéről a második világháború alatt 1940- 1945. In: *Múltból a jövőbe.* Tanulmányok, ELTE BTK, Újkori Magyar Történeti Tanszék, Bp., 1997.

Kim, Jiyoung: Bajcsy - Zsilinszky Endre 1943 - as koncepciója Erdélyről. In: *Trianon és a magyar politikai gondolkodás 1920-1953,* Szerk. Romsics Ignác, Osiris, Bp., 1998.

Király Helga (interjú Sir Frank Robertsszel): Jaltában történelmi reváns volt. *Heti Világgazdaság,* 1995. május 6.

Kocsis Károly-Kocsisné, Hodosi Eszter: *Magyarok a határainkon túl a Kárpát-edencében* Bp., 1991.

Korom Mihály: A második bécsi döntéstől a fegyverszünetig. In. *Tanulmányok Erdély történetéről.* Szerk. Rácz István, Debrecen, 1988.

Kovrig, Bennett: Peacemaking after World War II.: The End of the Myth of National Self Determination. In: *The Hungarians: A divided Nation.* I. Borsody, New Haven, 1987.

L. Nagy Zsuzsa: Az Egyesült Államok és a Duna-medence 1919-1939. *Századok,* 1976/1.

L. Nagy Zsuzsa: *Itália és Magyarország a Párizsi békekonferencia idején.* Bp., 1988.

L. Nagy Zsuzsa: Magyar határviták a békekonferencián. 1919-ben. *Történelmi Szemle.* 1978/3-4.

L. Nagy Zsuzsa: *Liberális pártmozgalmak 1931-1945.* Bp., 1986.

Lackó Miklós: *A két világháború közötti Magyarországról.* Kossuth Könyvkiadó, Bp., 1984.

Lackó Miklós: *Arrow Cross men, national socialists 1935-1944.* Bp., Akadémiai K., Bp., 1969.

Lehár, Anton: *Erinnerungen.* München, 1973.

Lipcsei Ildikó: A transzylvanizmus mint politikai koncepció. *A honismeret forrása.* Bp., 1995.

Litván György, Varga F. János(Szerk.): *Jászi Oszkár publicisztikája.* Bp., 1982.

Ludányi, Andrew: *Transylvania- The rooot of ethnic conflict.* Ohio, 1983.

Lukács Zs. Tibor: Magyarország és az 1933-as négyhatalmi paktum. In.*Múltból a jövőbe. Tanulmányok.* Szerk. Pölöskei Ferenc, Stemler Gyula. Bp., 1997.

Lundestad, Geir. *The American Non - Policy Toward Eastern Europe.* USA, 1943.

Macartney, C. A.: *A Duna - medence problémái.* Bp., 1943.

Macartney, C. A.: *Teleki Pál miniszterelnöksége 1939-1941.* Occidental Press, Bp., 1993.

Macartney, C.A.: *October Fifteenth. A history of modern Hungary 1929-1945.* Edinburgh, 1956.

Macartney, C.A.: *Hungary and Her Successors. The Treaty of Trianon and Its Consequences.* London, 1937.

Makkai László: *Magyar-román közös múlt.* Bp., 1989.

Makkai László, Szász Zoltán(Szerk.): *Erdély története három kötetben.* Főszerk. Köpeczi Béla. I-III. köt. Bp., 1986.

Mária M. Kovács: *Liberal Professions, Illiberal Politics.* Washington, 1994.

Major, Mark Imre: *American-Hungarian Relations, 1918-1944.* Astor, Bp., 1974.

Mastny, Vojtech: *Russia's Road to the Cold War. Diplomacy, Warfare, and the Politics of Communism, 1941-1945.* New York, 1979.

Maurer Ion: *România a békekonferencián.* Bukarest, 1946.

Max, Stanley: *The United States, Great Britain and the Sovietisation of Hungary, 1945- 1948.* New York, 1985.

Mikó Imre: *Huszonkét év.* Bp., 1941.

Mosely, Philip E.: Hopes and Failures: American Policy Towards East Central Europe 1941 - 1947. In: *The Fate of East Central Europe,* USA, év nelk.

Mosely, Philip E.: Transylvania Partitioned, *Foreign Affairs,* vol.19, No. 1., 1940/October.

Nagy Ferenc: *Küzdelem a vasfüggöny mögött.* I. köt. Bp., 1990.

Nagy Lajos: *A kisebbségek alkotmányjogi helyzete Nagyromániában.* Kolozsvár, 1944.

Nagybaczoni Nagy Vilmos: *Végzetes esztendők.* Bp., év nelk.

Nebelin, Manfred: *Deutsche Ungarnpolitik 1939-1941.* Opladen, 1989.

Niederhauser Emil: *A nemzeti megújulási mozgalmak Kelet-Európában.* Bp., 1977.

Nowak, Jerzy R., Olaszawski, Tadeusz, László Antal, Juhász Gyula (Szerk.) *Barátok a bajban. Lengyel menekültek Magyarországon 1939-1945.* Bp.,

1985.

Ormos Mária: *Az európai biztonság kérdése a két világháború között.* Bp., 1972.

Ormos Mária: *Francia-magyar tárgyalások 1920-ban. Századok,* 1975/5-6.

Ormos Mária: *Magyarország a két világháború korában 1914-1945.* Debrecen, 1998.

Ormos Mária: *Padovától Trianonig 1918-1920.* Bp., 1983.

Ormos, Mária: *From Padua to the Trianon 1918-1920.* Bp., 1990.

Pastor, Peter (Szerk.): *A moszkvai magyar követség jelentései 1935-1941.* Bp., 1992.

Péter János: *A magyar - szovjet diplomáciai kapcsolatok történetéből 1939-1941.* Kossuth Könyvkiadó, Bp., 1979.

Polónyi Nóra: *A Liga Culturala és az erdélyi román nemzetiségi törekvések.* Bp., 1939.

Pomogáts Béla: *A transzilvanizmus - Az Erdélyi Helkon ideológiája.* Bp., 1983.

Pomogáts Béla: Válasz a történelemre. Autonómiatörekvések a romániai magyarság körében 1918-1921. *Alföld,* 1986/6.

Popovici, Aurel C.: *Die Vereinigten Staaten von Gross-Österreich.* Leipzig, 1906.

Pölöskei Ferenc: *Kormányzati politika és parlamenti ellenzék 1910-1914.* Bp., 1970.

Pribram, Alfred Francis: *Austria - Hungary and Great Britain 1908-1914.* USA, 1971.

Pritz Pál: *Magyar diplomácia a két háború között.* Magyar Történelmi Társulat. Bp., 1995.

Pritz Pál: *Magyarország külpolitikája Gömbös Gyula miniszterelnöksége idején 1932-1936.* Bp., 1982.

Pritz Pál: Pax Germanica. Német elképzelések Európa jövőjéről a második világháborúban. In: *Integrációs törekvések Közép-és Kelet-Európában a 19-20. században.* Szerk. Romsics Ignác. Bp., 1997.

Raffay Ernő: *Erdély 1918-1919-ben.* Bp., 1987.

Ránki György: *Gazdaság és külpolitika.* Bp., 1981.

Ránki György(Szerk.): *Hitler hatvannyolc tárgyalása 1939-1944.* I. köt. Bp.,

1983.

Réti György: *Budapest-Róma Berlin árnyékában. Magyar-olasz diplomáciai kapcsolatok 1932-1940.* Bp., 1998.

Révai József: *A magyar demokrácia nemzeti jellege.* Bp., 1945.

Recker, Marie-Luise: *England und der Donauraum 1919-1929.* Stuttgart, 1976.

Riemenschneider, Michael: *Die deutsche Wirtschaftspolitik gegenüber Ungarn 1933-1944.* Frankfurt-Bern-New York-Paris, 1987.

Romsics Ignác: A brit külpolitika és a "Magyar Kérdés" 1914-1946. *Századok,* Bp., 1996.

Romsics Ignác: *Amerikai báketervek a háború utáni Magyarországról. Az Egyesült Államok Külügyminisztériumának titkos iratai 1942-1944.* Gödöllő, 1992.

Romsics Ignác: *Helyünk és sorsunk a Duna - medencében.* Bp., 1996.

Romsics Ignác: *Bethlen István. Politikai életrajz.* Bp., 1991.

Romsics Ignác: Bethlen koncepciója a független vagy autonóm Erdélyről. In: *Magyarságkutatás.* Juhász Gyula. Kiss Gy. Csaba, Bp., 1987.

Romsics Ignác: Graf István Bethlens Konzeption eines unabhangigen oder autonomen Siebenbürgen. *Ungarn Jahrbuch,* Band 15. München, 1987.

Romsics Ignác: *Integrációs törekvések Közép-és a Kelet-Európában a 19-20. században.* Teleki László Alapítvány, Bp., 1997.

Romsics Ignác: *Magyarország és nagyhatalmak a 20. században.* Bp., 1995.

Romsics Ignác (Serk.): *Nemzet, nemzetiség és állam Kelet-Közép-és Délkelet-Európában a XIX-XX. században.* Bp., 1998.

Romsics Ignác: *Wartime American Plans for a New Hungary.* New York, 1992.

Romsics Ignác: *Trianon és a magyar politikai gondolkodás 1920-1953.* Osiris, Bp., 1998.

Rónai András: *Térképezett történelem.* Magvető Kiadó, Bp., 1989.

Rothermere, Lord: Magyarország helye a nap alatt. Biztonságot Közép-Európának! *Rubicon,* 1997/1.

Rotschild, Joseph: *East Central Europe between the Two World Wars.* University of Washington Press, Seattle and London, 1979.

Sakmyster, Thomas L.: Great Britain, the Establishement of the Horthy Regime, John Morison (ed.), *Eastern Europe and the West.* New York, 1992.

Sakmyster, Thomas L.: *Hungary, the Great Powers and Danubian Crises 1936-1939.* Athens, 1980.

Salter, Arthur: The Recostruction of Hungary. *Foreign Affairs*, 4. 1925/1926.

Sandu, Traian: La présence francaise en Europe centrale dans l'entre-deux-guerres. *Revue d'Europe Centrale*, Tome III. No. 2. 1995.

Schopflin, George: *Romania's ethnic Hungarians.* Atlantic Committee. 1990.

Schröder, Sürgen Hans: Deutsche Südosteuropapolitik 1929-1936. *Geschichte und Gesellschaft.* 1976/1.

Schreiber, Thomas: A francia diplomáciai iratok és Magyarország. *Történelmi Szemle*, X. évf., 1967/3.

Seton-Watson, Hugh.: *Eastern Europe between the wars 1918-1941.* Harper Torchbooks, New York-Evanston-London, 1967.

Seton-Watson, Hugh: *The "Silk Heart" of the Modern Europe - The problem of the Danubian Lands.* University of Washington, Seattle and London, 1975.

Seton-Watson, R. W.: *Treaty Revision and the Hungarian Frontiers.* London, 1934.

Seton-Watson, R. W.: *Transylvania. A Key Problem.* Oxford, 1943.

Sherman, David S.: *Rumania at the Paris Peace Conference.* New York, év nélk.

Shirer, William L.: *The Rise and Fall of the Third Reich.* USA, 1990.

Sipos Péter, Vida István: Az Egyesült Államok és Magyarország a második világháború végén. *Valóság*, 1980/2.

Sulyok István, Fritz László(Szerk.): *Erdélyi magyar évkönyv.* Kolozsvár, 1930/2.

Szász Zoltán: *A románok története.* Bp., 1993.

Szegedi-Maszák Aladár: *Az ember ősszel visszanéz.···* Bp., 1997.

Székely Artúr: *A párizsi béke aláírása után.* Bp., 1947.

Szekfű Gyula: *Állam és nemzet.* Bp., 1942.

Szálasi Ferenc: *Cél és követelések.* Bp., 1935.

Szenczei László: *A magyar - román kérdés.* Officina, Bp., év nélkül.

Sztáray Zoltán: A bukaresti titkos szerződés. *Új Látóhatár*, 1980/1.

Szüts Iván-Bányász Gergely: *Mi az igazság a magyar békekérdésben ?* Bp., 1947.

Temperlay, Harold: How the Hungarian Frontiers Were Drawn. *Foreign Affairs*, 1928/ April.

Tilkovszky Loránt: *Pál Teleki (1879 - 1941)*. Akadémai Kiadó, Budapest, 1974.

Tilkovszky Loránt: *Bajcsy-Zsilinszky*. Bp., 1986.

Tilkovszky Loránt: *Ez volt a Volksbund*. Bp., 1978.

Tilkovszky Loránt: *Revizió és nemzetiségpolitika Magyarországon 1938-1941*. Bp., 1967.

Tisseyre, Charles: *Une erreur diplomatique. La Hongrie mutilée*. Paris, 1922.

Tofik Iszlamov: Erdély a szovjet külpolitikában a második világháború alatt. *Múltunk*. 1994/1-2.

Újpétery Elemér: *Végállomás Lisszabon*. Bp., 1987.

Vásárhelyi Miklós: *Így született meg a magyar béke*. Bp., 1947.

Vincze Gábor: Álmodozások kora. Tervek, javaslatok az „edélyi kérdés" megoldására 1945-46-ban. *Limes*, 1997/2.

Williams, Vaughan etc. *The Hungarian Question in the British Parliament*. London. 1933.11.23.

Wagner, Wolfgang: *The Partitioning of Europe. A History of the Soviet Expansion up to the Clevage of Germany 1918-1945*. Stuttgart, 1959.

Zsoffai Andrea: Trianon francia szemmel. In: *Történelem és nemzet*. Szerk. Kiss Károly, Lovas Krisztina. Bp., 1996.

미주

1   트란실바니아는 헝가리어로 에르데이(Erdély)라고 부른다. 이 단어는 고대
    헝가리어인 에르되엘베(erdőelve)라는 단어에서 유래했는데, 대략 "숲 넘어
    있는 곳"이라는 뜻이다. 이를 라틴어로 번역하면 트란실바니아(Transylva-
    nia)가 되며, 여기서 트란실바니아라는 현재의 지명이 나왔다. 예전의 루마
    니아어로 아르데알(Ardeal)이라고도 부르는데, 이는 헝가리어의 에르데이
    에서 온 단어이다. 아르데알이라는 명칭은 제1차 세계 대전 이전까지 오랫
    동안 사용되었지만, 1920년 이곳이 루마니아의 영토가 된 이후로 라틴어식
    이름인 트란실바니아로 불리게 되었다. 트란실바니아의 독일어식 이름은
    지벤브뤼겐(Siebenbürgen)이다. 이는 7개의 도시라는 뜻인데, 중세 독일의
    작센인이 트란실바니아 지역으로 이주하여 세운 7개의 도시가 있는 곳이라
    는 의미에서 유래하였다.

2   한때 트란실바니아가 왈라키아, 몰다비아와 연합했던 적이 있었다. 1599년
    부터 1600년까지의 몇 달 동안 미하이 비테아줄(Mihai Viteazul, 1558~
    1601)이 왈라키아와 몰다비아와 연합하여 트란실바니아 공국을 형성했지
    만, 이 시기를 제외하고는 헝가리 대공이 트란실바니아를 통치했다.

3   이 주제에 대해 중동부 유럽과 남동 유럽의 사례를 비교한 연구는 아래 연
    구를 참조할 것. Paul R. Brass: Ethnic Groups and Nationalities: The
    Formation, Persistence, and Transformation of Ethnic Identities. In: *Ethnic
    Diversity and Conflict in Eastern Europe*. Ed. by Peter F. Sugar. Santa
    Barbara, Oxford,. 이와 관련하여 이에 합당한 개념적 정의는 Romsics Ignác
    의 저서 『19-20세기 중동부, 남동부 유럽에서의 민족, 민족성 그리고 국가』
    (*Nemzet, nemzetiség és állam Kelet-Közép-és Délkelet-Európában a
    XIX-XX. században*. Budapest, 1998.)에 자세히 논의되어 있다.

4   이에 대한 자세한 논의는 『트란실바니아의 역사 I. II. III』(*Erdély története
    három kötetben*. Főszerk. Köpeczi Béla. II. köt. Szerk. Makkai László,
    Szász Zoltán. Bp., 1986.) 참고.

5   루마니아의 민족주의에 대해서는 Makkai László의 저서 '헝가리와 루마니

아 사이의 공동의 역사(*Magyar-román közös múlt.*)'가 유용하고, 전체적인 조망을 위해서는 Niederhauser Emil의 '동유럽에서의 민족재구성 운동(*A nemzeti megújulási mozgalmak Kelet-Európában*)이 유용하다. Borsi-Kálmán Béla의 저서 『함께 가는 길 또는 다른 길(*Együtt vagy külön utakon*)』도 도움이 된다. Robert A. Kann의 '합스부르크 제국의 역사: 1526-1918(*A History of the Habsburg Empire 1526-1918*)은 훌륭한 입문 서이다.

6   Arató Endre: *Kelet-Európa története a 19. század első felében.* Bp., 1971. 239-242.

7   Deák István: *Kossuth és a magyarok.* Bp., 1983. 140-143., illetve részletesen *Erdély története,* i.m. III. köt. Szerk. Szász Zoltán. 1346-1424.

8   Tofik Iszlamov: Erdély a szovjet külpolitikában a II. világháború alatt. In: *Múltunk,* 1994/1-2. 18. A dualizmuskori magyar nemzetiségpolitikára általában lásd Kemény G. Gábor: *A magyar nemzetiségi kérdés története.* I. rész. Bp., 1946.

9   Polónyi Nóra: *A Liga Culturala és az erdélyi román nemzetiségi törekvések.* Bp., 1939. Vö. Raffay Ernő: *Erdély 1918-1919-ben.* Bp., 1987. 13-56.

10 Kemény G. Gábor: i.m. 142-146.

11 Aurel C. Popovici: *Die Vereinigten Staaten von Gross-Österreich.* Leipzig, 1906. 219-340.

12 A tárgyalásokat részletesen ismerteti Pölöskei Ferenc: *Kormányzati politika és parlamenti ellenzék 1910-1914.* Bp., 1970. 49-53. és 213-231.

13 Tofik Iszlamov: i.m. 19.

14 루마니아 정부의 동기에 대해서는 아래의 저서에 자세히 나와 있다. Sherman David Spector: *Rumania at the Paris Peace Conference.* New York, év nélk. 21-39.

15 Tofik Iszlamov: i.m. 19.

16 Tofik Iszlamov: i.m. 20.

17 이 조약의 헝가리어 버전은 아래 논문에 포함되어 있다. Sztáray Zoltán: A bukaresti titkos szerződés. *Új Látóhatár,* 1980/1. 1-15.

18 Galántai József: *Magyarország az első világháborúban, 1914-1918.* Bp., 1974. 272-276. és 376-378.

19 Jászi Oszkár: Visszaemlékezés a Román Nemzeti Komitéval folytatott aradi tárgyalásaimra. In: *Jászi Oszkár publicisztikája.* Szerk. Litván György, Varga F. János. Bp., 1982. 311-328.

20 Raffay Ernő: *Erdély 1918-1919-ben.* Bp., 1987. 155-164.

21 줄러페헤르바르 의회의 결정사항은 아래 저서를 참조할 것. A gyulafehérvári gyűlés határozatait közli Mikó Imre:*Huszonkét év.* Bp., 1941. 265-267.

22 Raffay Ernő: i.m. 182-183.

23 *Ibid.* 184-303.

24 Pomogáts Béla: Válasz a történelemre. Autonómiatörekvések a romániai magyarság körében 1918-1921. In: *Alföld,* 1986/6. 70-71. Lipcsei Ildikó: A transzylvanizmus mint politikai koncepció. In. *A honismeret forrása.* Bp., 1995. 84-85. Zsolt K. Lengyel: *Auf der Suche nach dem Kompromiss. Ursprünge und Gestalten des frühen Transsilvanismus 1918-1928.* München, 1993. 87-126.

25 Veszprém megyei Levéltár. Kratochwill Károly Hagyatéka. 3. doboz.

26 Romsics Ignác: Bethlen koncepciója a független vagy autonóm Erdélyről. In: *Magyarságkutatás I.* Főszerk. Juhász Gyula. Szer. Kiss Gy. Csaba. Bp., 1987. 51-53.

27 Ignác Romsics: Graf István Bethlens Konzeption eines unabhangigen oder autonomen Siebenbürgen. In: *Ungarn-Jahrbuch.* Band 15. München, 1987. 90-93.

28 *Documents on British Foreign Policy 1919-1939.* Ed. by E. L. Woodward and R. Butler. First Series, Vol. VI. London, 1956. 195.

29 Országos Levéltár, Budapest. K. 64. Külügyminisztérium res. pol. iratai. 1918/1920 - vegyes - 8/1919. Vö. Romsics Ignác: i.m.(1987) 54. és Ormos Mária: *Padovától Trianonig 1918-1920.* Bp., 1983. 343-345.

30 *A magyar béketárgyalások.* Bp., 1920. I. köt. 117-127.

31 L. Nagy Zsuzsa: Magyar határviták a békekonferencián. 1919-ben. In: *Történelmi Szemle,* 1978/3-4. 445.

32 *Sorsdöntések.* Szerk. Gerő András. Bp., év. nélk. 127-134.

33 Francis Deák: *Hungary et the Paris Peace Conference.* New York, 1942. 45-54. és rövidebben L. Nagy Zsuzsa: i.m.(1978) 446-447.

34 Francis Deák: i.m. 52.

35 Papers Relating to the Papers Relating to the Foreign Relations of the United States. Paris Peace Conference 1919. Vol. IV. Washington, 1969. 670-677.

36 The Hungarian Question in the British Parliament. Ed. by Roland E. L. Vaughan Williams. London, 1933. 11.23.

37 A dokumentumot közli Mikó Imre: Huszonkét év. Bp., 1941. 267-271.

38 Documents on British Foreign Policy 1919-1939. Ed. by J.P.T. Bury and R. Butler. First Series. Vol VII. London, 1958. 384-388. Vö. Galántai József: A trianoni békekötés 1920. Bp., 1990. 104-108.

39 Documents on Britsh Foreign Policy, i.m. Vol. VII. 440-449. Vö. Romsics Ignác: A brit külpolitika és a "magyar kérdés" 1914-1947. In: Uő: Helyünk és sorsunk a Duna-medencében. Bp., 1996. 73-76.

40 Ormos Mária: Francia-magyar tárgyalások 1920-ban. In: Századok, 1975/ 5-6. 904-949. és Ádám Magda: Dunai konföderáció vagy kisantant. In: Történelmi Szemle, 1977/3-4. 440-448.

41 K. Károly Kocsisné, Hodosi Eszter: Magyarok a határainkon túl a Kárpát-medencében. Bp., 1991. 42-63.

42 Romsics Ignác: Nemzet, nemzetiség és állam Kelet-Közép-és Délkelet-Európában a 19. és 20. században. Bp., 1998. 219-221.

43 Nagy Lajos: A kisebbségek alkotmányjogi helyzete Nagyromániában. Kolozsvár, 1944. és újabban Hetven év. A romániai magyarság története 1919-1989. Szerk. Diószegi László, R. Süle Andrea. Bp., 1990. 20-22.

44 Erdélyi magyar évkönyv. Szerk. Sulyok István - Fritz László. Kolozsvár, 1930.2.

45 Magyarok kisebbségben és szórványban. Szerk. Bán D. András, Diószegi László, Fejős Zoltán, Romsics Ignác, Vinnai Zoltán. Bp., 1995. 240-241.

46 Ibid. 143-146., 160-162. és 174-203. Vö. Mikó Imre: Huszonkét év. Bp., 1941. 77-78.

47 Magyarok kisebbségben és szórványban, i.m. 174-203. és 228-240. és Hetven év, i.m. 24-32.

48 Hetven év, i.m. 32-38.

49 Balogh Piroska: Transzilvanizmus: revízió vagy regionalizmus? In: Trianon

és a magyar politikai gondolkodás. Szerk. Romsics Ignác és ifj. Bertényi Iván. Bp., 1998. 156-174.

50 *Hetven év*, i.m. 38-39.

51 *Kiáltó szó Erdély, Bánság, Körös-vidák és Máramaros magyarságához.* Cluj-Kolozsvár, 1921. Vö. Lipcsey Ildikó: i.m. 84-85.

52 K. Lengyel Zsolt: Transzilvanizmus és regionalizmus a húszas évek Erdélyében. Különbségek és hasonlóságok. In: *Korunk,* 3. évfolyam 4(1993) 663. és Uő: A meghiúsult kompromisszum. A húszas évek transzilvanizmusáról. In: *Magyar Szemle* [második évfolyam] 2 (1993), 845-856.

53 Balogh Piroska: i. m. 163-166. Vö. Pomogáts Béla: *A transzilvanizmus. Az Erdélyi Helkon ideológiája.* Bp., 1983.

54 Horthy emlékiratát közli *Iratok az ellenforradalom történetéhez I. Az ellenforradalom hatalomrajutása és rámuralma Magyarországon 1919-1921.* Szerk. Nemes Dezső. Bp., 1953. 240.

55 Anton Lehár: *Erinnerungen.* München, 1973. 168-169.

56 Romsics Ignác: Olaszország és a román-magyar megegyezés tervei, 1918-1938. In: *Helyünk és sorsunk a Duna-medencében,* i.m. 166-167.

57 Romsics Ignác: *Bethlen István. Politikai életrajz.* Bp., 1991. 186-188.

58 Jászi Oszkár: *Magyar kálvária - magyar föltámadás. A két forradalom értelme, jelentősége és tanulságai.* Bp., 1989. 173. és L. Nagy Zuszsa: *Liberális pártmozgalmak 1931-1945.* Bp., 1986. 79.

59 Szekfű Gyula: *Állam és nemzet.* Bp., 1942. 9-38. és Szálasi Ferenc: *Cél és követelések.* Bp., 1935. Vö. Ifj Bertényi Iván: Szekfű Gyula és Ungváry Krisztián: Szálasi Ferenc. In: *Trianon és a magyar politikai gondolkodás,* i.m. 51-69. és 117-133.

60 *Bethlen István Angliai előadásai.* Bp., év nélk. Idézetek a 67., 86., 91. és a 108-109.

61 Romsics Ignác: *Bethlen István,* i.m. 269-270.

62 Országos Levéltár, Budapest. K. 67. 14. csomó 223. tétel. Közli és elemzi Zeidler Miklós: Gömbös Gyula. In: *Trianon és a magyar politikai gondolkodás,* i.m. 70-95. Gömbös külpolitikai nézeteire általában lásd még Pritz Pál: Két mentalitás, két elvárás (Gömbös Gyula és Teleki Pál),

valamint A fajvédők külpolitikai nézetei, 1918-1936. In: Uő: *Magyar diplomácia a két háború között*. Bp., 1995. 9-18. és 165-209.

63 Juhász Gyula: *Magyarország külpolitikája, 1919-1945*. 3. kiad. Bp., 1986. 166-171.

64 *Diplomáciai iratok Magyarország külpolitikájához*. 2. köt. Szerk. Ádám Magda. Bp., 1965. 246-248.

65 Mikó Imre: i.m. 290.

66 Tilkovszky Loránt: *Revizió és nemzetiségpolitika Magyarországon 1938-1941*. Bp., 1967. 13-154.

67 Szász Zoltán: *A románok története*. Bp., 1993. 141-143. és Joseph Rothschild: *East Central Europe between the Two World Wars*. Seattle/London, 1974. 311-313.

68 Országos Levéltár, Budapest. K 28. A Miniszterelnökség Nemzetiségi és Kisebbségi Osztályának iratai. 230. csomó. 4. dosszié (Pásint Ödön gyűjteménye)

69 Mikó Imre: *Huszonkét év,* i.m. 214-249.

70 Ádám Magda: *A Kisantant 1920-1938*. Bp., 1981. 256-257.

71 Andreas Hillgruber: *Die Zerstörung Europas*. Frankfurt/Berlin, 1988. 142-143.

72 Andreas Hillgruber: *Hitler, König Carol und Marschall Antonescu. Die deutsch - rumanischen Beziehungen 1938-1944*. Wiesbaden, 1965. 23-33. 42-48. Halmosy Dénes: *Nemzetközi szerződések 1918-1945*. Bp., 1983. 452-454.

73 Halmosy Dénes: *Nemzetközi szerződések*, i.m. 458-459. Andreas Hillgruber: *Hitler, König Carol...,* i.m. 34-42. Elisabeth Barker: *British Policy in South-East Europe in the Second World War*. London, 1976. 3-10.

74 Andreas Hillgruber: *Hitler, König Carol...*, i.m. 80-86.

75 A Külügyi Szemle 1940. májusi számából idézi *Diplomáciai iratok Magyarország külpolitikájához 1936-1945*. IV. köt. Szerk. Juhász Gyula. Bp., 1962. 684.

76 Ibid. V. köt. Szerk. Juhász Gyula. 385.

77 Ibid. IV. köt. Szerk. Juhász Gyula. 694-695

78 *Hitler hatvannyolc tárgyalása 1939-1944*. Szerk Ránki György. Bp., 1983.

I. köt. 120-136. Vö. Juhász Gyula: *A Teleki-kormány külpolitikája 1939-1941*. Bp., 1964. 156-161.

79   Manfred Nebelin: *Deutsche Ungarnpolitik 1939-1941*. Opladen, 1989. 9-76. - A lengyel menekültekre részletesen *Barátok a bajban. Lengyel menekültek Magyarországon 1939-1945*. Szerk. Jerzy R. Nowak, Tadeusz Olaszawski, Antal László. Előszó: Juhász Gyula. Bp., 1985.

80   Mária M. Kovács: *Liberal Professions, Illiberal Politics*. Washington, 1994. 189-197.

81   Pritz Pál: Pax Germanica. Német elképzelések Európa jövőjéről a második világháborúban. In. *Integrációs törekvések Közép-és Kelet-Európában a 19-20. században*. Szerk. Romsics Ignác. Bp., 1997. 159-234.

82   Dombrády Lóránd: *Hadsereg és politika Magyarországon 1938-1944*. Bp., 1986. 82.

83   Országos Levéltár, Budapest. K 28. A Miniszterelnökség Nemzetiségi és Kisebbségi Osztályának ir. 64. csomó. 20179 - O - 1939.

84   *Diplomáciai iratok Magyarország külpolitikájához IV. köt.. i.m.* 447-448.

85   *A Wilhelmstrasse és Magyarország. Német diplomáciai iratok Magyarországról 1933-1944*. Szerk. Ránki György, Pamlényi Ervin, Tilkovszky Loránt, Juhász Gyula. Bp., 1968. 349.

86   *Diplomáciai iratok Magyarország külpolitikájához... IV. köt, i.m.* 743-761. Az idézetek 750. és 759-760. oldalon.

87   Országos Levéltár, Budapest. A Kormányzó Kabinetirodájának iratai. I.E. 8. (Rónai András: Erdély nemzetiségi viszonyai) - A dokumentumot először ismertette Tilkovszky Loránt: *Revizió és nemzetiségpolitika Magyarországon 1938-1941*. Bp., 1967. 260-261.

88   Országos Levéltár, Budapest. K 28. A Miniszterelnökség Nemzetiségi és Kisebbségi Osztályának iratai. 230. csomó, 3. dosszié. - Tilkovszky Loránt: *Revízió és nemzetiségpolitika...*, i.m. 272.

89   Országos Levéltár, Budapest. K 27. Minisztetanácsi jegyzőkönyvek. 1940. április 1.

90   C. A. Macartney: *October Fifteenth. A history of modern Hungary 1929-1945*. Part I. Edinburgh, 1956. 387-388. Bán D. András: *Illúziók és csalódások. Nagy-Britannia és Magyarország 1938-1941*. Bp., 1998. 89.

91　*A Wilhelmstrasse és Magyarország*, i.m. 498.

92　Juhász Gyula: *A Teleki-kormány külpolitikája...*, i.m. 35.

93　Juhász Gyula: A második bécsi döntés. In. *Magyarságkutatás 1987*. Szerk. Kiss Gy. Csaba. Bp., 1987. 80-83.

94　*A Wilhelmstrasse és Magyarország...*, i.m. 504.

95　Ránki György: *Gazdaság és külpolitika*. Bp., 1981. 26. Traian Sandu: La présence francaise en Europe centrale dans l'entre-deux-guerres. In. *Revue d'Europe Centrale*. Tome III. No. 2. (1995) 148-149.

96　Romsics Ignác: Détruire ou récontruire l'Autriche-Hongrie? In. *Helyünk és sorsunk a Duna-medencében*. Bp., 1996. 30.

97　Halmosy Dénes: *Nemzetközi szerződések..*, i.m. 212-215., 262-265. és 272-275.

98　Zsoffai Andrea: Trianon francia szemmel. In. *Történelem és nemzet*. Szerk. Kiss Károly, Lovas Krisztina. Bp., 1996. 367-368.

99　Charles Tisseyre: *Une erreur diplomatique. La Hongrie mutilée*. Paris, 1922. 55-56.

100　Aldo Dami: *La Hongrie de demain*. Paris, 1929. 229.

101　Ránki György: *Gazdaság és külpolitika*, i.m. 151-176. Vö. Ormos Mária: *Az európai biztonság kérdése a két világháború között*. Bp., 1972.

102　René Dupuis: *Le probleme hongrois*. Paris, 1931. 21-35. és 131-136.

103　Thomas Schreiber: A francia diplomáciai iratok és Magyarország. In. *Történelmi Szemle*, 1967/3. (X. évf.) 315-324.

104　Henri Pozzi: *A háború visszatér*. Bp., 1935. 203.

105　Georges Desbons: *Les erreurs de la paix. La Hongrie apres le Traité de Trianon*. Paris, 1933. 207.

106　*Diplomáciai iratok Magyarország külpolitikájához 1936-1945*. II. köt. Szerk. Ádám Magda. Bp., 1965. 271.

107　*Ibid*. 859.

108　*Ibid*. III. köt. Szerk. Ádám Magda. Bp., 1970. 111.

109　*Ibid*. IV. köt. Szerk. Juhász Gyula. Bp., 1962. 541-542.

110　Dr. Kertész István: *Az Amerikai Egyesült Államok külpolitikája*. Bp., 1941. 22-23. részletesebben Diószegi István: *Két világháború árnyékában. Nemzetközi kapcsolatok története 1919-1939*. Bp., 1974. 51-52. és 96-100.

111 L. Nagy Zsuzsa: Az Egyesült Államok és a Duna-medence 1919-1939. In. *Századok,* 1976/1. 57-59.

112 Arthur Salter: The Recostruction of Hungary. In. *ForeignAffairs* 4 (1925-1926) 91-101.

113 Harold Temperlay: How the Hungarian Frontiers Were Drawn. In. *Foreign Affairs*, April 1928. 432-446.

114 Mark Imre Major: *American-Hungarian Relations, 1918-1944.* Astor, 1974. 87-92.

115 L. Nagy Zsuzsa: *Az Egyesült Államok és a Duna-medence*, i.m. 62-70.

116 Stephen D. Kertész: *Diplomacy in a Whirlpool.* London, 1953. 51.

117 Bán D. András: *Illúziók és csalódások. Nagy-Britannia és Magyarország 1938-1941.* Bp., 1998. 22-23.

118 György Péteri: *Revolutionary Twenties. Essays on International Monetary and Financial Relations After World War I.* Trondheim, 1995. 115-204.

119 Marie-Luise Recker: *England und der Donauraum 1919-1929.* Stuttgart, 1976. 218.

120 Public Record Office, London. Foreign Office 371/10775. C 15915.

121 Romsics Ignác: *Bethlen István. Politikai életrajz.* Bp., 1991. 176.

122 Public Record Office, London. Foreign Office 371/11365. C 479.

123 Lord Rothermere: Magyarország helye a nap alatt. Biztonságot Közép-Európának! In. *Rubicon,* 1997/1. 35. Vö. Bán D. András: Radomir király. Széphistória a Rothermere-akcióról. In. *2000.* 1990. október. 56-60.

124 Romsics Ignác: A brit külpolitika és a „magyar kérdés" 1914-1946. In. Uő.: *Helyünk és sorsunk a Duna-medencében.* Bp., 1996. 86-87.

125 *Ibid.* 89-90.

126 Lukács Zs. Tibor: Magyarország és az 1933-as négyhatalmi paktum. In. *Múltból a jövőbe. Tanulmányok.* Szerk. Pölöskei Ferenc, Stemler Gyula. Bp., 1997. 114-121.

127 Public Record Office, London. Foreign Office 371/16783. C 9408.

128 Diószegi István: *Két világháború árnyékában. A nemzetközi kapcsolatok története 1919-1939.* Bp., 1974.

129 *Horthy Miklós titkos iratai.* Szerk. Szinai Miklós, Szűcs László. 4. kiad. Bp., 1972. 180.

130 Thomas Sakmyster: *Hungary, the Great Powers, and the Danubian Crisis 1936-1939.* Athens, 1980. 78.

131 Carlile A. Macartney: *Hungary and Her Successors. The Treaty of Trianon and Its Consequences.* London, 1937. 198-199., 246-250., 348-355. 435-437. Romsics Ignác: *Helyünk és sorsunk a Duna.medencében.* 101.

132 *Documents on British Foreign Policy.* Third Series. Vol. III. Ed. by E. L. Woodward and R. Butler. London, 1950. 48.

133 *Ibid.* 202-203. és *Horthy Miklós titkos iratai,* i.m. 186.

134 *Diplomáciai iratok Magyarországkülpolitikájához,* i.m. III. köt. 257-260. és IV. köt. 363-365.

135 Bán D. András: *Illúziók és csalódások,* i.m. 63-68.

136 *Ibid.* 88-96. Romsics Ignác: *A brit külpolitika és a „magyar kérdés",* 104-106.

137 *Diplomáciai iratok Magyarország külpolitikájához,* i.m. V. köt. 481-482.

138 Gratz Gusztáv: *Európai külpolitika.* Bp., 1929. 69-73. Borsody István: A Szovjetunió külpolitikája. In. *Európai évek.* Bp., 1991. 115-117.

139 *The Hungarians: A Divided Nation.* Ed. by Stephen Borsody. New Haven, 1988. 96-97.

140 Sipos Péter, Szűcs László: Jungerth-Arnóthy Mihály és naplója. In. Jungerth-Arnóthy Mihály: *Moszkvai napló.* Bp., 1989. 24.

141 Borsody István: i.m. 118-119. és Gellért Andor: Magyar diplomaták Moszkvában, 1934-1941. In. *Új látóhatár,* 1975/1. 19-21.

142 *A moszkvai magyar követség jelentései 1935-1941.* Szerk. Peter Pastor. Bp., 1992. 82-91. 142-146.

143 *Ibid.* 81-82., 88-89. Vö. Gellért Andor: *Magyar diplomaták Moszkvában,* i.m. 22-23.

144 *A moszkvai magyar követség jelentései..,* i.m. 159. Vö. Gellér Andor: i.m. 25.

145 Wolfgang Wagner: *The Partitioning of Europe. A History of the Soviet Expansion up to the Clevage of Germany 1918-1945.* Stuttgart, 1959. 36-52. *Der Hitler-Stalin-Pakt. Die sowjetische debatte.* Hrsg. von Achim Bühl. Köln, 1989.

146 Tofik Iszlamov: Erdély a szovjet külpolitikában a második világháború

alatt. In. *Múltunk*, 1994/1-2, 29.

147 *Ibid.* 29-30. és Andreas Hillgruber: *Hitler, König Carol und Marschall Antonescu*, i.m. 70-74.

148 Tofik Iszlámov: *Erdély a szovjet külpolitikában..*, i.m. 31.

149 *A moszkvai magyar követség jelentései*, i.m. 256.

150 Tofik Iszlamov: *Erdély a szovjet külpolitikában*, i.m. 33-35.

151 *Ibid.* 36.

152 Stuart Hughes: The Early Diplomacy of Italian Fascism, 1922-1932. In. *The Diplomats 1919-1939*. Ed. by Gordon A. Craig and Felix Gilbert. Vol. I: The Twenties. Princeton, 1974. 8. kiad. 210-233. Vö. Vera Jelinek: *The Hungarian Factor in Italian Foreign Policy*. New York, 1977. 121-250.

153 Romsics Ignác: Olaszország és a román megegyezés tervei, 1918-1938. In. *Helyünk és sorsunk a Duna-medencében*, i.m. 169.

154 *Iratok az ellenforradalom történetéhez*. IV. köt. Szerk. Karsai Elek. Bp., 1967. 50-58. Vö. Ormos Mária: Bethlen koncepciója az olasz-magyar szövetségről 1927-1931. In. *A két világháború közötti Magyarországról*. Szerk. Lackó Miklós. Bp., 1984. 101-149.

155 Carlile A. Macartney: *Magyarország*. Bp., év nélk. 231.

156 Pritz Pál: *Magyarország külpolitikája Gömbös Gyula miniszterelnöksége idején 1932-1936*. Bp., 1982. 150-269.

157 Romsics Ignác: *Olaszorszég és a román-magyar megegyezés tervei*, i.m. 171-176.

158 Réti György: *Budapest-Róma Berlin árnyékában. Magyar-olasz diplomáciai kapcsolatok 1932-1940*. Bp., 1998. 132-133.

159 Újpétery Elemér: *Végállomás Lisszabon*. Bp., 1987. 80-81.

160 Országos Levéltár, Budapest. K. 64. Külügyminisztérium reservált politikai ir. 1939 - 33/a - 1432.

161 *Ibid.* 1939 - 23 - 426. Vö. *Ciano naplója 1939-43.* Bp., év nélk. 90-92.

162 Réti György: *Budapest-Róma Berlin árnyékában*, i.m. 204-205.

163 Országos Levéltár, Budapest. K. 64. Külügyminisztérium reservált politikai iratai. 1940-23-31. Ciano összefoglalója: *Ciano naplója*, 225-227. Réti György: *Budapest-Róma Berlin árnyékában*, 202-212.

164 Juhász Gyula: *A Teleki-kormány külpolitikája*, i.m. 89.

165 Országos Levéltár, Budapest. K. 64. Külügyminisztérium reservált politikai iratai. 1940-23. (Teleki Pál feljegyzése.) Réti György: *Budapest-Róma Berlin árnyékában*, 218-225.

166 Olasz forrásból idézi Réti György: *Budapest-Róma Berlin árnyékában*, i.m. 240.

167 Országos Levéltár, Budapest. K. 64. Külügyminisztérium reservált politikai iratai. 1940 - 23 - 465. *I Documenti Diplomatici Italiani*. Serie 9. Vol. V. Red. R. Moscati, G. Carocci, M. Toscano, P. Pastorelli, G. Vedovato. 330-332. Vö. Juhász Gyula: *A Teleki-kormány külpolitikájam* i.m. 141-142.

168 Réti György: *Budapest-Róma Berlin árnyékában*, i.nm. 247.

169 Hans-Paul Höpfner: *Deutsche Südosteuropapolitik in der Weimarer Republik*. Frankfurt/Bern, 1983.

170 *Akten zur deutschen auswartigen Politik*. Serie B. Band III. 354.

171 Fejes Judit: *Magyar-német kapcsolatok*. Bp., 1981. 7-55.

172 Romsics Ignác: Magyarország helye a német Délkelet-Európa politikában. In. uő: *Helyünk és sorsunk a Duna-medencében*, i.m. 189.

173 *Akten zur deutschen auswartigen Politik*, i.m. Band VIII. 197-198.

174 Országos Levéltár, Budapest. K 429. Kozma Miklós iratai. Adatgyűjtemény, Berlini út, 1928. november 18-27.

175 Dirk Stegman: „Mitteleuropa" 1925-1934: Zum Problem der Kontinuitat deutscher Aussenhandelspolirtik von Stresemann bis Hitler. In. *Industrielle Gesellschaft und politisches System*. Hrsg. von I. Stegman, B.-J. Wendt, P.-C. Witt. Bonn, 1978. 203-221.

176 Hans Sürgen Schröder: Deutsche Südosteuropapolitik 1929-1936. In. *Geschichte und Gesellschaft*, 1976/1. 10-16.

177 Ránki György: *Gazdaság és külpolitika*. Bp., 1981. 112-220. Idézet a 117. oldalon.

178 *Iratok az ellenforradalom történetéhez*. IV. köt., 450-456. A tárgyalások német dokumentációját nem tették közzé. Megtalálható: Bundesarchiv, Koblenz. R 43. I/157. 36-45.

179 Auswartiges Amt, Bonn. Politische Abteilung. II. Ungarn. Pol. 2. Band IV. 1932 november 26. és 1932. december 1.

180 Ránki György: *Gazdaság és külpolitika*, i.m. 235-349. és a náci külpolitika

kiformálódására, expanzív terveire Pritz Pál: Pax Germanica. Német elképzelések Európa jövőjéről a második világháborúban. In. *Integrációs törekvések Közép-és Kelet-Európában a 19. és 20. században.* Szerk Romsics Ignác. Bp., 1997. 161-171.

181 *A Wilhelmstrasse és Magyarország,* i.m. 67. Pritz Pál: Két mentalitás, két elvárás és A fajvédők külpolitikai nézetei 1918-1936. In. uő: *Magyar diplomácia a két háború között.* Bp., 1995. 9-18. és 165-209. Vö. Pritz Pál: *Magyarország külpolitikája Gömbös Gyula miniszterelnöksége idején,* *i.*m.

182 Andreas Hillgruber: *Die Zerstörung Europas.* Frankfurt/Berlin, 1988. 140. és Romsics Ignác: *Magyarország helye a német Délkelet-Európa-politikában,* i.m. 205-206.

183 Gergely Jenő és Pritz Pál: *A trianoni Magyarország, 1918-1945.* Bp., 1998. 122. Vö. Pritz Pál: A kieli találkozó (Forráskritikai tanulmány). In. uő: *A magyar diplomácia a két háború között,* i.m. 291-333.

184 Réti György: *Budapest-Róma Berlin árnyékában,* i.m. 135.

185 *A Wilhelmstrasse és Magyarország,*i.m. 303-306. Vö. Juhász Gyula: *Magyarország külpolitikája,* i.m. 186-195.

186 *A Wilhelmstrasse és Magyarország,* i.m. 356.

187 Andreas Hillgruber: *Die Zerstörung Europas,* i.m. 142-144.

188 Manfred Nebelin: *Deutsche Ungarnpolitik 1939-1941.* Opladen, 1989. 9-134. - Teleki 1940. április17-i levelét közli *Diplomáciai iratok Magyarország külpolitikájához* IV. köt., i.m. 587., Hitler válaszát pedig A *Wilhelmstrasse és Magyarország,* i.m. 486.

189 *A Wilhelmstrasse és Magyarország,* i.m. 506-509. *Diplomáciai iratok Magyarország külpolitikájához* V. köt., i.m. 317-322.

190 Auswartiges Amt, Bonn. Büro des Staatssekretars. Ungarn. Band 2. Nr. 3. 1940. júl 16.

191 Juhász Gyula: *A Teleki-kormány külpolitikája,* i.m. 156.

192 *Hitler hatvannyolc tárgyalása 1939-1944.* Ránki György. I. köt. Bp., 1983. 120-136.

193 Juhász Gyula: *A Teleki-kormány külpolitikája,* i.m. 168-171.

194 *Diplomáciai iratok Magyarország külpolitikájához,* V. köt. i.m. 425-426.

195 *Ibid.* 424-425. (Csáky tájékoztatója Bárdossy bulkaresti magyar követnek.)
Vö. Juhász Gyula: *A Teleki-kormány külpolitikája,* i.m. 171-172.

196 *Diplomáciai iratok Magyarország külpolitikájához* V. köt., i.m. 434-436.

197 *Ibid.* 437-438.

198 Juhász Gyula: *A Teleki-kormány külpolitikája,* i.m. 173- 178. és Réti
László: *Budapest-Róma Berlin árnyékában,* i.m. 250-251

199 Hory András: *Bukaresttől Varsóig.* Szerk. Pritz Pál. Bp., 1987. 312.

200 Rónai András: *Térképezett történelem.* Bp., 1989. 230.

201 Hory András: *Bukaresttől Varsóig,* i.m. 314-315.

202 *Diplomáciai iratok Magyarország külpolitikájához* V. köt., 469-472. Vö.
Hory András: *Bukaresttől Varsóig,* i.m., 316-321.

203 Hory András: *Bukaresttől Varsóig,* i.m. 326-327.

204 *Diplomáciai iratok Magyarország külpolitikájához,* V. köt. 485-494.

205 Gyula: A második bécsi döntés. In. *Magyarságkutatás 1987.* Szerkl Kiss
Gy. Csaba. Bp., 1987. 85-86.

206 *Ibid.* 86.

207 *Ibid.* 86-87.

208 Hory András: *Varsótól Bukarestig,* i.m. 334-335.

209 *Diplomáciai iratok Magyarország külpolitikájához* V. köt., 518. (Hory
András távirata Turnu Severinből)

210 Juhász Gyula: *A Teleki-kormány külpolitikája,* i.m. 187.

211 *Diplomáciai iratok Magyarország külpolitikájához* V. köt. 520.

212 *Ibid.* 519.

213 Juhász Gyula: *A második bécsi döntés,* i.m. 88.

214 *Ciano naplója,* i.m. 320. (1940. aug. 26.)

215 Juhász Gyula: *A Teleki.kormány külpolitikája,* i.m. 190-191.

216 Andreas Hillgruber: *Hitler, König Carol und Marshall Antonescu,* i.m. 90.
és Manfred Nebelin: *Deutsche Ungrarnpolitik 1939-1941,* i.m. 138-139.

217 *Ciano Naplója,* i.m. (1940. aug. 27.)

218 Réti György: *Budapest-Róma Berlin árnyékában,* i.m. 253.

219 Nagybaczoni Nagy Vilmos: *Végzetes esztendők.* Bp., 54. és Bethlen Béla:
Észak-Erdély kormánybiztosa voltam. Bp., 1989. 26.

220 *A Wilhelmstrasse és Magyarország,* i.m. 516-517.

221 *Ibid.* 518-519.

222 Juhász Gyula: *A Teleki-kormány külpolitikája,* i.m. 197-198.

223 *A Wilhelmstrasse és Magyarország,* i.m. 520-524.

224 Országos Levéltár, Budapest. K. 27. Minisztertanácsi jegyzőkönyvek. 1940. augusztus 29.

225 *Ciano naplója,* i.m. (1940. aug. 29.) Vö. Juhász Gyula: *A második bécsi döntés,* i.m. 91.

226 C. A. Macartney: *Teleki Pál miniszterelnöksége 1939-1941.* Bp., 1993. 140-141.

227 Andreas Hillgruber: *Hitler, König Carol und Marschall Antonescu,* i.m. 92.

228 közli Halmosy Dénes: *Nemzetközi szerződések,* i.m. 488-491. Vö.C-. A. Macartney: *Teleki Pál miniszterelnöksége,* i.m. 141-142.

229 *Ibid.* 142. Elekes Dezső: *Hazánk, népünk, szomszédaink. Az ezeréves, a trianoni és a háromszor megnagyobbodott Magyarország ismertetője.* Bp., 1941.

230 *Ibid.* Elekes Dezső: *Hazánk, népünk, szomszédaink. Az ezeréves, a trianoni és a háromszor megnagyobbodott Magyarország ismertetője.* Bp., 1941.

231 Az egyezményt közli Halmosy Dénes: *Nemzetközi szerződések,* i.m. 495-496.

232 *Ibid.* 493-495. Vö. Tilkovszky Loránt: *Ez volt a Volksbund.* Bp., 1978. 92-96.

233 *Ciano Naplója,* i.m. (1940. aug. 30.) Vö. Juhász Gyula: *A Teleki-kormány külpolitikája,* i.m. 205.

234 C. A. Macartney: *Teleki Pál miniszterelnöksége,* i.m. 144-145.

235 Korom Mihály: A második bécsi döntéstől a fegyverszünetig. In. *Tanulmányok Erdély történetéről.* Szerk. Rácz István. Debrecen, 1988. 174.

236 C. A Macartney: *Teleki Pál miniszterelnöksége,* i.m. 145.

237 *Akten zur detschen auswartigen Politik,* i.m. Serie D., Band V. 285.

238 *A Wilhelmstrasse és Magyarország,* i.m. 526-530.

239 *Magyar-brit titkos tárgyalások 1943-ban.* Szerk. Juhász Gyula. Bp., 1978. 22. Vö. Bán D. András: *Illúziók és csalódások,* i.m. 107-111.

240 *Diplomáciai iratok Magyarország külpolitikájához,* V. köt., i.m. 860-862.

241 Philip E. Mosely: Transylvania Partitioned. In. *Foreign Affairs* 19 (1940-1941). 237-244.

242 Tofik Iszlámov: *Erdély a szovjet külpolitikában...*, i.m. 33-34.

243 Ormos Mária: *Magyarország a két világháború korában 1914-1945.* Debrecen 1998. 231-276. Gergely Jenő - Pritz Pál: *A trianoni Magyarország.* Bp., 1998. 136-155.

244 Kállay Miklós: *Magyarország miniszterelnöke voltam 1942-1944.* Bp., 1991. I-II. köt. Vö. Juhász Gyula: *Magyarország külpolitikája*, i.m. 285-386.

245 *Ibid.* 387-466.

246 Izsák Lajos: *Rendszerváltástól rendszerváltásig.* Bp., 1998. 11-95.

247 *Magyar-brit titkos tárgyalások 1943-ban.* Szerk Juhász Gyula. Bp., 1978. 39-.

248 Romsics Ignác: *Bethlen István. Politikai életrajz.* Bp., 1991. 294.

249 *Magyar-brit titkos tárgyalások*, i.m. 129.

250 *Ibid.* 130-133.

251 *Ibid.* 211-215.

252 Vígh Károly: Utószó a „Transsylvaniához". In. Bajcsy-Zsilinszky Endre: *Erdély múltja és jövője.* Bp., 1990. 113-117. Vö. Tilkovszky Loránt: *Bajcsy-Zsilinszky. Írások tőle és róla.* Bp., 1986.

253 Bajcsy-Zsilinszky Endre: *Erdély múltja és jövője*, i.m. 8-9.

254 *Ibid.* 14-16.

255 *Ibid.* 91-93.

256 *Ibid.* 99-100.

257 *Ibid.* 108. Bajcsy-Zsilinszky Endre 1943-as koncepciója Erdélyről In. *Trianon és a magyar politikai gondolkodás*, i.m. 193-202.

258 Balogh Sándor: *Magyarország külpolitikája 1945- 1950.* Bp., 1988. 2. kiad. 137.

259 Bibó István: A kelet-európai kisállamok nyomorúsága. In. Bibó István: *Válogatott tanulmányok.* Huszár Tibor. III. köt. Bp., 1986. 243-244.

260 Révai József: *A magyar demokrácia nemzeti jellege.* Bp., 1945. 12.

261 Balogh Sándor: *Magyarország külpolitikája*, i.m. 142.

262 *Revízió vagy autonómia? Iratok a magyar-román kapcsolatok történetéről*

미주 273

1945-1947. Szerk. Fülöp Mihály és Vincze Gábor. Bp., 1998. 401.

263 *Ibid.* 412-416.

264 Országos Levéltár, Budapest. Külügyminisztérium Békeelőkészítő Osztálya. XIX-J-1-a. Az erdélyi kérdés (63. doboz.)

265 *Revízió vagy autonómia?,* im. 418-427.

266 *Ibid.* 427-428. Vö. Balogh Sándor: *Magyarország külpolitikája,* i.m. 141-143., 165-166., Fülöp Mihály: *A befejezetlen béke. A Külügyminiszterek Tanácsa és a magyar békeszerződés.* Bp., 105-105.

267 *Papers Relating to the Foreign Relations of the United States. 1946. Vol. III. Paris Peace Conference: Proceedings.* Washington, 1970. 210-221. 249-282. Vö. Balogh Sándor: Erdély és a második világháború utáni békerendezés. In. *Külpolitika,* 1987/5. 188-189.

268 Szász Zoltán: *A románok története.* Bp., év nélk. 150-155.

269 Peter Gosztony: *Hitlers fremde Heere.* Düsseldorf, 1976. 191-352.

270 *Az 1943. decemberi Benes-Sztálin-Molotov megbeszélések dokumentumai.* Szerk. Szeged, 1993. 33.

271 Romsics Ignác: *Bethlen István,* i.m. 293.

272 Major Zoltán: *Bánffy Miklós irathagyatéka.* In. *Ráday Gyűjtemény Évkönyve.* III. Szerk. Benda Káémán. Bp., 1984. 232-236. Kerekes Lajos: *Bánffy Miklós politikai küldetése Romániában 1943-ban.* In. *Történelmi Szemle,* 1963/2. 259-261.

273 *Papers Relating to the Foreign Relations of the United States, Diplomatic Papers 1944.* Vol II. Washington, 1966. 148-152, 170-180 és 200., valamint Vol. V. Washington, 1967. 526.

274 Hunya Gábor - Réti Tamás - R. Süle Andrea - Tóth László: *Románia 1944-1990.* Bp., 1990. 199-201.

275 *Revízión vagy autonómia? Iratok a magyar-román kapcsolatok történetéről 1945-1947.* Szerk. Fülöp Mihály és Vincze Gábor. Bp., 1998. 10-12.

276 Hunya Gábor - Réti Tamás - R. Süle Andrea - Tóth László: *Románia 1944-1990,* i.m. 202-212.

277 Pavel Pavel: *Transylvania et the Peace Conference of Paris.* London, 1945. 4.

278 *Ibid.* 13.

279   *Ibid.* 6-11.

280   *Ibid.* 19-20.

281   *Ibid.* 28.

282   *Ibid.* 32-33.

283   *Revízió vagy autonómia*, i.m. 14.

284   *Ibid.* 76.

285   Vincze Gábor: Álmodozások kora. Tervek, javaslatok az „edélyi kérdés"
      megoldására 1945-46-ban. In. *Limes*, 1997/2. 63.

286   *Revízió vagy autonómia*, i.m. 192-194.

287   *Amerikai báketervek a háború utáni Magyarországról. Az Egyesült
      Államok Külügyminisztériumának titkos iratai 1942-1944.* Szerk. Romsics
      Ignác. Gödöllő, 1992. 13-15.

288   *Ibid.* 15-25.

289   *Ibid.* 111-117.

290   *Ibid.* 118-122.

291   *Ibid.* 136-146.

292   *Ibid.* 188-190.

293   *Ibid.* 203-208.

294   Romsics Ignác: A State Department és Magyarország, 1942-1947. In. uő:
      Helyünk és sorsunk a Duna-medencében, i.m. 274.

295   *Amerikai béketervek a háború utáni Magyarországról,* i.m. 233.

296   *Ibid.* 240.

297   *Ibid.* 243.

298   *Ibid.* 246.

299   *Potsdam Conference Documents 1945. Reel 1. The Berlin Conference
      Territorial Studies. July 6, 1945.* University Publicatrions of America. No.
      407.

300   Public Record Office, London. Foreign Office 371/24428. C 13562.

301   *Diplomáciai iratok Magyarország külpolitikiájához* V. köt., i.m. 860-862.

302   Anthony Eden 1943. január 15. *Magyar-brit titkos tárgyalások*, i.m. 84.

303   Bán D. András: A közép-kelet-európai brit külpolitika és Magyarország
      1939-1947. In. *Magyarország és a nagyhatalmak a 20. században.* Szerk.
      Romsics Ignác. Bp., 1995. 140-141.

304 Robert H. Keyserlingk: Austro-Hungary's Revival during World War II.: Anglo-American Planning for the Danube Region. In. *Études Danubiennes*, 1987/1. 58-61. *Pax Britannica. Brit külügyi iratok a második világháború utáni Kelet-Közép-Európáról 1942-1943.* Bán D. András. Bp., 1996. 15-17.

305 *Pax Britannica*, i.m. 152-169.

306 *Magyar-brit titkos tárgyalások*, i.m. 97-98. és 100-103.

307 *Ibid.* 158-159.

308 Public Record Office, London. Foreign Office 371/34504. C11310. *Magyar-brit titkos tárgyalások*, i.m. 245-248.

309 Bán D. András: *A közép-kelet-európai brit külpolitika és Magyarország*, i.m. 145.

310 Public Record Office, London. Foreign Office 371/48192. R 10059. Vö. Stanley M. Max: *The United States, Great Britain and the Sovietization of Hungary, 1945-1948.* New York, 1945. 44-46.

311 Sir Frank Roberts. In. *Heti Világgazdaság*, 1995. május 6. 41.

312 *Documents on British Policy Overseas.* Ed. by R. Butler, M.E. Pelly. First Series. Vol I. London, 1984. 110-112.

313 Romsics Ignác: *A brit külpolitika és a „magyar kérdés"*, i.m. 130-131.

314 Tofik Iszlámov: *Erdély a szovjet külpolitikában a második világháború alatt*, i.m. 38-39.

315 *Diplomáciai iratok Magyarország külpolitikájához* V. köt., i.m. 1214.

316 Vojtech Mastny: *Russia's Road to the Cold War. Diplomacy, Warfare, and the Politics of Communism, 1941-1945.* New York, 1979. 41-42.

317 Vojtech Mastny: *Russia's Road..*, i.m. 97-104. és Elisabeth Barker: *British Policy in South-East Europe in the Second World War.* London, 1976. 132-137.

318 *Magyar-brit titkos tárgyalások*, i.m. 159.

319 Romsics Ignác: *Bethlen István*, i.m. 293.

320 Vojtech Mastny: *Russia's Road*, i.m. 105.

321 Baráth Magdolna: *„Hogy egyetlen hatalomnak vagy hatalmi kombinációnak se jusson eszébe a Szovjetunió elleni agresszió".* Kézirat. 3.

322 Tofik Iszámov: *Erdély a szovjet külpolitikában a második világháború alatt*, i.m. 43.

323 *Ibid.* 43-44.

324 *Ibid.* 45-46.

325 *Ibid.* 47-48.

326 Baráth Magdolna: „*Hogy egyetlen hatalomnak vagy hatalmi kombináció-nak...*", i., 12.

327 *Teherán, Jalta, Potsdam. Dokumentumgyűjtemény.* Bp.,1972. 400-401. Vö. Fülöp Mihály: *A befejezetlen béke*, i.m. 5-20.

328 대략 7,000 *km²*

329 *Documents on British Policy Overseas.* First Series. Vol II. Ed. by R. Butler, M. E. Pelly, London, 1985. 258-260.

330 Public Record Office, London. Foreign Office 371/57153. U 2345. Vö. részletesebben Fülöp Mihály: *A befejezetlen béke*, i.m. 101-102.

331 *Papers Relating to the Foreign Relations of the United States. 1946.* Vol II. Council of Foreign Ministers. Washington, 1970. 259-260.

332 *Ibid.* 309-310.

333 John C. Campbell: The European Territorial Settlement. In. *Foreign Affairs*, Oct. 1947. Vol. 26. No. 1. 212.

334 Stephen D. Kertész: *The Last European Peace Conference - Paris, 1946.* University Press of America, 1985. 116-128.

335 Országos Levéltár, Budapest. Külügyminisztérium. Békeelőkészítő Osztály ir. 1216-1217/bé- 1946. sz. (Sebestyén Pél 1946. április 30-i jelentései) - Fülöp Mihály: A Sebestyén-misszió. Petru Groza és a magyar-román határkérdés. In. *Tanulmányok Erdély történetéről.* Szerk. Rácz István. Debrecen, 1988. 207-208.

336 Nagy Ferenc: *Küzdelem a vasfüggöny mögött.* Bp., 1990. I. köt. 301.

337 Public Record Office, London. Foreign Office 371/59025. Szám nélkül. Vö. Fülöp Mihály: *A befejezetlen béke*, i.m. 128-129.

338 Nagy Ferenc: *Küzdelem a vasfüggöny mögött*, i.m. 312.

339 Balogh Sándor: *Magyarország külpolitikája*, i.m. 218-221.

340 *Ibid.* 222.

341 *Ibid.* 224-226.

342 *Ibid.* 225-228.

343 *Ibid.* 223-224. És Fülöp Mihály: *A befejezetlen béke*, i.m. 150.

344 Országos Levéltár, Budapest. Külügyminisztérium. Békeelőkészítő Osztály
iratai. *Papers Relating to the Foreign Relations of the United States.
1946.* Vol. III. Paris Peace Conference.: Proceedings. Wsahingron, 1970.
210-221.

345 Balogh Sándor: *Magyarország külpolitikája*, i.m. 231-232.

346 Fülöp Mihály: *A befejezetlen béke*, i.m. 162.

347 *Papers Relating to the Foreign Relations of the United Sates 1946.* i.m.
Vol. IV. 851-853. Stephen D. Kertesz: *Between Russia and the West.
Hungary and the Illusions of Peacemaking 1945-1947.* Notre Dame, 1984.
210-211.

348 Fülöp Mihály: *A befejezetlen béke,* i.m. 163.

349 *Papers Relating to the Foreign Relations of the United States*, 1946. i.m.
Vol. III. 375-376.

350 Balogh Sándor: *Magyarország külpolitikája*, i.m. 233-234.

351 *Sorsdöntések.* Szerk. Gerő András. Bp., 299-316.

저자 김지영

한국외국어대학교 철학과에서 문학사, 대학원 러시아-동유럽학과에서 오스트리아-헝가리 제국의 정치사로 정치학 석사학위를 받았다. 1992년 한국인 최초로 헝가리 부다페스트대학교(ELTE) 근현대 헝가리 역사학과 박사과정에 입학하여, 1999년 10월에 '2차 세계대전 기간 및 이후 강대국들의 트란실바니아 정책'이라는 논문으로 최우등(Summa Cum Laude)의 성적으로 역사학 박사학위를 취득하였다. 이 논문은 2001년 헝가리 고등교육 및 연구재단에 의해 우수 박사학위 논문으로 선정되어 단행본으로 출판되었다. 1999년 가을 귀국하여 한국외대, 서강대, 고려대 연구교수를 역임하였고, 대한민국역사박물관의 학예사로 근무하였다. 2018년 가을학기부터 숭실대학교 한국기독교문화연구원 인문한국플러스(HK+) 사업단 교수로 연구와 강의를 하고 있다. 2021년 고려대학교 대학원 북한학과에서 북한과 헝가리의 외교관계를 주제로 두 번째 박사학위를 받았다.

'헝가리 전통문화연구', '중유럽 민족문제', '인물로 보는 유럽통합사', '모순의 제국' 등 20여 권의 저서와 번역서, 40여 편의 논문을 냈다. 헝가리-오스트리아 제국의 역사, 헝가리 현대사, 합스부르크 제국의 문화사, 북한 현대사 등을 연구하고 있다.

숭실대HK+ 메타모포시스 인문학총서 20

뒤틀린 운명의 메타모포시스: 헝가리 현대사의 격동기

2025년 4월 25일 초판 1쇄 펴냄

지은이 김지영
발행인 김흥국
발행처 보고사

책임편집 황효은
표지디자인 김규범

등록 1990년 12월 13일 제6-0429호
주소 경기도 파주시 회동길 337-15 보고사
전화 031-955-9797
팩스 02-922-6990
메일 kanapub3@naver.com
http://www.bogosabooks.co.kr

ISBN 979-11-6587-788-0 94920
　　　979-11-6587-140-6 (세트)
ⓒ 김지영, 2025

이 저서는 2018년 대한민국 교육부와 한국연구재단의 지원을 받아
수행된 연구임(KRF-2018S1A6A3A01042723)